高等学校高速铁路系列教材

动车组制造与修理工艺

主　编 ◎ 冉虎珍　王　瑾
副主编 ◎ 徐永胜　杨　艳　曹兴潇
主　审 ◎ 李　刚

西南交通大学出版社
·成　都·

图书在版编目（CIP）数据

动车组制造与修理工艺 / 冉虎珍，王瑾主编. —成都：西南交通大学出版社，2021.7
高等学校高速铁路系列教材
ISBN 978-7-5643-8112-7

Ⅰ. ①动… Ⅱ. ①冉… ②王… Ⅲ. ①动车 - 车辆制造 - 高等学校 - 教材 Ⅳ. ①U266

中国版本图书馆 CIP 数据核字（2021）第 131336 号

高等学校高速铁路系列教材

Dongchezu Zhizao yu Xiuli Gongyi

动车组制造与修理工艺

主　编／冉虎珍　王　瑾	责任编辑／何明飞
	封面设计／何东琳设计工作室

西南交通大学出版社出版发行

（四川省成都市金牛区二环路北一段 111 号西南交通大学创新大厦 21 楼　610031）
发行部电话：028-87600564　　028-87600533
网址：http://www.xnjdcbs.com
印刷：四川森林印务有限责任公司

成品尺寸　　185 mm×260 mm
印张　15.75　　字数　389 千
版次　2021 年 7 月第 1 版　　印次　2021 年 7 月第 1 次

书号　ISBN 978-7-5643-8112-7
定价　55.00 元

课件咨询电话：028-81435775
图书如有印装质量问题　本社负责退换
版权所有　盗版必究　举报电话：028-87600562

高等学校高速铁路系列教材
【编审委员会】 >>>>

主　　任	杨子江　李引珍
副 主 任	刘振奎
委　　员	张友鹏　钱勇生　丁旺才　牛惠民
	石广田　陈小强　闫光辉　虞庐松
	李海军　王海涌　马元琳

【兰州交通大学高等学校高速铁路系列教材目录及主编人】

序号	教材名称	主编人
1	高速铁路客站工程	蔺鹏臻
2	高速铁路线路工程	李 斌
3	高速铁路桥梁工程	丁南宏
4	高速铁路隧道工程	梁庆国
5	高速铁路施工组织与计价	顾伟红
6	动车组运用与管理	朱喜锋
7	动车组牵引传动与控制	车 军
8	动车组车辆设计技术	商跃进
9	动车组制造与修理工艺	冉虎珍
10	机车车辆概论	金 花
11	动车组工程	石广田
12	高速铁路车站计算机联锁系统	谭 丽
13	高速铁路分散自律调度集中（FZ-CTC）	张雁鹏
14	铁路专用通信	樊子锐
15	高速铁路无线通信系统与应用	谢健骊
16	LTE-R铁路移动通信技术	周冬梅
17	高速铁路信息安全技术	李 强
18	高速铁路调度指挥	刘 斌
19	高速铁路列车运行图	田志强
20	高速铁路站场设计	张春民
21	高速铁路车站工作组织	杨信丰
22	高速铁路客运管理	张玉召

【序　言】 >>>>

高速铁路是中国名片和国之重器。中国国家铁路集团有限公司2020年8月出台《新时代交通强国铁路先行规划纲要》，明确提出要加快构建现代高效的高速铁路网，深化高铁关键核心技术自主创新，造就高水平科研人才和建设高技能产业大军，至2035年率先建成现代化铁路强国。把握高速铁路技术发展新特征，面向高校专业人才培养和铁路企业职工培训新需求，编写一套先进适用的高速铁路特色教材，显得重要而迫切。

兰州交通大学为中国国家铁路集团有限公司与甘肃省人民政府共建高校，素有"铁路工程师摇篮"之称。新时期学校致力于培养铁路高素质工程技术人才，高度重视教材编写工作，专门设立"兰州交通大学高速铁路特色系列教材"项目，成立编审委员会，组织协调学校轨道交通相关专业骨干教师和中国铁路兰州局集团有限公司工程技术人员，广泛收集技术资料，深入铁路设计、施工、制造、运输企业调研，依照高速铁路技术标准，历时4年，反复讨论与修改，终在高速铁路建设新征程开启之际，完成22部高等学校高速铁路系列教材的编写任务并出版。

本套教材具有系列化和专适性特点，涵盖高速铁路线桥隧工程、动车组、通信信号、站场设计、运输组织等专业领域，注重介绍高速铁路新理论、新技术、新装备、新材料和新工艺，理论联系实际，资料翔实，图表丰富，可作为高校轨道交通专业的教学教材，亦可作为轨道交通行业企业技术管理人员的培训教材。

本套教材是校企深度合作的成果，谨向大力支持教材编写工作的中国铁路兰州局集团有限公司致谢！

兰州交通大学高等学校高速铁路系列教材编审委员会
2020年9月

【前　言】 >>>>

2016年修订的《中长期铁路网规划》中提道：到2020年，全国铁路营业里程达到15万千米，其中客运专线3万千米以上，覆盖80%以上的大城市，到2025年，铁路网规模达到17.5万千米左右，其中高速铁路3.8万千米左右。我国高速铁路形成以"八纵八横"为主通道的铁路高速客运通道。2004年4月，国务院下发了《研究铁路机车车辆装备有关问题的会议纪要》，我国铁路进入技术引进与国产化时期。2008年2月，铁道部、科技部共同发起"中国高速列车自主创新联合行动计划"，我国高速铁路进入消化吸收和再创新阶段。2012年，中国铁路总公司主导研制中国标准化动车组，标志着我国高速铁路进入复兴号创新阶段。

本书从动车组的生产与运用实际需求出发，以典型动车组为例，讲述了动车组主要零部件的制造工艺、组装工艺、整车总装与试验以及动车组的维护与修理工艺，知识体系全面，图文并茂，可作为本科车辆工程专业动车组方向以及高职动车组检修专业的教材。

本书的编者与主审分别是来自从事铁道车辆专业、动车组检修专业的第一线教师和从事动车组运用检修、故障处置等技术管理及职工教育培训工作的工程师。在编写过程中，紧扣现场应用与高校教育的特点、培养目标，在课程体系安排和教材内容的选取上，力求教材的总体结构和课程目标一致。

本书由冉虎珍、王瑾担任主编，徐永胜、杨艳、曹兴潇担任副主编，兰州交通大学李刚担任主审。其中，兰州交通大学冉虎珍编写第2章、第3章，兰州铁路局集团公司王瑾编写第5章、第7章，兰州交通大学徐永胜编写第6章，杨艳编写第1章，曹兴潇编写第4章。

由于编者水平有限，书中不妥之处在所难免，恳请广大读者批评指正。

编 者

2020年7月于兰州

目录

1 动车组制造基础 ⋯⋯⋯⋯⋯⋯⋯⋯⋯⋯⋯⋯⋯⋯⋯⋯⋯⋯⋯⋯⋯ 001
  1.1 零件机械加工基础 ⋯⋯⋯⋯⋯⋯⋯⋯⋯⋯⋯⋯⋯⋯⋯⋯⋯⋯ 001
  1.2 焊接工艺 ⋯⋯⋯⋯⋯⋯⋯⋯⋯⋯⋯⋯⋯⋯⋯⋯⋯⋯⋯⋯⋯⋯ 003
  1.3 装配工艺 ⋯⋯⋯⋯⋯⋯⋯⋯⋯⋯⋯⋯⋯⋯⋯⋯⋯⋯⋯⋯⋯⋯ 008
  复习思考题 ⋯⋯⋯⋯⋯⋯⋯⋯⋯⋯⋯⋯⋯⋯⋯⋯⋯⋯⋯⋯⋯⋯ 008

2 动车组车体制造 ⋯⋯⋯⋯⋯⋯⋯⋯⋯⋯⋯⋯⋯⋯⋯⋯⋯⋯⋯⋯⋯ 010
  2.1 动车组车体结构 ⋯⋯⋯⋯⋯⋯⋯⋯⋯⋯⋯⋯⋯⋯⋯⋯⋯⋯⋯ 010
  2.2 动车组车体焊接装配工艺 ⋯⋯⋯⋯⋯⋯⋯⋯⋯⋯⋯⋯⋯⋯ 011
  复习思考题 ⋯⋯⋯⋯⋯⋯⋯⋯⋯⋯⋯⋯⋯⋯⋯⋯⋯⋯⋯⋯⋯⋯ 029

3 动车组转向架制造 ⋯⋯⋯⋯⋯⋯⋯⋯⋯⋯⋯⋯⋯⋯⋯⋯⋯⋯⋯⋯ 030
  3.1 转向架主要零部件加工 ⋯⋯⋯⋯⋯⋯⋯⋯⋯⋯⋯⋯⋯⋯⋯ 031
  3.2 动车组转向架组装 ⋯⋯⋯⋯⋯⋯⋯⋯⋯⋯⋯⋯⋯⋯⋯⋯⋯ 045
  3.3 CRH_{5A}型动车组转向架组装及试验工艺规程 ⋯⋯⋯⋯ 064
  复习思考题 ⋯⋯⋯⋯⋯⋯⋯⋯⋯⋯⋯⋯⋯⋯⋯⋯⋯⋯⋯⋯⋯⋯ 073

4 动车组总装与试验 ⋯⋯⋯⋯⋯⋯⋯⋯⋯⋯⋯⋯⋯⋯⋯⋯⋯⋯⋯⋯ 074
  4.1 动车组总组装 ⋯⋯⋯⋯⋯⋯⋯⋯⋯⋯⋯⋯⋯⋯⋯⋯⋯⋯⋯ 074
  4.2 车辆落成及编组 ⋯⋯⋯⋯⋯⋯⋯⋯⋯⋯⋯⋯⋯⋯⋯⋯⋯⋯ 083
  4.3 动车组调试 ⋯⋯⋯⋯⋯⋯⋯⋯⋯⋯⋯⋯⋯⋯⋯⋯⋯⋯⋯⋯ 087
  4.4 动车组试运行 ⋯⋯⋯⋯⋯⋯⋯⋯⋯⋯⋯⋯⋯⋯⋯⋯⋯⋯⋯ 089
  4.5 CRH_5型动车组车辆落成、编组与试验 ⋯⋯⋯⋯⋯⋯ 092
  复习思考题 ⋯⋯⋯⋯⋯⋯⋯⋯⋯⋯⋯⋯⋯⋯⋯⋯⋯⋯⋯⋯⋯⋯ 097

5 动车组维修概论 ⋯⋯⋯⋯⋯⋯⋯⋯⋯⋯⋯⋯⋯⋯⋯⋯⋯⋯⋯⋯⋯ 098
  5.1 动车组常用故障诊断技术 ⋯⋯⋯⋯⋯⋯⋯⋯⋯⋯⋯⋯⋯⋯ 098
  5.2 动车组维修基本概念 ⋯⋯⋯⋯⋯⋯⋯⋯⋯⋯⋯⋯⋯⋯⋯⋯ 105
  5.3 动车组维护 ⋯⋯⋯⋯⋯⋯⋯⋯⋯⋯⋯⋯⋯⋯⋯⋯⋯⋯⋯⋯ 113
  复习思考题 ⋯⋯⋯⋯⋯⋯⋯⋯⋯⋯⋯⋯⋯⋯⋯⋯⋯⋯⋯⋯⋯⋯ 128

6 动车组检修工艺基础 ... 129
6.1 损伤的形成 ... 129
6.2 分解及清洗 ... 130
6.3 检　验 ... 132
6.4 常用的修复工艺 ... 136
复习思考题 ... 141

7 动车组主要部件检修 ... 142
7.1 动车组车体检修 ... 142
7.2 动车组转向架检修 ... 153
7.3 制动系统检修 ... 180
7.4 车端连接装置检修 ... 185
7.5 牵引系统检修 ... 193
7.6 辅助系统检修 ... 211
7.7 空调系统检修 ... 221
7.8 给排水及卫生系统检修 ... 222
7.9 网络控制及信息系统检修 ... 230
复习思考题 ... 234

附　录 ... 236

参考文献 ... 237

二维码资源清单 ... 238

动车组制造基础

动车组,也称为多动力单元列车(Electric Multiple Unit,EMU),是由动车和拖车或全部动车长期固定连挂在一起运行的铁路列车,其中带有动力的车辆称为动车(用 M 表示),不带动力的车辆称为拖车(用 T 表示)。

动车组列车两端都带有司机室,往返运行不需要调头,只需改变操纵端。动车组以其编组灵活、方便、快捷、安全、可靠、舒适为特点备受世界各国铁道运输和城市轨道交通运输的青睐。近年来,我国在引进国外先进动车组技术的基础上大力展开自主创新。目前,已有多种国产化动车组投入运营,其中"和谐号"系列高速动车组的大量投入使用,标志着我国高速动车组技术已处于世界前列。

1.1 零件机械加工基础

1.1.1 动车组零件的种类

我国各类动车组在设计、制造上都有一些区别,但基本构造通常都包括车体、转向架、车端连接装置、制动装置、牵引传动及控制系统、辅助系统以及列车网络控制系统七大部分,如图 1.1 所示。各组成的零件种类又可分为轴类零件、盘套类零件以及箱体类零件等。

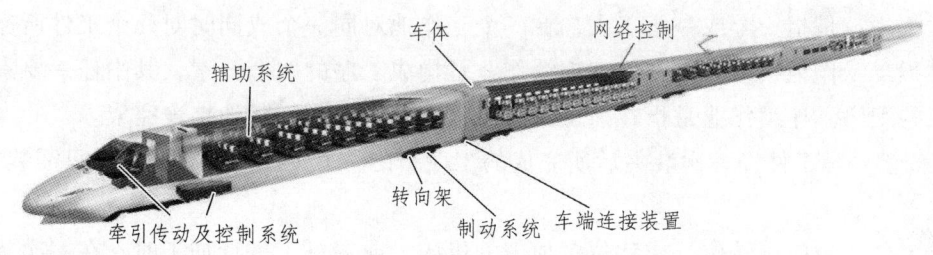

图 1.1 动车组组成示意

1. 轴类零件

轴类零件是动车组中的常见零件,也是重要零件,其主要功用是用于支承传动零部件(如车轴、齿轮等),并传递扭矩。轴的基本结构是由回转体组成,其主要加工表面有内外圆柱面、圆锥面、螺纹、花键、横向孔、沟槽等。

零件的技术要求

2. 套筒类零件

套筒类零件是指在回转体零件中的空心薄壁件,是机械加工中常见的一种零件,在各类机器中应用很广,主要起支承或导向作用。由于功用不同,其形状结构和尺寸有很大的差异,常见的有各种支承回转轴的轴承圈、轴套,夹具上的钻套和导向套等也都属于套类零件。

3. 箱体类零件

箱体零件是机器或部件的基础零件,轴、轴承、齿轮等有关零件按规定的技术要求装配到箱体上,连接成部件或机器,使其按要求工作。因此箱体零件的加工质量不仅影响机器的装配精度和运动精度,而且影响机器的工作精度、使用性能和寿命。

1.1.2 零件典型加工方法

任何零件的表面形状都是由一些基本表面组合而成的,而零件的加工过程就是表面成形过程。每一种零件表面都有很多加工方法,具体选择时应根据零件的材料、毛坯种类、结构形状、尺寸、加工精度、粗糙度、技术要求、生产类型及工厂的生产条件等因素来决定,以确保加工质量和降低生产成本。

零件的加工方法

1.1.3 零件机械加工工艺规程

零件的制造包括毛坯生产、切削加工、热处理和装配等许多生产阶段,各个生产阶段都是有机地联系在一起的。机械加工工艺过程是指用机械加工方法改变毛坯的形状、尺寸、相对位置和性质使其成为零件的全过程。机械加工工艺过程直接决定零件及产品的质量及性能,对产品的成本、生产周期都有较大影响,是整个工艺过程的重要组成部分。

组成机械加工工艺过程的基本单元是工序。工序又是由安装、工位、工步及走刀组成的。

(1)工序:是指一个或一组工人,在一个工作地对同一个或同时对几个工件所连续完成的工艺过程。工作地、工人、零件和连续作业是构成工序的四个要素,其中任一要素的变更即构成新的工序。连续作业是指在该工序内的全部工作要不间断地接连完成。

(2)安装:是工件经一次装夹后所完成的工序。在一个工序中,有的工序只需装夹一次,有的需要多次装夹。

(3)工位:当应用转位(或移位)加工的机床(或夹具)进行加工时,在一次装夹中,工件(或刀具)相对于机床要经过几个位置依次进行加工,在每一个工作位置上所完成的工序,称为工位。

(4)工步:是加工表面、切削刀具和切削用量(仅指主轴转速和进给量)都不变的情况下所完成的工艺过程。变化其中一个就是另一个工步。

(5)走刀:在一个工步中,如果要切掉的金属层很厚,可分几次切削,每切削一次就称为一次走刀。

零件机械加工
工艺规程

1.2 焊接工艺

焊接技术是利用加热、加压或二者并用的方法，将两种或两种以上的同种或异种材料，通过原子或分子之间的结合和扩散连接成一体的工艺过程。焊接可以解决各种钢材的连接问题，既能连接异种金属，也能连接厚薄相差悬殊的金属。因此，焊接技术被广泛应用于设备制造、桥梁、汽车、造船、航空航天等工业生产的各个行业，在机车车辆制造中也是一种十分重要的加工工艺。国内动车组车辆制造企业在焊接工艺、装备和质量控制等方面采取了相应措施，并取得了一定成果。

在焊接过程中，工件和焊料熔化形成熔融区域，熔池冷却凝固后，形成材料之间的连接，其优点有节省材料、减轻质量、生产成本低；简化复杂零件和大型零件的加工工艺，缩短加工周期；适应性好，可实现特殊结构的生产及不同材料间的连接成型；整体性好，具有良好的气密性、水密性；降低劳动强度，改善劳动条件。

焊接的不足之处在于结构无可拆性；焊接时局部加热，焊接接头的组织和性能与母材相比发生变化，产生焊接残余应力和焊接变形；焊接缺陷的隐蔽性，易导致焊接结构的意外破坏。

焊接通过熔化焊、压力焊、钎焊三种途径使材料结合。熔化焊是将待焊处母材金属熔化以形成焊缝的焊接方法；压力焊在焊接过程中，必须对焊件施加压力（加热或加压），以完成焊接；钎焊是硬钎焊和软钎焊的总称，采用比母材金属熔点低的金属材料作钎料，将焊件和钎料加热到高于钎料熔点、低于母材熔化温度，利用液态钎料润湿母材，填充接头间隙并与母材相互扩散实现连接焊件的方法。

熔化焊可以分为电弧焊（包括手工电弧焊、埋弧电弧焊）、气体保护焊（包括氩弧焊、CO_2 保护焊）、气焊、等离子焊、电渣焊、激光焊；压力焊分为电阻焊（包括对焊、缝焊、点焊）、摩擦焊、超声波焊、冷压焊、锻焊；钎焊分为烙铁钎焊、火焰钎焊、高频钎焊、炉中钎焊、盐浴钎焊以及真空钎焊。

1.2.1 动车组常用焊接方法

动车组制造与修理中常用的焊接方法主要有手弧焊、埋弧焊、CO_2 电弧焊、药芯焊丝 CO_2 电弧焊、电阻焊、混合气体保护焊、钨极气体保护电弧焊、等离子弧焊、熔化极气体保护电弧焊、高能束焊等。

1. 手弧焊

手弧焊是车体钢结构制造中最早应用的一种焊接方法。它是以外部涂有涂料的焊条作电极和填充金属，电弧在焊条的端部和被焊工件表面之间燃烧。涂料在电弧热作用下一方面可以产生气体以保护电弧，另一方面可以产生熔渣覆盖在熔池表面，防止熔化金属与周围气体的相互作用。熔渣更重要的作用是与熔化金属产生物理化学反应或添加合金元素，改善焊缝金属性能。手弧焊设备简单、轻便，操作灵活，可以应用于维修及装配中的短缝焊接，特别是可以用于难以达到部位的焊接。手弧焊配用相应的焊条可适用于大多数工业用碳钢、不锈钢、铸铁、铜、铝、镍及其合金。由于其生产率不高的问题较为突出，在车体钢结构制造中，已逐步被其他焊接方法所取代。

2. 埋弧焊

埋弧焊是一种电弧在焊剂层下燃烧进行焊接的方法。焊接时，在焊接区的上面覆盖一层颗粒状焊剂，电弧在焊剂层下燃烧，将焊丝端部和局部母材熔化，形成焊缝。在电弧热的作用下，部分焊剂熔化熔渣并与液态金属发生冶金反应。熔渣浮在金属熔池的表面，一方面可以保护焊缝金属，防止空气的污染，并与熔化金属产生物理化学反应，改善焊缝金属的成分及性能；另一方面还可以使焊缝金属缓慢冷却。埋弧焊可以采用较大的焊接电流，与手弧焊相比，其最大的优点是焊缝质量好，焊接速度高。因此，它特别适合焊接大型工件的直缝或环缝，而且多数采用机械化焊接。埋弧焊已广泛用于碳钢、低合金结构钢和不锈钢的焊接。由于熔渣可降低接头冷却速度，故某些高强度结构钢、高碳钢等也可采用埋弧焊焊接。

3. CO_2 电弧焊

CO_2 电弧焊已占铁道车辆生产中焊接工作量的 80% 以上，以细丝 CO_2 电弧焊为主。不仅适用于车体钢结构制造，也适用于车辆修理，如堆焊磨耗件和焊补铸铁件等。

4. 药芯焊丝 CO_2 电弧焊

CO_2 焊的突出问题是金属飞溅大，焊缝成形不如埋弧焊好，为解决这些问题，可将实心焊丝改为药芯焊丝。目前，细径药芯焊丝（$\phi 1.6 \sim 2.0$ mm）作为高效、节能、低成本焊材的代表，已成为焊材发展的方向。

5. 电阻焊

电阻焊是以电阻热为能源的一类焊接方法，包括以熔渣电阻热为能源的电渣焊和以固体电阻热为能源的电阻焊。电阻焊是使工件处在一定电极压力作用下，并利用电流（通常使用较大的电流）通过工件时所产生的电阻热将两工件之间的接触表面熔化而实现连接的焊接方法。为了防止在接触面上发生电弧和锻压焊缝金属，焊接过程中始终要施加压力。进行这一类电阻焊时，被焊工件的表面具有稳定的焊接质量是至关重要的，因此，焊前必须将电极与工件以及工件与工件间的接触表面进行清理。点焊、缝焊和凸焊的特点在于焊接电流（单相）大，通电时间短，设备昂贵、复杂，生产率高，因此适于大批量生产，主要用于焊接厚度小于 3 mm 的薄板组件。各类钢材、铝、镁等有色金属及其合金、不锈钢等均可焊接。

6. 混合气体保护焊

（1）在 CO_2 气体中加入少量的氧气（一般为 4%~30%），即可实现 CO_2+O_2 混合气体保护焊，其特点是① 能采用强规范进行焊接，电弧稳定，飞溅很小，并由于熔池表面覆盖有较多的熔渣，可以改善焊缝的表面成形；② 由于加入氧气，加剧了电弧区中的氧化反应。氧化反应放出的热，可使熔池的温度提高 200~300 ℃，故熔化速度高、熔深大，对于 10~12 mm

的厚钢板，不开坡口可以一次焊透；③ 由于氧气的加入降低了弧柱中的游离氢和溶入液体金属中氢的浓度，使焊缝金属含氢量降低。但由于 CO_2+O_2 混合保护气体的氧化性很强，要求焊丝有足够的 Si、Mn 含量以增强脱氧能力。

（2）CO_2+Ar 的混合气体保护焊，就是在 CO_2 气体中加入少量的氩气（一般为 5%～10%）。这样在焊接薄板时，不易烧穿，无飞溅，可使焊缝更光滑、成形更加美观。

（3）Ar+He 的混合气体保护焊，被广泛用于大厚度的铝及铝合金的焊接。氩气最独特的优点是电弧在氩中燃烧非常稳定，而氦气最大的优点是它的电弧析热大、温度高。采用 Ar+He 混合气体保护，可提高生产率，改善焊缝熔深和焊缝金属的润湿性。非熔化极焊接时，He 的比例可加到 60%～70%，甚至更多。熔化极焊接时，He 的比例不宜超过 10%，否则，会产生较多的飞溅。

7. 钨极气体保护电弧焊

钨极气体保护电弧焊（TIG）是一种不熔化极气体保护电弧焊，是利用钨极和工件之间的电弧使金属熔化而形成焊缝的。焊接过程中钨极不熔化，只起电极的作用。同时由焊炬的喷嘴送进氩气或氦气作保护，还可根据需要另外添加金属。钨极气体保护电弧焊由于能很好地控制热输入，所以它是连接薄板金属和打底焊的一种极好方法。这种方法几乎可以用于所有金属的连接，尤其适用于焊接铝、镁这些能形成难熔氧化物的金属以及像钛和锆等活泼金属。这种焊接方法的焊缝质量高，但与其他电弧焊相比，其焊接速度较慢。

8. 等离子弧焊

等离子弧焊是利用等离子弧作为热源的焊接方法。气体由电弧加热产生离解，在高速通过水冷喷嘴时受到压缩，增大能量密度和离解度，形成等离子弧。电极通常是钨极，等离子弧可用氩气、氮气、氢气或其中二者之混合气产生。焊接时可以外加填充金属，也可以不加填充金属。等离子弧焊焊接时，由于其电弧挺直、能量密度大，因而电弧穿透能力强。等离子弧焊焊接时产生的小孔效应，对于一定厚度范围内的大多数金属可以进行不开坡口对接，并能保证熔透和焊缝均匀一致。因此，等离子弧焊的生产率高、焊缝质量好。但等离子弧焊设备（包括喷嘴）比较复杂，对焊接工艺参数的控制要求较高。钨极气体保护电弧焊可焊接的绝大多数金属，均可采用等离子弧焊接。与之相比，对于 1 mm 以下的极薄金属的焊接，用等离子弧焊可较易进行。

9. 熔化极气体保护电弧焊

熔化极气体保护电弧焊是利用连续送进的焊丝与工件之间燃烧的电弧作热源，由焊炬喷嘴喷出的气体保护电弧来进行焊接的。熔化极气体保护电弧焊通常用的保护气体有 Ar、He、CO_2 或这些气体的混合气。以 Ar 或 He 为保护气时称为熔化极惰性气体保护电弧焊（MIG）；以惰性气体与氧化性气体（O_2，CO_2）混合气为保护气体时，或以 CO_2 气体或 CO_2+O_2 混合气为保护气时，统称为熔化极活性气体保护电弧焊（MAG）。熔化极气体保护电弧焊的主要优点是可以方便地进行各种位置的焊接，同时也具有焊接速度较快、熔敷率高等优点。熔化极活性气体保护电弧焊适用于大部分金属,包括碳钢、合金钢。熔化极惰性气体保护焊适用于不锈钢、铝、镁、铜、钛、锆及镍合金,利用这种焊接方法还可以进行电弧点焊。

10. 高能束焊

电子束焊是以集中的高速电子束轰击工件表面时所产生的热能进行焊接的方法。电子束焊接时,由电子枪产生电子束并加速。常用的电子束焊有高真空电子束焊、低真空电子束焊和非真空电子束焊。前两种方法都是在真空室内进行,焊接准备时间(主要是抽真空时间)较长,工件尺寸受真空室大小限制。电子束焊与电弧焊相比,主要的特点是焊缝熔深大、熔宽小、焊缝金属纯度高。它既可以用于精密焊接很薄的材料,又可以用于焊接很厚的(最厚达 300 mm)构件。所有用其他焊接方法能进行熔化焊的金属及合金都可以用电子束焊接。电子束焊主要用于高质量的产品的焊接,还能解决异种金属、易氧化金属及难熔金属的焊接,但不适于大批量产品。

激光焊是一种以聚焦的激光束作为能源轰击焊件所产生的热量进行焊接的方法,通常有连续功率激光焊和脉冲功率激光焊。由于激光具有折射、聚焦等光学性质,使得激光焊非常适合于微型零件和可达性很差的部位的焊接。激光焊具有热输入低,焊接变形小,不受电磁场影响等特点。相比电子束焊,激光焊不需要在真空中进行,但穿透力不如电子束焊强。

11. 其他焊接方法

摩擦焊是以机械能为能源的固相焊接。它是利用两表面间机械摩擦所产生的热来实现金属的连接。摩擦焊的热量集中在接合面处,因此热影响区窄。两表面间须施加压力,多数情况是在加热终止时增大压力,使热态金属受顶锻而结合,一般结合面并不熔化。摩擦焊生产率较高,原理上几乎所有能进行热锻的金属都能摩擦焊接,还可用于异种金属的焊接。

超声波焊也是一种以机械能为能源的固相焊接方法。进行超声波焊时,焊接工件在较低的静压力下,由声极发出的高频振动能使接合面产生强烈摩擦并加热到焊接温度而形成结合。超声波焊可用于大多数金属材料之间的焊接,能实现金属、异种金属及金属与非金属间的焊接,适用于金属丝、箔或 2~3 mm 以下的薄板金属接头的重复生产。

搅拌焊是利用一种特殊形式的搅拌头边旋转边前进,通过搅拌头与工件的摩擦产生热量,摩擦热使该部位金属处于热塑性状态,并在搅拌头的压力作用下从其前端向后部塑性流动,从而使待焊件压焊为一个整体。

1.2.2 焊接设备

用于焊接的工业机器人主要分为弧焊机器人及点焊机器人两类。

弧焊机器人可以被应用在所有电弧焊、切割技术范围及类似的工艺方法中。最常见的应用是结构钢及不锈钢的熔化极活性气体保护焊（CO_2 气体保护焊、MAG）,铝及特殊合金熔化极惰性气体保护焊（MIG）,不锈钢和铝的加冷丝和不加冷丝的钨极惰性气体保护焊（TIG）以及埋弧焊。这类机器人除气割、等离子弧切割及等离子弧喷涂外还实现了在激光切割上的应用。图1.2所示是一套完整的弧焊机器人系统，它包括机器人机械手、控制系统、焊接装置、焊件夹持装置。夹持装置上有两组可以交替进入机器人工作范围的旋转工作台。

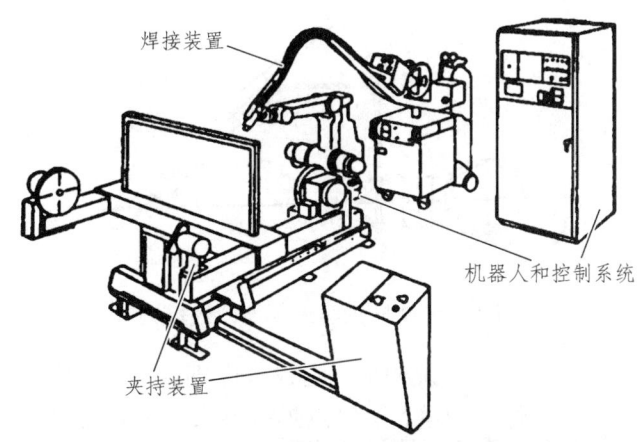

图1.2 弧焊机器人系统的构成

弧焊用的工业机器人通常有5个以上自由度，具有6个自由度的机器人可以保证焊枪的任意空间轨迹和姿态。

弧焊机器人只是焊接机器人系统的一部分，它还应有行走机构及小型和大型移动机架。通过这些机构来扩大工业机器人的工作范围，同时还具有各种用于接受、固定及定位工件的转台、定位装置及夹具。

在最常见的结构中，工业机器人固定于基座上，工件转台则安装于其工作范围内。也有悬挂在龙门架上的结构，如图1.3所示。

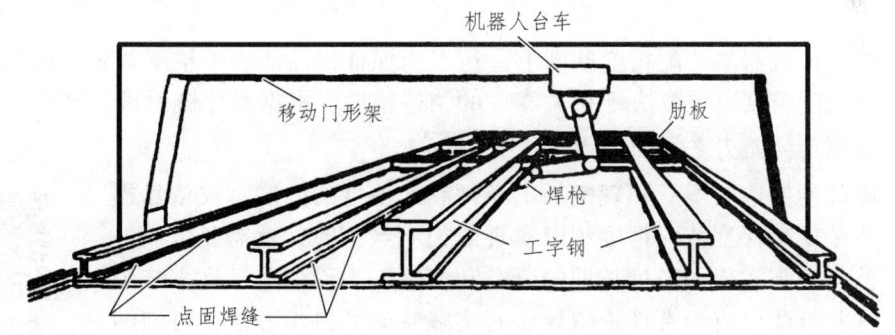

图1.3 安装在龙门架上的机器人系统

用于弧焊机器人系统的焊接电源及送丝设备，由于要进行参数规划，必须由机器人控制器直接控制。所选用的焊接设备应具备与机器人通信的接口。有很多焊接设备制造厂为工业机器人设计了专用焊接电源，采用微处理机控制，以便与工业机器人控制系统交换信号。

送丝系统必须保证恒定送丝，它有足够的功率，并能调节送丝速度。为了机器人的自由移动，必须采用软管，但软管应尽量短。在工业机器人电弧焊时，由于焊接持续时间长，经常采用水冷式焊枪，焊枪与机器人末端的连接处应便于更换，并需有柔性的环节或制动保护环节，防止示教和焊接时与工件或周围物件碰撞影响机器人的寿命。图1.4所示为焊枪与机器人连接的一个例子，在装卡焊枪时应注意焊枪伸出的焊丝端部的位置应符合机器人使用说明书所规定的位置，否则示教再现后焊枪的位置和姿态将产生偏差。

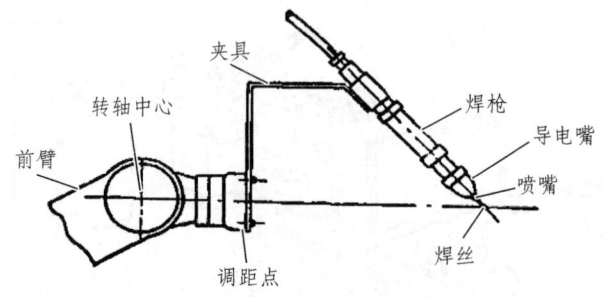

图 1.4 焊枪与机器人末端的连接方式

点焊机器人系统与弧焊机器人系统相似，它也是由机器人、焊接系统及工装卡具等构成。由于点焊钳较重，所以点焊机器人的负载能力一般可达 50~100 kg，根据所选用的点焊钳种类的不同，可以分为一体式焊钳点焊机器人系统和分离式点焊机器人系统。

焊接结构和焊接变形

1.3 装配工艺

任何机械产品都是由许多零件、组件和部件组成的。根据规定的技术要求，将若干零件结合成组件和部件，并进一步将零件、组件和部件结合成机械产品的过程称为装配。前者称为部件装配，后者称为总装配。装配是机械产品制造过程中的最后一个阶段。为了使产品达到规定的技术要求，装配不仅是指零、部件的结合过程，还应包括调整、检验、试验、油漆和包装等工作。

装配要在保证机器的装配精度基础上进行，而保证机器的装配精度首先应该保证零件的制造精度，即装配精度主要取决于相关零件的制造精度。根据尺寸链原理，装配精度公差 T_0 与相关零件的制造公差 T_i 之间的关系为：$T_0 \geq \sum T_i$。

但往往零件的制造精度受到现实加工条件和经济性的限制，仅依靠提高零件的制造精度来保证装配精度难以实现或很不经济时，就需要依靠一定的装配工艺方法来实现。经过长期的研究和探索，人们创造了许多装配工艺方法。这些方法已成为有理论指导、有实践基础的科学方法，可归纳为互换法、选配法、修配法和调整法 4 大类。

装配工艺

复习思考题

1. 箱体零件的结构特点和主要技术要求有哪些？
2. 箱体零件孔系有哪几种？其加工方法有哪些？
3. 孔的加工技术要求有哪些？简述平面加工、螺纹加工、齿形加工的常用方法。
4. 何为定位基准？简述定位基准的选择原则。

5. 衡量整个机械产品的结构工艺性主要从哪些方面考虑？
6. 如何选择零件表面的加工方法？
7. 焊接有哪些优缺点？常见的焊接方法有哪些？
8. 焊接接口形式有哪些？选择焊接接口形式应考虑哪些情况？
9. 焊接变形有哪些？简述产生焊接变形的原因以及控制焊接变形的方法。
10. 装配工艺方法的定义及分类是什么？
11. 编制装配工艺规程的主要依据是什么？
12. 什么是装配工艺性？一般要求是什么？
13. 精度的概念及内容是什么？
14. 控制装配质量的途径有哪些？

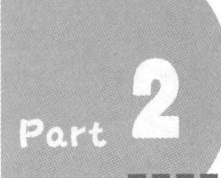

动车组车体制造

动车组车体是动车组重要组成之一，车体结构需要承受旅客的重力及各种设备的重力，另外动车组在高速运行过程中，还要分别承受纵向、横向、垂向和扭转等作用力，故动车组车体需满足以下要求：

（1）为满足安全运载旅客的需要，车体结构必须有足够的强度。

（2）为提高乘坐舒适度，车体必须具有足够的刚度，保证车体的自振频率与转向架的自振频率不一致，避免产生共振现象而降低乘坐舒适度。试验结果表明，转向架采用空气弹簧时，车体钢结构的自振频率应达到 8 Hz 以上。

（3）车体结构需具有隔音、隔热、耐腐蚀等性能。

（4）考虑高速运行时的空气动力学，头部车体结构为流线型外形，所有车体均为密封型结构。

（5）车体轻量化。

2.1 动车组车体结构

动车组车体钢结构一般由底架、侧墙、车顶、前端墙（或车头）、后端墙以及波纹地板或空心型材加强的地板构成一个带门窗切口的薄壁筒形整体承载结构（见图 2.1 和图 2.2）。

 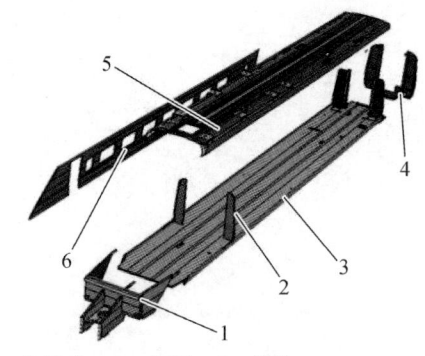

1—空气动力学铝结构；2—内端墙；3—底架；4—外端墙；5—车顶；6—侧墙。

图 2.1 头车车体

典型动车组车体结构

 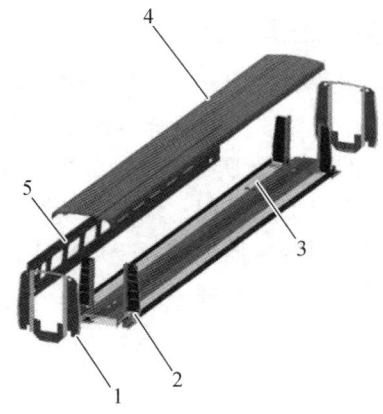

1—外端墙；2—内端墙；3—底架；4—车顶；5—侧墙。

图 2.2　中间车铝合金车体结构

2.2　动车组车体焊接装配工艺

2.2.1　底架组焊工艺

1. 底架组焊技术要求

底架是车体结构中的一个重要的承载部件，为框架式结构，框架上面铺设地板，其结构较为复杂，生产制造难度较大。底架横梁、中梁、枕梁材质为 A7N01S—T5，底架边梁、底架侧梁、底架地板材质为 A6N01S—T5，这两种材料均为经高温加工冷却后，再经人工时效硬化处理的强化铝合金。

CRH 系列动车组车体底架分头车底架和中间车底架。头车底架由车身底架和车头底架两部分组成，中间车底架只有车身底架。主要尺寸公差如下：

（1）底架长度 L 公差：L_{+7}^{+22} mm。

（2）底架纵向中心线到边梁最宽处间距：一位侧 $1\,679.15_{-4}^{+1}$ mm；二位侧 $1\,679.15_{-4}^{+1}$ mm。

（3）底架枕梁中心线间距公差：$17\,500_{+2}^{+16}$ mm。

（4）底架一侧两枕梁空气弹簧座横向间距：$(2\,460 \pm 1)$ mm。

（5）底架全长的四角对角线之差：8 mm 以下。

（6）枕梁间对角线之差：8 mm 以下。

（7）底架两边梁为通长梁，边梁与缓冲梁拼接后必须打磨光滑。

（8）底架枕梁中心线与缓冲梁外表面间距 $(3\,125 \pm 3)$ mm 或 $(3\,500 \pm 3)$ mm。

（9）底架枕梁中心线与缓冲梁外表面间距一、二位侧差值：5 mm 以下。

（10）缓冲梁外表面到车钩从板座前座工作面距离：(760.3 ± 3) mm。

（11）头车底架牵引梁最前端到车钩从板座前座工作面距离：(185 ± 3) mm。

（12）空气弹簧安装面平面度：1 mm 以下。

（13）底架上平面平面度（铝地板面）：4 mm 以下。

2. 底架组焊工艺过程

底架组焊时规定，上工序的各大部件及零部件经检查质量合格并填写质量跟踪卡后方可进入下工序组装。从事铝合金焊接的作业者必须根据 JISZ 3811《铝合金焊接技术的鉴定方法及评定标准》接受考核，并取得相关资格证书。

底架组焊工艺过程：端部底架预组→框架组→对框架正、反面焊接→框架正、反面零件安装→框架调修→地板铺装→地板正面焊接→气密性检查→地板上部零件安装→地板反面焊接及地板下部零件安装→地板开孔→调修校正→交检、交验。

1）端部底架预组

（1）中梁铆接。

中梁是牵引车钩的安装位置，是车辆连挂时传递纵向力的主要部件之一。从板座与中梁型材间的铆接质量对整个车体来说是非常重要的。从板座铆接时，重点控制的工艺和参数为扩孔、铆钉加热温度，铆接温度以及铆接力。

扩孔就是将从板座眼孔与中梁型材上的预钻孔扩成同心，以保证铆钉铆接后不受纵向的剪切力。扩孔工艺是从板座眼孔预钻铆接需要的孔径大小，中梁型材预钻孔径大小一般比从板座孔径小 2~2.5 mm，然后用扩孔钻或麻花钻进行扩孔。铆钉孔扩孔后孔径的选择参见表 2.1。

表 2.1 铆钉直径与铆钉孔直径选择　　　　　　　　　　　单位：mm

铆钉直径	12	16	18	20	22
铆钉孔直径	12.8	17	19.5	21.5	23.5

铆钉的加热温度是否合适，对紧固效果有很大影响，所以加热要慎重进行，铆钉加热时可以通过查看铆钉的颜色来判定其温度，参见表 2.2。采用空压铆钉枪的铆接温度为 900~1 000 ℃；采用液压铆钉枪的铆接温度为 850~900 ℃。

表 2.2 铆钉加热温度与颜色对照表　　　　　　　　　　　单位：℃

颜色	温度	备 注
蓝红色	600	尽量避免阳光直射，最好在暗处进行判断
红色	700	
浅浅红色	850	
黄红色	900	
黄色	1 000	
浅黄色	1 100	
白色	1 200	
光白色	1 300	冒出火花并熔化

铆接时注意事项如下：

① 铆接是热塑性作业，所以要迅速准确地进行。

② 铆接在 650 ℃ 以上进行。

③ 在铆接时要去除表面的氧化皮，注意铆钉头要没有偏心、扭曲等。

④ 不要进行铆接校正或头部校正。未完全铆紧的铆钉、加热过度的铆钉等有缺陷的部分应拔出，避免造成周围材料的损伤。

（2）中梁组装。

为增加中梁强度，中梁设计时增加了许多的补强板，因此中梁的焊接量比较大，焊接后变形较大。通常采用预制反变形来克服，具体采取措施如下：

① 开口方向的反变形量采用工艺支撑管来实现其反变形。

② 通长方向的反变形量采用加工艺垫板来实现。

（3）枕梁组成。

枕梁组成基本上由 10 mm 以上的铝板及型材组成的，对质量的影响主要是焊接收缩及焊接变形的影响。枕梁组成是宽度方向一般按+3 mm 工艺放量，长度方向+1 mm 工艺放量，长度方向+8 mm 工艺反变形。枕梁组成的工艺流程如下：

① 摆放两根枕梁型材和枕梁下盖板，确定好宽度尺寸。

② 安装补强板，点固焊后，进行翻转焊接，完成内部焊缝的焊接。

③ 对枕梁下盖板的平面度进行确认和调修。

④ 安装贯通管，并完成贯通管与枕梁的焊接。

⑤ 安装枕梁上盖板，进行塞焊。

⑥ 先后进行枕梁上盖板和下盖板的外焊缝自动焊。

2）底架框架组对

（1）将边梁放置在底架组焊夹具上进行底架反组，按照图纸要求，通过夹具内的摆放，决定边梁的位置，通过对边梁的端部敲打进行调整。

（2）利用专用钢带尺、样板在边梁上标注枕梁、横梁、端部中梁的位置，要在边梁的上下筋板上都划线，以保证安装时横梁下面的间距尺寸要求。

（3）将枕梁、横梁、端中梁、放入底架组焊夹具内；用夹具将边梁固定在底架组焊夹具上。

（4）移动夹具，安装枕梁组成、端中梁组成，安装时要保证牵引梁中心与枕梁中心一致。

（5）将预装的设备件以及管子按图纸要求摆放，然后摆放横梁。

（6）检查底架框架的对角线是否有变形，通过标注在边梁底面的枕梁中心对对角进行测量；若对角有偏差的话，再次用大锤敲打侧梁进行调整，使枕梁对角差小于 8 mm。

（7）用夹具将边梁固定在底架组焊夹具上。

（8）在枕梁部位确认底架框架的尺寸。

（9）将枕梁、横梁、端部中梁临时焊接固定，头车侧梁调整为+3 mm，中间车不需要侧梁调整量。

（10）安装中央中梁以及车头部（头车）的横梁。

3）底架框架正、反部件安装

（1）将底架吊运至零件安装支撑上进行零件安装。

（2）将车辆分成车辆中端以及两头，共3个部分进行作业。对于车辆中央的横梁之间的机器吊装，用工具使横梁间距扩大后插入机器并安装环槽螺栓。

（3）将安装部件进行焊接、打磨。

（4）利用翻转器将底架翻转；安装尚未安装的部件，并进行焊接、打磨。

4）底架框架的校正调直

（1）将底架正面放置在调直支撑上。

（2）校正牵引梁顶面的平整度。

（3）校正缓冲梁顶面、侧面的平整度。

5）气密地板安装

（1）确认气密地板的长和宽，安装地板时要前后左右均衡。

（2）将底架框架吊至铺设地板台位上，底架框架端部，用油压千斤顶顶起中梁部分，用手扳拉紧器将侧梁部分拉紧并固定，以防止焊接地板时引起底架框架的变形。

（3）气密地板上面与底架框架的焊接，焊接时要按照由中间向两端的顺序，一位侧、二位侧同时进行焊接。完成地板上面的焊接。待气密性检查全部合格后，按图纸要求及通用打磨标准（主要是焊缝端部）对焊缝进行打磨。

（4）气密性检查。

（5）地板上零件安装及焊接。

（6）气密地板下面与底架框架的焊接及地板下面零件安装。将底架框架翻转并放置在地板零件安装及钻孔台位上，底架框架端部，用油压千斤顶顶起中梁部分，用手扳拉紧器将侧梁部分拉紧并固定，以防止焊接地板时引起底架框架的变形。

（7）气密地板下面与底架框架的焊接，地板下面零件安装及焊接。

（8）缓冲梁车钩托板安装处的钻孔（均为反装）。先检验缓冲梁下平面的平整度，如达不到要求，则进行调修至合格为止；根据车钩托板安装钻孔样板，使用底架地板零件安装钻孔装置进行钻孔。

6）地板焊接

底架地板为单面型材结构，使用自动焊拼接在一起，焊接时一般采用铜或不锈钢垫板（见图2.3）地板拼接时应注意保证两块地板之间的对接间隙，一般应保证在0.5～1 mm，以保证焊接质量。

图2.3 底架地板接头示意

7）底架打磨

因为铝合金材料相对于其他材料，其硬度较低，打磨过程中也存在较多的问题，常常出现的问题是打磨伤母材及打磨圆角不能圆滑过渡。因此，在打磨时要严格按照打磨要求进行。

8）清扫处理

对底架进行彻底清扫，拆除所有夹具。

底架焊接应当注意，由于铝合金熔点低、导热系数及热膨胀系数较大，所以在焊接时容易产生裂纹、熔合不良、气孔等焊接缺陷，焊接后焊接变形较大，必须采取措施控制焊接缺陷及尽量减少焊接变形。通常采取以下措施可以保证底架焊接质量：

（1）提高焊接速度，降低热量的吸收。
（2）控制焊接过程中的层间温度。
（3）采用合理的焊接顺序。

2.2.2 侧墙组焊工艺

1. 侧墙组焊技术标准

侧墙采用双面挤压型材插接组焊而成，主要技术要求如下：

（1）侧墙自动焊按 WPS 执行，图纸上没有标明的焊接按侧墙焊接结构标准进行。
（2）焊缝加工时要严格遵守《焊接部分的焊接加工标准》。
（3）焊接修整时要严格遵守《车体结构焊接修整标准》。
（4）调修要严格遵守《车体结构校直作业标准》。
（5）打磨符合《铝合金焊缝的打磨作业规程》。

2. 侧墙组焊工艺过程

侧墙骨架由几块通长双面挤压型材拼接而成，侧门结构独立组焊完成后再跟侧墙骨架通过焊接装配成侧墙整体。侧墙组焊工艺流程如图 2.4 所示。

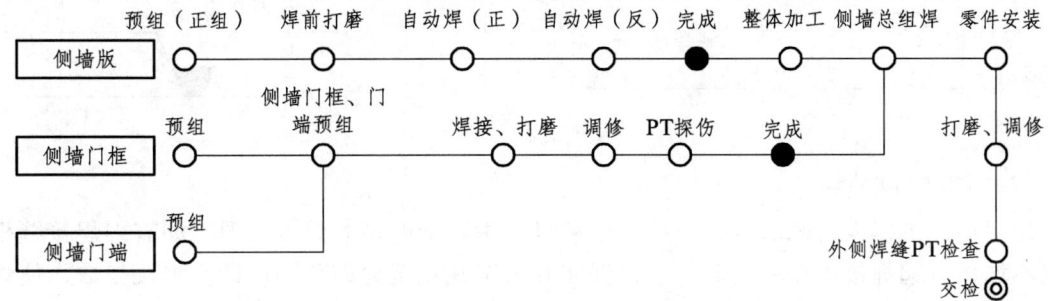

图 2.4　侧墙组焊工艺流程

1)生产前准备

(1)按订单物料清单检查物料是否齐全,检查物料外观是否合格。

(2)检查使用的工装、设备、工具、量具在定检周期内且状态良好,满足生产需要。

(3)检查订单、图纸、自检卡片、焊接顺序计划、WPS文件等是否齐全,确认好图纸、工艺规程的版本,填写焊前检查记录。

(4)操作者劳动保护用品佩带齐全。

(5)焊接前及焊接过程相关的人、机、料、法、环、测都应符合《轨道车辆用铝及铝合金气体保护焊焊接技术条件》中对应的要求。

2)侧墙板点固焊

侧墙板点固焊实施前,要对待焊部位用丙酮溶液进行擦洗,擦洗后用风动打磨工具打磨焊接区域及其周围(坡口两侧各至少30 mm)。

侧墙板组对时根据不同的车型先确定车体中心,然后把车体中心和工装中心重合。组板时,板与板插接根部间隙要控制在 0.5~1 mm,将第一块板用卡拦在两端,拉靠在工装定位块上,然后每隔 2 m 用卡拦夹固在工装上。组板顺序由第 1 块至第 7 块,同时要求将侧板墙的一端对齐,中间 2 块板需要整体加工的部分留在另一端。为了保证侧墙挠度,务必使侧墙板严格靠模,一定要做到使侧墙板与工装各个定位块的间隙为零。

侧墙板点固焊一定要注意点固焊焊缝的长度,焊缝过长,容易造成激光跟踪不能绕过焊缝;焊缝过短,则焊接强度不够,容易造成侧墙板焊接裂开。因此,确定点固焊焊缝长度为 50~60 mm。点固后,对焊缝两边进行打磨沟槽,使焊缝中心没有打磨的焊缝保持在 25~30 mm,并且保证沟槽的最低处应高于通长焊缝最低处 1~2 mm。开槽位置如图 2.5 所示,点固焊焊缝间隔 1 500 mm。同时,尽量使点固焊焊缝布置在窗口范围内,这样就可以在加工窗口部分的时候把这些点固焊焊缝加工掉,这样一来就会最大限度地减少焊接不良。

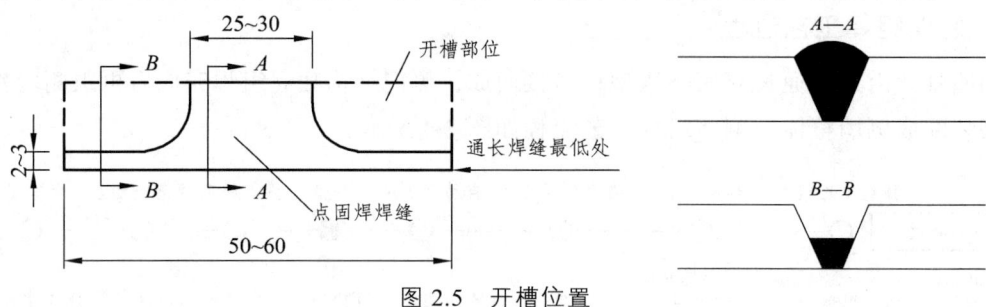

图 2.5 开槽位置

3)侧墙板自动焊

使用焊接机器人对侧墙进行焊接,焊接过程中要随时观察焊接情况,如有因焊接缝根部间隙不均而引起焊接不良的趋势,应根据实际情况在规范允许范围内调整焊接参数,使焊接质量趋向良好。侧墙板自动焊焊接参数见表 2.3。正面焊接完成将侧墙翻转到反组胎位夹紧进行反面焊接。

表 2.3 侧墙板自动焊接参数

焊丝	焊丝直径/mm	电流/A	电压/V	气体流量/（L/min）
A 5356	1.2	正：170~190	正：18~23	正：27
		反：140~170	反：18~20	反：25

侧墙板自动焊接是侧墙制造最关键的一步，焊接前一定要打磨通长焊缝，打磨后要用高压风吹待焊焊缝，目的是吹掉一些细小的铝屑。并且要求打磨后 4 h 内完成焊接，如果超过 4 h 没有焊接，那么要在焊接前重新进行打磨，否则铝合金表面将生成氧化膜影响焊接质量。另外，由于自动焊机在起弧和收弧时电流不稳定，容易造成焊接缺陷，因此在焊接前一定要增加引弧板/收弧板。

由于铝合金的热传导很大，如果焊接顺序不正确的话，很容易造成严重的侧墙板变形，因此自动焊必须有严格焊接顺序，侧墙的焊接顺序是：（1/5）→6→（2/4）→3，其中第 1、5 道和第 2、4 道焊缝是同时焊接，如图 2.6 所示。

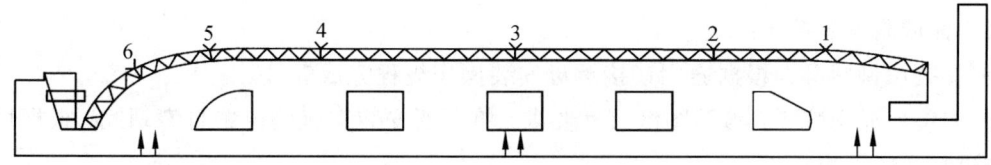

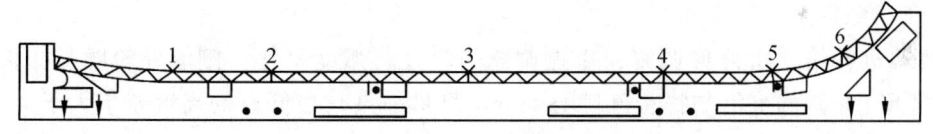

图 2.6 侧墙焊接顺序

具体工艺如下：
（1）将零件按照图纸要求进行组对，调整尺寸，卡紧。
（2）对组对好的工件进行预热、点固，按照焊接顺序计划焊接正面焊缝。
（3）翻转工装，点固，按照焊接顺序计划进行预热，焊接反面焊缝。
（4）用风动打磨工具打磨点固的起弧、收弧端，清除铝屑。
（5）将工件吊离工装，放至打磨支架上，打磨修整焊缝，去除引弧板/收弧板。
（6）检测，对不合格尺寸按照《铝合金调修工艺规程》要求进行调修。
（7）磕打钢印。

4）将侧墙运送到双工位加工中心进行整体加工

5）侧墙总组及零部件安装
（1）门柱、门板、侧墙连接板焊接。

① 使用直磨机、角磨机手工修磨安装门柱组成、小弯梁组成及补强型材的沟槽。

② 侧墙打磨：手工将安装门柱处的侧墙外墙板铣除 2 mm，即侧墙内墙板高出外墙板 2 mm。

③ 安装门柱组成、门柱板的焊接背板：焊接背板的下端与沟槽下端对齐，背板外沿与侧墙门口外沿平齐，错边小于 0.5 mm。将调整好的焊接背板用 F 形卡将其固定，并按照焊接顺序计划点固焊接。

④ 点固定位弯梁组成：将弯梁组成的上沿和侧墙上墙板的上沿对齐，应接板内侧面与侧墙端面密贴，按照焊接顺序计划完成应接板的点固焊接。

⑤ 安装点固门柱组成、门柱板：按照图纸尺寸要求，装配好门柱组成、门柱板，调整焊接间隙和错边量，按照焊接顺序计划对正反面焊缝进行点固焊接。

⑥ 焊接后，对焊缝进行 PT（浸透探伤实验）检测，对不合格焊缝进行补焊。最后，将门柱高出的 3 mm 边用于叶片磨除，使门柱与侧墙外轮廓相平（用直角尺随时检测）。

⑦ 门柱、门柱板焊接完成后，用门口固定夹具将门柱、门柱板固定，提高侧墙门口处的整体刚度。

（2）侧墙附件焊接。

① 安装拉铆螺母，根据通用铆接螺母安装操作规程完成安装。

② 安装外显安装座：参照图纸尺寸要求，将需要安装支座的位置打磨划线，根据焊接顺序计划进行点固、焊接。

③ 其他附件焊接参照对应图纸尺寸要求，包括焊前打磨、划线、点固焊接。

（3）调修、交验。

① 对侧墙进行第二次外形调修，重点调修门口处。弧度尺寸：侧墙外轮廓与样板间隙 10^{+2}_{-2} mm。高度尺寸：侧墙上沿与样板间隙 15^{+4}_{-2} mm（且最高点与最低点的高度差不大于 4 mm）。

② 用风动工具将正面上面的 3 道缝打磨平整。在焊缝打磨前，由检查员确认侧墙外轮廓合格后才可以进行打磨。正面焊缝进行气密性检测，不能进行气密性检测的焊缝进行 PT 检测。

③ 按照铝合金车体防护规程对侧墙进行防护，对侧墙组成上的拉铆螺母使用胶带单独防护，减少胶带残留对后道打砂工序的影响。最后，将检验合格的侧墙送至交验胎等待交验。

6）侧墙整体调修以及 PT 探伤

侧墙调修是非常关键的工序，也是技术要求很高的工序，在侧墙调修台位上，使用专用切削机（MAC-II 或者 FRC-200-1）铣去焊道余高，使用样板进行卡样下火调修，使用火焰较细的焊炬 H07-20A 配丙烷焊嘴 4 号，或者使用焊炬 H07-12A 配丙烷焊嘴 5 号进行局部调修（注意：火焰必须垂直于焊缝）。下火后，对焊接两侧隆起部位用平锤进行调平，调修时温度必须控制在 250 ℃ 以下。局部下火时间不要超过 2 min。调修时一定要注意使用细小火焰的火焰喷嘴，这样就可以最大限度地防止焊缝周围受热隆起，也就最大限度地减少调修锤痕。

侧墙调修完成后要进行侧墙外侧通长焊缝 PT 探伤，对于有焊接缺陷的部位一定要进行 TG 焊接法补焊，直到没有焊接缺陷为止。

7）侧墙焊接变形分析及防止措施

（1）侧墙的焊接变形。

如图 2.7 所示，侧墙的焊接变形主要发生在侧墙的上部和顶棚插接部分及侧墙下部和底架边梁搭接部分，焊接变形趋势主要是侧墙上下两端向内侧卷曲。

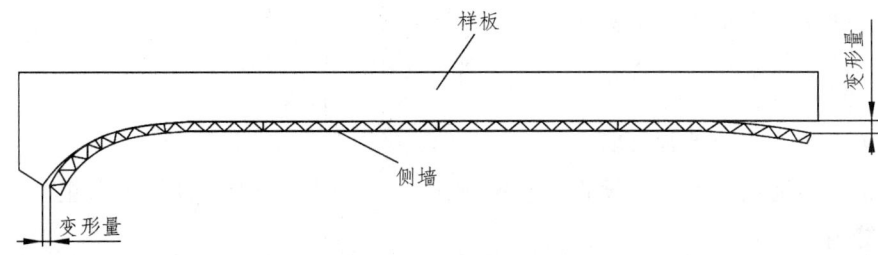

图 2.7　侧墙变形示意

（2）焊接变形分析。

侧墙骨架采用先正组、后反组的工艺流程。双层型材结构由内、外侧焊缝，在自由状态下焊接，同种规范条件下，一次焊变形大于二次焊变形；在工装的刚性固定下，则是二次焊变形大于一次焊变形。这是因为二次焊接造成的收缩应力加上刚性压紧形成的应力要远大于一次焊接造成的焊接残余应力。由于侧墙焊接采用的是将侧墙板压靠工装刚性固定下的焊接，所以从工艺上分析，应该是反面焊（二次焊）产生的变形量，故产生如前所述的焊接变形。

（3）采用反变形法控制焊接变形。

侧墙焊接变形主要是由于反面组焊工装模板未考虑侧墙焊接过程中的变形，在反面组焊时不能使侧墙与工装模板完全贴靠所致，为了解决这一问题，考虑对侧墙反面组焊工装进行改造，通过增加垫板，预制反变形来使侧墙在反面焊接时能够和工装贴靠，从而控制焊接变形量。

通过以上分析得知，铝合金侧墙焊接过程中将产生较大焊接变形。在用通长铝合金双面挤压型材通过拼接组焊工艺产生零部件时，要充分考虑铝合金型材的一次焊接变形，运用反变形原理对二次组焊工装进行设计，使零部件在二次组焊时能够尽量保持与工装吻合，可最大限度地降低焊接变形。对于多条通长平行焊缝的焊接，在考虑零部件结构形式的基础上，要尽量采用对称施焊的焊接顺序以减小焊接变形。

2.2.3　车顶组焊工艺

1. 车顶组焊技术要求

车顶上零件安装焊接质量符合《铝合金 MIG 和 TIG 焊接作业标准 JISZ 3604》。

2. 车顶组焊工艺过程

1）生产前准备

（1）按车顶组成 MBOM 清单检查物料是否齐全。

（2）检查订单、图纸、专检卡片、自检卡片、焊接顺序计划、WPS 文件是否齐全，确认好工艺规程和图纸的版本，填写焊前检查记录。

（3）检查使用的工装、设备、工具、量具状态良好，满足生产需要。

（4）操作者劳动保护用品佩戴齐全。

2）焊前清理

（1）加工余量、飞边毛刺打磨。

按照《铝合金通用打磨工艺规程》打磨短圆顶、长圆顶等加工件加工余量和飞边毛刺。

（2）焊缝清理。

① 按照《铝合金通用打磨工艺规程》打磨短圆顶、长圆顶、圆边顶焊缝部位氧化膜，清理打磨掉的铝屑。

② 使用不掉毛的布沾 D40 溶剂擦拭焊缝区域油污和杂质。

3）车顶反装装配

（1）吊装短圆顶、长圆顶、圆边顶入胎，以工装定位止挡为基准放置短圆顶、长圆顶、圆边顶，注意长、短圆顶的间隔。

（2）粗调车顶宽度 2 752 mm（方便测量的宽度为两边顶内侧钝边间距 2 667 mm），用工装压臂对边顶进行预压紧。

（3）圆顶与边顶搭接量和搭接角焊间隙调整，搭接量参考值 144 mm（圆顶最外侧 C 槽外直边到边顶坡口下沿），搭接焊缝间隙不得大于 0.5 mm。将边顶用工装压臂压紧。

（4）端顶装配、定位焊接（针对带平顶的车顶）。

① 将端顶搬运到工装支撑上，调整端顶中线与长圆顶中心线重合、端顶面与平顶端头贴实，调整端顶位置。

② 按照焊接文件点固端顶，点固位置有端顶与圆顶正装焊缝，端顶与圆边顶焊缝。

（5）平顶、平边顶装配（针对带平顶的车顶）。

① 吊运长平顶或短平顶组成到车顶组焊胎，根据平顶中线与端顶中线对正、平顶端面与端顶面贴合确定平顶位置。

② 吊运平边顶与平顶装配，通过调整平边顶垫板与圆边顶垫板共线确定平边顶位置。

③ 点固长平顶或短平顶与平边顶焊缝。

（6）司机室空调框连接件组焊（针对头车车顶组成）。

① 将司机室空调框连接件搬运到车顶组焊工装上，根据连接件中线与长圆顶中线对正、

连接件面与圆顶端头贴实调整位置。

② 按照焊接工艺规程点固端顶，点固位置有连接件与圆顶正装焊缝。

4）车顶反装焊缝点固、焊接

（1）点固。

按照《铝合金点固焊接工艺规程》点固圆顶与边顶的焊缝，按照《铝合金通用打磨工艺规程》修磨点固段至圆滑过渡，便于焊接机械手进行跟踪。

（2）自动焊接。

按照焊接顺序计划等焊接文件进行圆顶与边顶焊缝的焊接。

（3）端顶与圆顶、平顶反装焊接（针对带平顶的车顶组成）。

① 按照《铝合金通用打磨工艺规程》打磨端顶与圆顶、平顶点固段至圆滑过渡。

② 按照焊接工艺规程焊接端顶与圆顶、平顶反装焊缝，并进行焊缝外观检查。

（4）司机室空调框连接件组成与圆顶反装焊接（针对头车车顶组成）。

① 按照《铝合金通用打磨工艺规程》打磨司机室空调框连接件组成与圆顶点固段至圆滑过渡。

② 按照焊接工艺规程焊接司机室空调框连接件组成与圆顶反装焊缝，并进行焊缝外观检查。

（5）焊缝检查修理。

按照焊缝外观检测标准进行焊缝自检和专检，在焊接监督指导下进行焊缝修磨和补焊。

5）车顶正装焊缝焊接

（1）车顶翻转。

① 在车顶反转安装支撑杠，调整车顶宽度接近设计理论值。

② 将空中翻转器吊带绕过车顶，控制天车遥控器和空中翻转器遥控器把车顶翻到正装位置。

（2）自动焊接。

① 更换车顶正装定位块。

② 按照焊接顺序计划等焊接文件进行圆顶与边顶正装焊缝的焊接。

（3）端顶组成正装焊接（针对带平顶的车顶组成）。

① 按照《铝合金通用打磨工艺规程》打磨端顶与圆顶、平顶点固段至圆滑过渡。

② 按照焊接工艺规程焊接圆顶、平顶与空调框端顶正装焊缝，焊缝外观检查。

（4）司机室空调框连接件组成与圆顶正装焊接（针对头车车顶组成）。

① 按照《铝合金通用打磨工艺规程》打磨司机室空调框连接件组成与圆顶点固段至圆滑过渡。

② 按照焊接工艺规程焊接司机室空调框连接件组成与圆顶正装焊缝，并进行焊缝外观检查。

（5）焊缝检查、修理。

按照焊缝外观检测标准进行焊缝自检和专检，在焊接监督指导下进行焊缝修磨和补焊。

（6）吊运至调修区。

将吊带绕过车顶，控制天车吊运车顶出组焊胎，吊运至车顶调修区。

6）测量调修

（1）拆卸车顶内侧支撑杠，将支撑杠放到存放区。

（2）使用车顶组成检测样板测量车顶轮廓度并做记录，按照《铝合金车体调修工艺规程》对照车顶组成测量表要求进行调修。

（3）调修合格的车顶吊运至打磨架。

7）车顶正装附件焊接

（1）车顶应接板装配焊接。

① 按照《铝合金通用打磨工艺规程》打磨焊接区域氧化膜。

② 将车顶应接板垫板插入车顶加工槽中，调整应接板与车顶纵向中心线重合，调整应接板与车顶对接焊缝焊接间隙，使用F形卡固定应接板。

③ 按照焊接工艺文件焊接应接板与车顶正装焊缝，焊缝外观自检、修理。

（2）空调框装配焊接。

① 按照《铝合金通用打磨工艺规程》打磨焊接区域氧化膜。

② 吊运空调框到装配位置，放置空调框，撤出吊带。

③ 根据图纸定位尺寸调整空调框位置，使用F形卡卡紧固定。

④ 在车顶反装安装车顶支撑杠施加预紧力，预制空调框焊接的变形量。

⑤ 按照焊接顺序计划及文件进行空调框正装焊缝点固、焊接，焊缝外观自检、修理。

（3）车顶补板左右组焊。

① 按照《铝合金通用打磨工艺规程》打磨焊接区域氧化膜。

② 按照图纸定位尺寸放置空调框封板。

③ 按照焊接工艺文件进行点固、焊接。

（4）正装支座、天线座、接地端子等附件组焊。

① 按照《铝合金通用打磨工艺规程》打磨焊接区域氧化膜。

② 手工画线确定附件位置，按照焊接工艺文件点固、焊接，焊缝外观自检、修理。

（5）司机室空调框组焊（针对头车车顶）。

① 按照《铝合金通用打磨工艺规程》打磨焊接区域氧化膜。

② 吊运空调框到装配位置，放置空调框撤出吊带。

③ 根据图纸定位尺寸调整空调框位置，使用F形卡卡紧固定。

④ 按照焊接工艺规程和焊接顺序计划进行空调框正装焊缝点固、焊接，焊缝外观自检、修理。

（6）平顶导流罩安装座、导流罩C槽、法兰等焊接（针对带平顶的车顶）。

① 手工画线定位，按照《铝合金通用打磨工艺规程》打磨焊缝部位氧化膜。

② 按照焊接工艺规程和焊接顺序计划点固导流罩安装座等附件，修磨接头，焊接。

8）车顶反装附件焊接

（1）空调框反装焊缝焊接、空调框密封板焊接。

① 利用空中翻转器将车顶翻转到反装位置。

② 空调框反装焊缝按照焊接工艺规程焊接；焊缝外观自检、修理。

③ 空调密封板与车顶焊缝按照焊接工艺规程焊接，焊缝外观自检、修理。

（2）车顶应接板反装焊缝按照焊接工艺规程进行焊接，焊缝自检、修理。

（3）车顶焊缝交验。

① 按照图纸尺寸使用风钻钻车顶$\phi 5$的中心孔。

② 车顶翻转至正装位置，清理整车铝屑，按照图纸磕打车顶钢印。

③ 根据渗透检测工艺规程对车顶焊缝进行PT检测，请焊接监督进行焊缝检查，在焊接监督指导下进行修理。

（4）按照图纸和钢印磕打要求磕打车顶组成的钢印。

9）车顶测量调修

（1）拆卸车顶内侧支撑杠，放到存放区。

（2）按照《车顶组成测量表》要求使用车顶组成检测样板测量车顶轮廓并做记录，按照《铝合金车体调修工艺规程》对照车顶组成测量表要求进行调修。

（3）调修合格的车顶吊运至车顶附件工装。

（4）车顶导流罩安装座加工（针对带平顶的车顶组成）。

① 调整车顶加工工装，吊运车顶至车顶加工工装，预压紧工件。

② 编写加工程序，探点测量车顶组成放置位置，根据测量结果调整工件基准与机床坐标一致，运行加工程序。

③ 清理工件，吊运车顶组成到打磨架。

10）气密性检测

① 按照《铝合金车体气密性检验技术规范》进行车顶组成外侧焊缝气密性检测。

② 根据焊接检测计划和渗透检测工艺规程进行车顶焊缝PT检测。

11）车顶装备、交验

（1）提请检查员按照车顶检查卡片对专检项点进行检查。

（2）按照《铝合金车体防护工艺规程》对车顶进行防护。

（3）车顶吊运至防护区。

2.2.4 端墙组焊工艺

1. 端墙组焊技术要求

骨架总组过程中,需按照《端墙工艺尺寸指导书》所规定的工艺放量进行组装。可拆卸端墙的总组装过程,需要点焊,此过程参见《铝合金定位焊接作业标准》。

2. 端墙组焊工艺过程

1)生产前准备

(1)按端墙组成 MBOM 清单检查端墙组焊物料是否齐全。

(2)检查订单、图纸、专检卡片、自检卡片、焊接顺序计划、WPS 文件是否齐全,确认好图纸的版本,填写焊前检查记录。

(3)检查使用的工装、设备、工具、量具状态良好,满足生产需要。

(4)操作者劳动保护用品佩戴齐全。

2)焊前打磨

用风动打磨工具打磨焊接区域及其周围(坡口两侧各至少 30 mm),详见《铝合金车体通用规程》。

3)端墙装配

(1)装焊内部弯梁。

① 打磨:将工件运至打磨架上,用风动打磨工具打磨焊接区,具体要求见焊前打磨。

② 装配及点固焊:调整内部弯梁与端墙板左右位置,可适当打磨端墙板,去除母材,保证内弯梁与端墙板中心对齐,左右对称,内弯梁立面与端墙板左右立面对齐,并保证预留焊接间隙,F 形卡卡紧,点固焊。

③ 焊接:按照焊接顺序计划文件(以下同)进行焊接。

(2)安装端角柱及顶部弯梁。

① 打磨:打磨各工件的焊接区域,具体要求见焊前打磨。

② 装配:以端墙板内门框定位,将各工件吊入工装,预留焊接间隙后压紧。

③ 点固焊:点固焊各工件,打磨修整点固焊接头。

(3)装配侧弯梁及上盖板。

① 打磨:将工件分别放至打磨架上,打磨焊接区域,具体要求按照《铝合金车体通用打磨规程》执行。

② 装配:分别顶紧、压卡顶部侧弯梁和盖板→对正、反面的焊缝按照点固焊要求进行点固→打磨修整正面的定位焊位置。

4)端墙焊接

(1)按照端墙组成焊接顺序计划焊接。

① 焊缝的下部由端角柱最底端算起往上约 600 mm 处点固焊接，用于车体组成装配时与底架宽度的调整。

② 盖板处的 8 V 焊缝在工装上只进行段焊，工件下胎后，再根据检测的外轮廓数值进行调整，完成后焊接。

（2）待端墙焊接完成，冷却至室温后，松开夹具，将端墙吊运出胎至打磨架。

5）附件装焊

（1）对由于工装卡具妨碍焊接而未施焊的位置焊缝进行施焊。

（2）附件装焊。

① 按照端墙组成图纸，装配焊接附件，焊接前，打磨待焊接区域，具体按照《铝合金车体通用打磨规程》执行。

② 利用端墙外风挡钻孔工装（样板），装配焊接端墙上部的 16 个外风挡安装座。

6）调修、交验

（1）检测。

① 用水平尺对工件的平面度进行检测，要求内风挡区域平面度不大于 1.5 mm。

② 端墙上部外风挡座整体平面度不大于 4 mm；端角柱上安装外风挡安装座区域平面度不大于 3 mm。

③ 对端墙外轮廓进行检测，外轮廓不大于 2 mm。

④ 端墙门口宽度 910^{+2}_{0} mm；

⑤ 端墙门口高度 $2\,060^{+3}_{-3}$ mm；

⑥ 端墙最宽处尺寸 $3\,290^{+6}_{0}$ mm。

（2）调修。

按照《铝合金车体调修工艺规程》，对局部尺寸超差外进行调修，合格后交验。

7）钻孔，紧固件安装

（1）钻孔。

按照图纸，用螺纹接头钻孔样板定位钻端墙铆接螺母的安装孔。

（2）装配内侧的铆接螺母。

① 先使用风动冲六方孔工具将其安装位置的圆孔制作成六方孔。

② 用风动拉铆枪安装六角螺母，具体参照《铆螺母安装操作规程》。

（3）安装螺纹接头。

按照《307、308 型螺纹接头通用安装操作规程》安装螺纹接头。

（4）防护。

① 对接地端子进行防护，参照《接地端子防护工艺规程》。

② 对螺纹接头、六角铆钉使用不锈钢螺栓、塑料工艺堵进行防护，具体按照《车体防护工艺规程》执行。

（5）磕打钢印。

按照图纸要求位置，磕打钢印号。

（6）对端墙进行最终交验，交验合格后运至物料缓存区。

2.2.5 司机室组焊工艺

司机室由乘务员门框、客室门框、前窗框架预组、骨架组装和外板等组成。焊接时，先将整体骨架组成后再将外板贴到整体骨架上手工焊接。因其外形有不同的曲面组成，需要几十种不同规格的外板通过锤压机成型后方可贴到骨架上。司机室组焊工艺流程如图 2.8 所示。

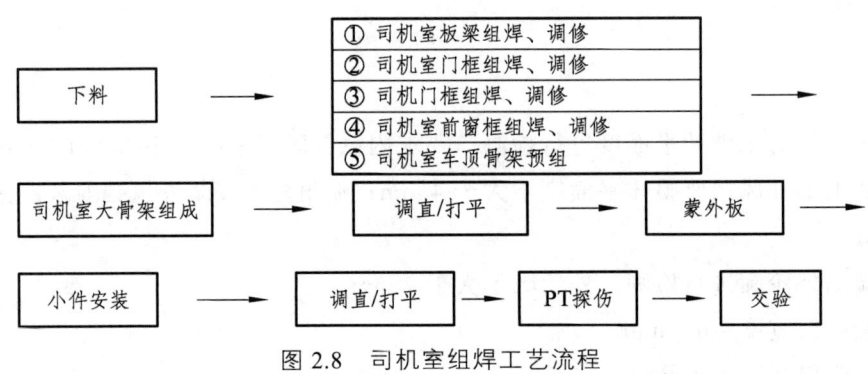

图 2.8 司机室组焊工艺流程

1. 下料成型

1）外板成型

司机室外板共有 70 余块组成，其中有几块是通过模具直接成型的，另外的是用压力机和卷床成型后再用锤压机整形后的工艺制作完成的。

模具成型时，经常会出现外板成型后发生褶皱，这是由于在模具成型时外板的周围没有拉紧造成的，所以在模具成型时一定要把外板拉紧再成型。因为锤压机的模具是平的，在对外板进行整形时，弧度向外放比较方便，所以在用卷床卷完后，弯曲半径尽可能小于外板成型后的弯曲半径。在调锤压机锤头间隙时速度要慢，要避免间隙过小，使外板放得过大，因为经过多次收放会降低铝板的延展性，出现裂纹。

2）前窗框骨架成型

由于前窗骨架立体结构，采用正常的成型工艺无法完成，一般采用国产化设备（双向压力机）进行预成型，然后利用木模型做检测样本，使用锤压机、100 t 压力机等设备进行手工调修成型。

3）乘务员门立柱成型

乘务员左右两根立柱的零件都是由铝板经过压力机和锤压机成型，再由样板检测，用锤压机手工调修成型，与卡弧样板间隙不大于 3 mm。

2. 部件组焊

1）生产前准备

（1）按侧墙骨架组成 MBOM 清单检查侧骨组焊物料是否齐全。

（2）检查订单、图纸、专检卡片、自检卡片、焊接顺序计划、WPS 文件是否齐全，确认好工作计划和图纸的版本，填写焊前检查记录。

（3）检查使用的工装、设备、工具、量具状态良好，满足生产需要。

（4）操作者劳动保护用品佩戴齐全。

（5）焊前打磨：用风动打磨工具打磨焊接区域及其周围（坡口两侧各至少 30 mm），详见《铝合金车体通用打磨规程》。

2）肩带上梁装配

（1）样装肩带上梁，确定修配量（注意：安装时肩带上梁要求与工装垂向定位块密贴）。

（2）对肩带上梁进行打磨处理，用风动打磨工具打磨焊接区域及其周围（坡口两侧各至少 30 mm）。

（3）利用工装和 F 形卡将肩带上梁压卡夹紧。

3）车顶弯梁装配

（1）样装车顶弯梁，确定修配量（注意：安装时车顶弯梁要求与工装定位块密贴）。

（2）对车顶弯梁进行打磨处理，用风动打磨工具打磨焊接区域及其周围（坡口两侧各至少 30 mm）。

（3）利用工装和 F 形卡将肩带上梁压卡夹紧。

4）前窗框组成装配

（1）利用前窗框安装工装将前窗框组成吊运起，将前窗框连同安装工装一起与车顶组成工装定位，配装前窗框组成（注意：安装时与工装定位块密贴，保证前窗框在车顶的安装位置尺寸）。

（2）对车顶弯梁进行打磨处理，用风动打磨工具打磨焊接区域及其周围（坡口两侧各至少 30 mm）。

5）顶灯座装配

（1）顶灯座装配。

① 装配顶灯座（注意：安装时要求与工装定位块密贴）。

②对顶灯座进行打磨处理，用风动打磨工具打磨焊接区域及其周围（坡口两侧各至少30 mm）。

③利用工装和F形卡将顶灯座压卡夹紧。

（2）车顶弯梁装配。

①样装车顶弯梁确定修配量（注意：安装时车顶弯梁要求与工装定位块密贴）。

②对车顶弯梁进行打磨处理，用风动打磨工具打磨焊接区域及其周围（坡口两侧各至少30 mm）。

③利用工装和F形卡将车顶弯梁压卡夹紧。

6）加强梁装配

（1）样装加强梁，确定修配量（注意：安装加强梁要求与工装定位块密贴）。

（2）对加强梁进行打磨处理，用风动打磨工具打磨焊接区域及其周围（坡口两侧各至少30 mm）。

（3）利用工装和F形卡将加强梁压卡夹紧。

7）车顶骨架焊接

（1）按照焊接顺序计划进行焊接（注意：焊接前必须进行预热，并且控制预热温度）。

（2）打磨修理焊接接头，按照图纸要求磨平焊缝。

（3）渗透检测：按照焊接计划进行渗透检测。

8）车顶组成装配

（1）车顶蒙皮装配。

①样装车顶蒙皮，确定修配量（注意：安装时车顶蒙皮后端中心线要求与工装上的中心定位线对齐）。

②对加强梁进行打磨处理，用风动打磨工具打磨焊接区域及其周围（坡口两侧各至少30 mm）。

③利用工装和F形卡将车顶蒙皮压卡夹紧。

（2）车顶侧蒙皮和肩带上蒙皮装配。

①样装车顶侧蒙皮和肩带上蒙皮，确定修配量（注意：安装时车顶侧蒙皮和肩带上蒙皮要求与车顶弯梁密贴）。

②对加强梁进行打磨处理，用风动打磨工具打磨焊接区域及其周围（坡口两侧各至少30 mm）。

③利用工装和F形卡将车顶侧蒙皮和肩带上蒙皮压卡夹紧。

（3）车顶组成整体压卡、点固、焊接。

9）车顶组成焊接

（1）按照焊接顺序计划进行车顶组成焊接。

① 车顶内侧焊缝焊接。

② 车顶外侧焊缝焊接。

(2) 打磨修理焊接接头，按照图纸要求磨平焊缝。

(3) 渗透检测：按照焊接计划进行渗透检测。

10) 车顶组成补焊

(1) 安装拉杆将车顶往内侧拉紧，并拧紧拉杆，将车顶组成从工装中吊运至打磨架上，对车顶组成工装内无法焊接的焊缝进行找补焊接。

注意：

① 前窗框安装工装一直与车顶连接，到司机室组成工装上进行安装。

② 车顶出胎起吊前，必须检查压卡，F形卡紧固无松动，防止掉落。

③ 对于板厚大于 8 mm 的焊缝，焊接前必须进行预热，并且控制预热温度。

(2) 对车顶组成的焊接接头进行打磨处理，按照图纸要求磨平焊缝（注意：圆角处进行圆滑过渡）。

(3) 按照焊接计划进行渗透检测。

11) 交　验

(1) 调修：按照《铝合金车体调修工艺规程》，对车顶局部尺寸超差处进行调修。

(2) 交检：将侧骨提请交检，检验合格后运转至合格品存放区。

复习思考题

1. 简述动车组车体的组成及各组成的作用。
2. 分析 CRH_1 型动车组头车车体底架结构。
3. 试分析 CRH 系列动车组车体材质及结构特点。
4. 简述 CRH_5 型动车组车体底架组成及特点。
5. 简述 CR400BF 型动车组车下设备舱组成及技术特点。
6. 试述动车组车体底架组焊工艺过程。
7. 分析动车组车体侧墙的焊接顺序，并简述控制侧墙焊接变形的措施。

Part 3 动车组转向架制造

转向架是车辆的主要组成部分之一，它用来传递各种载荷，并利用轮轨间的黏着保证牵引力的产生。按有无牵引动力分为动车转向架（见图 3.1）和拖车转向架（见图 3.2），一般在动车转向架上装有牵引电机和驱动机构。

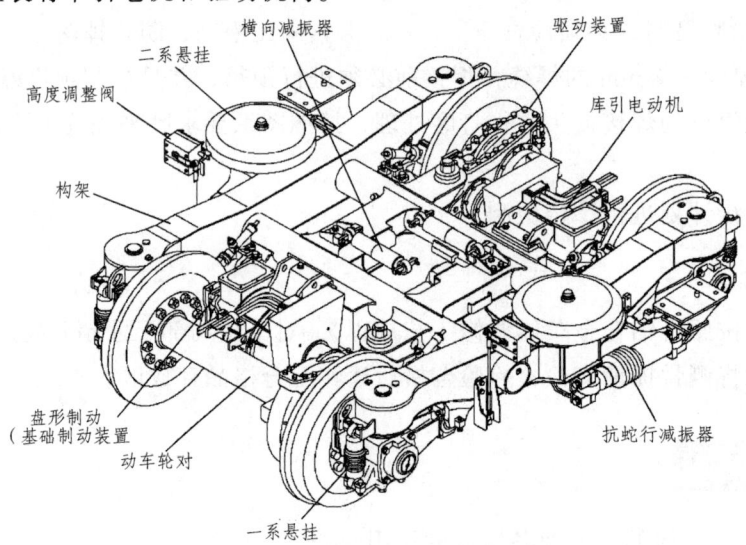

图 3.1　CRH$_2$型动车组动车转向架

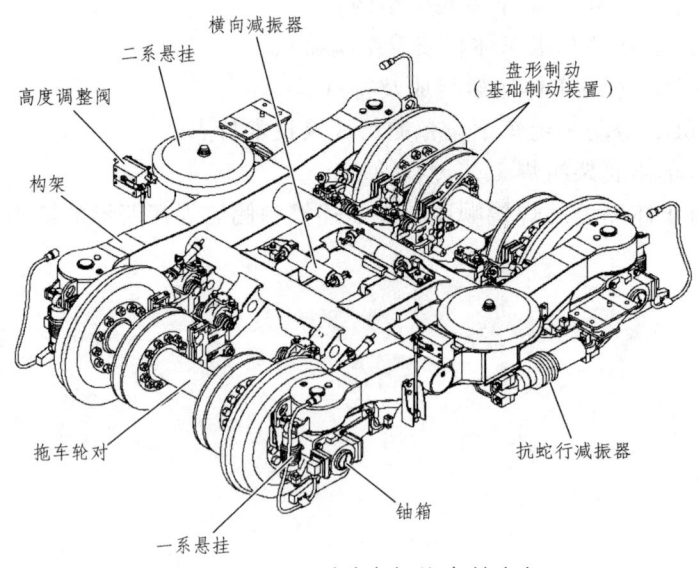

图 3.2　CRH$_2$型动车组拖车转向架

3.1 转向架主要零部件加工

动车转向架主要由轮对、轴箱、一系弹簧悬挂装置、构架、二系弹簧悬挂装置、驱动装置（仅动力转向架有）和基础制动装置等 7 部分组成。

（1）轮对：直接向钢轨传递车辆重力，通过轮轨间的黏着产生牵引力或制动力，并通过轮对的转动实现车辆在钢轨上的走行和导向。

（2）轴箱：联系构架和轮对的活动关节，它除了保证轮对进行回转运动外，还能使轮对适应线路等条件，相对于构架上下、左右和前后活动。

（3）一系弹簧悬挂装置：用来保证轴重分配均匀，缓和线路不平顺对车辆的冲击，还能使轮对适应线路等条件，相对构架上下、左右和前后活动。它包括轴箱弹簧装置、轴箱定位装置和轴箱减振装置。

（4）构架：转向架的骨架，用于安装转向架各部件，承受和传递垂向力及水平力。

（5）二系弹簧悬挂装置：也叫车体支撑装置，它是车体和转向架之间的连接装置。其作用是承受车体载荷，传递垂向和横向力，进一步缓和冲击振动，通过曲线时使转向架相对于车体回转，保证车辆的运行平稳性。它包括二系弹簧装置、二系减振装置、抗侧滚装置和牵引装置。

（6）驱动装置：将动力装置的功率最后传递给轮对，包括牵引电机、传动装置和电机悬挂装置。

（7）基础制动装置：将制动缸传来的力增大若干倍后传给执行机构进行制动。

本节对动车组转向架主要零部件的加工工艺进行讲述。

3.1.1 车轴加工工艺

车轴是转向架轮对中重要的部件之一，直接影响列车运行的安全性，又是转向架簧下质量的主要组成部分，特别是对于高速列车，降低列车簧下部分的质量对改善列车运行平稳性和减小轮轨之间动力作用有重要影响。因此，高速列车车轴采用空心车轴，和实心车轴相比，空心车轴可减少 20%～40%的质量。

1. 车轴构造（见图 3.3）

（1）轴颈，用以安装滚动轴承，承担着车辆重力，并传递各方向的静、动载荷。

（2）防尘板座，是车轴与防尘板配合的部位，其直径比轴颈直径大，比轮座直径小，介于两者之间，是轴颈与轮座的中间过渡部分，以减小应力集中。

（3）轮座，是车轴与车轮配合的部位。为了保证轮轴之间有足够的压紧力，轮座直径比轮毂孔直径要大 0.10～0.35 mm，同时为了便于轮轴压装，减少应力集中，轮座外侧直径向外逐渐减小，成为锥形，其小端直径比大端直径要小 1.0 mm，锥体长 12～16 mm。

（4）轴身，是车轴中央部分，该部分受力较小。其上通常设有安装制动盘的制动盘座、安装驱动齿轮的齿轮座等。

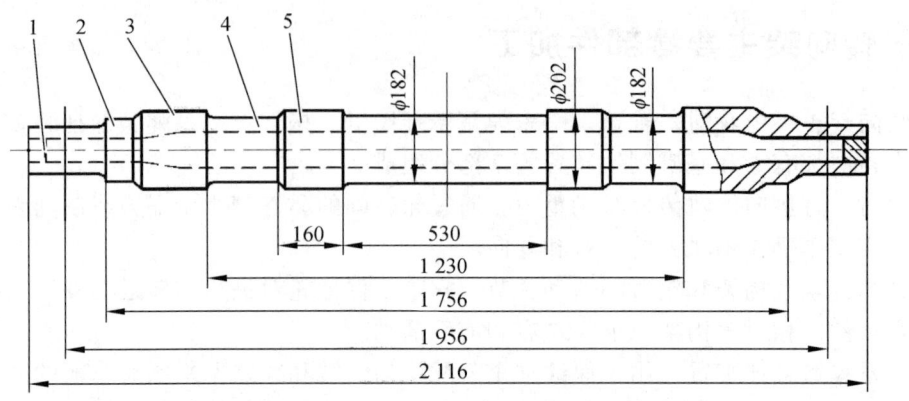

1—轴颈；2—防尘板座；3—轮座；4—轴身；5—制动盘座。

图 3.3　车轴构造

2. 车轴工艺特点及技术要求

车轴是旋转体零件，其长度大于直径。高速动车车轴为阶梯形细长空心轴。

轴用轴承支承，与轴承配合的轴段称为轴颈。轴颈是轴的装配基准，它们的精度和表面质量一般要求较高，其技术要求一般根据轴的主要功用和工作条件制定，通常有以下几项：

1）尺寸精度

起支承作用的轴颈为了确定轴的位置，通常对其尺寸精度要求较高（IT 5 ~ IT 7）。装配传动件的轴颈尺寸精度一般要求较低（IT 6 ~ IT 9）。

2）几何形状精度

轴类零件的几何形状精度主要是指圆度、圆柱度等，一般应将其公差限制在尺寸公差范围内。对精度要求较高的内外圆表面，应在图纸上标注其允许偏差。

3）相互位置精度

轴类零件的位置精度要求主要是由轴在机械中的位置和功用决定的。通常应保证装配传动件的轴颈对支承轴颈的同轴度要求，否则会影响传动件（齿轮等）的传动精度，并产生噪声。普通精度的轴，其配合轴段对支承轴颈的径向跳动一般为 0.01 ~ 0.03 mm，高精度轴（如主轴）通常为 0.001 ~ 0.005 mm。

4）表面粗糙度

一般与传动件相配合的轴径表面粗糙度 Ra 为 2.5 ~ 0.63 μm，与轴承相配合的支承轴径的表面粗糙度 Ra 为 0.63 ~ 0.16 μm。

3. 车轴的毛坯和材料

1）车轴毛坯

（1）日本对空心车轴采用两种方法制造，对孔径不变的空心车轴采用镗削加工工艺；对变孔径的车轴（轴身孔径大于轴径处），采用三段焊法：中部用钢管，两端轴头为锻件，用摩擦焊将三段在轮座处焊成一体。车轴在半精加工后，进行高频淬火，然后回火。

（2）法国 TGV 高速车轴用镗削工艺加工变孔径空心车轴，并对车轴感应高频淬火加喷丸强化。

（3）英国空心车轴有两种形式，一为内嵌式结构，即将空心轴头嵌入到空心轴身端部的结构；另一种为用摩擦焊将轴头和空心轴身焊到一起的结构。

（4）国内一般车辆厂不进行毛坯制造，均由外厂供应内孔已加工好的车轴毛坯。

2）车轴材料

轴类零件应根据不同的工作条件和使用要求，选用不同的材料并采用不同的热处理规范（如调质、正火、淬火等），以获得一定的强度、韧性和耐磨性。

45 钢是轴类零件的常用材料，它价格便宜，经过调质（或正火）后，可得到较好的切削性能，而且能获得较高的强度和韧性等综合机械性能，淬火后表面硬度可达 HRC45~52。

40 Cr 等合金结构钢适用于中等精度而转速较高的轴类零件，这类钢经调质和淬火后，具有较好的综合机械性能。

轴承钢 GCr l5 和弹簧钢 65 mn，经调质和表面高频淬火后，表面硬度可达 HRC50~58，并具有较高的耐疲劳性能和较好的耐磨性能，可制造较高精度的轴。

4. 车轴加工工艺分析

车轴加工一般采用中心孔作为定位基准，以实现定位基准的统一。在单件小批生产中，钻中心孔工序常在普通车床上进行。在大批量生产中常在铣端面钻中心孔专用机床上进行。

中心孔是轴类零件加工全过程中使用的定位基准，其质量对加工精度有着重大影响。所以必须安排修研中心孔工序，可在车床上用金刚石或硬质合金顶尖加压进行。

对于空心轴，为了能使用顶尖孔定位，一般采用带顶尖孔的锥套心轴或锥堵。若外圆和锥孔需反复多次、互为基准进行加工，则在重装锥堵或心轴时，必须按外圆找正或重新修磨中心孔。

轴上的花键、键槽等次要表面的加工，一般安排在外圆精车之后，磨削之前进行。因为如果在精车之前就铣出键槽，在精车时由于断续切削而易产生振动，影响加工质量，又容易损坏刀具，也难以控制键槽的尺寸。但也不应安排在外圆精磨之后进行，以免破坏外圆表面的加工精度和表面质量。

在加工过程中，应当安排必要的热处理工序，以保证其机械性能和加工精度，并改善工件的切削加工性。一般毛坯锻造后安排正火工序，而调质则安排在粗加工后进行，以便消除粗加工后产生的应力及获得良好的综合机械性能。淬火工序则安排在磨削工序之前。

5. CRH_2 型动车组车轴的加工

1）CRH_2 型动车组车轴组成及加工要求

CRH_2 型动车组转向架车轴按照 JIS E 4501《铁道车辆—车轴强度设计》进行设计，按 JIS E 4502 标准进行生产。为提高车轴的疲劳安全性，采用高频淬火热处理和滚压工艺。

为了在保证强度的同时减轻质量，轮对的车轴采用空心车轴，镗孔径 $\phi 60$，材料为 S 38 C，轴颈直径 130 mm，经过超声波探伤检测。空心车轴使超声波探头可以直接穿过该匝孔，使探伤容易便利，动力车轴与非动力车轴如图 3.4 和图 3.5 所示。两种车轴的各部尺寸见表 3.1。

表 3.1　CRH$_2$型动车组车轴尺寸　　　　　　　　　单位：mm

序号	名称	动力车轴	非动力车轴
1	车轴总长	2 298	2 382
2	轴径直径	130	
3	轴径中心距	2 000	
4	轴身直径	182	192

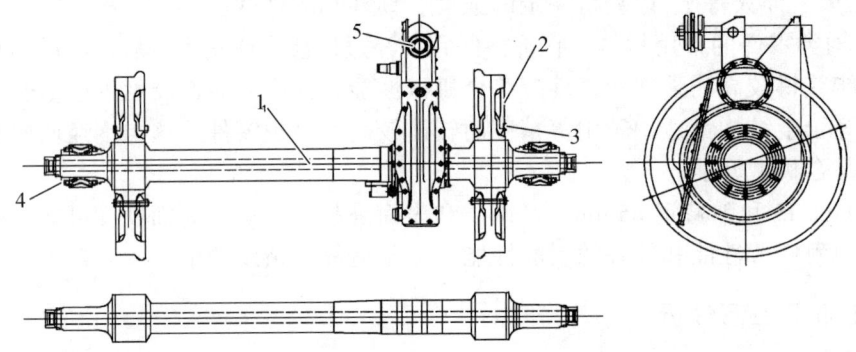

1—车轴；2—车轮；3—轮盘式制动盘；4—轴承总成；5—驱动装置。

图 3.4　动力车轴组成

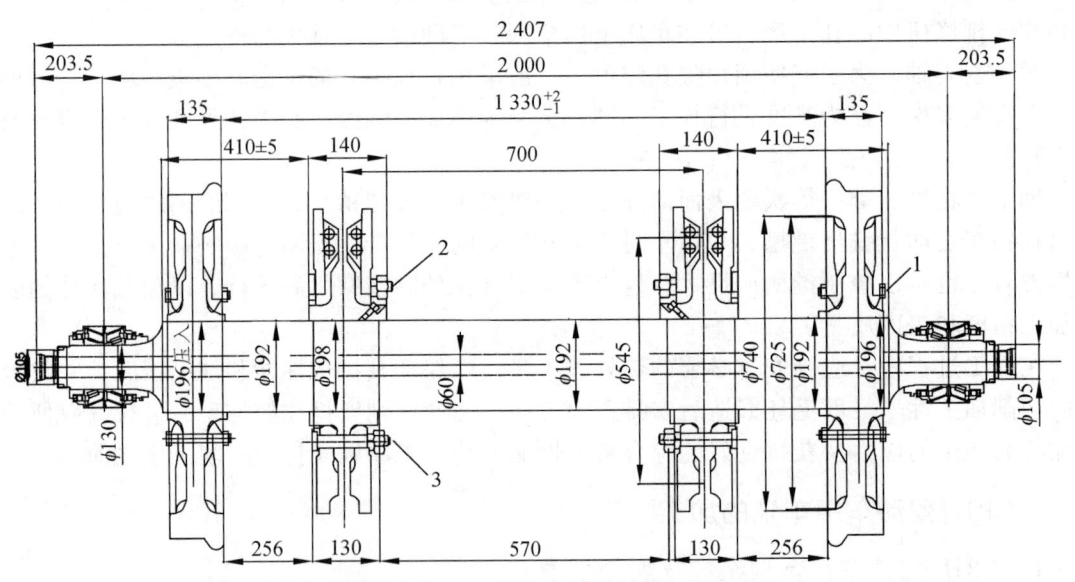

1—轮盘式制动盘；2—轴盘式制动盘；3—制动盘座。

图 3.5　非动力车轴组成

在拖车转向架中，两车轴均为非动力轴，非动力轴上安装有外径 670 mm、厚度 97 mm 的二分割锻钢制的轴盘式制动盘。制动盘由制动盘环和盘毂组成，制动盘与盘毂通过螺栓、垫块和弹性套等连接，制动盘毂与车轴为过盈配合。

在对车轴进行机械加工时，必须满足规定的公差和表面质量要求，轴轮座公差为 0.24~0.265 mm，制动盘座公差为 0.254~0.285 mm。加工表面尤其是接合处不得存在任何刀痕。加工过程不得造成会促使正常使用期间形成疲劳裂纹或变形的残余应力。在车轴表面上能够测量到的残余应力的最大值在处于拉伸时不得超过 100 MPa，对车轴表面残余应力的测量应根据标准 EN 13261 进行。

2）CRH_2 型动车组车轴机械加工主要工艺过程

（1）毛坯以外圆定位，在双面铣床上粗铣两端面。

（2）以内孔定位，在卧式镗床上粗、精镗两堵头孔，刮两端面。

（3）在压床上压入两端专用堵头。

（4）以两堵头上的中心孔定位，在车轴仿形车床上半精车轴颈、防尘座、轮座、制动盘座和轴身。

（5）以轮座面定位，精铣两端面，保证车轴长度尺寸。

（6）以轮座面定位，在组合机床上对端面孔加工，分别经钻孔、扩孔、攻丝 3 个工位。

（7）修研中心孔，以中心孔定位，精车轴颈、防尘座、轮座、制动盘及轴肩圆弧角。

（8）磨轮座，制动盘座。

（9）滚压轮座、制动盘座、轴身及过渡圆弧。

（10）精磨防尘座、轴颈。

（11）交验。

3.1.2 车轮加工工艺

车轮是车辆的最终受力零件，它把车辆的载荷传给钢轨，并在钢轨上转动，完成车辆的运行。其性能的好坏，直接影响行车安全。

车轮的结构形状、尺寸和材质是多种多样的。动车组采用的车轮为整体车轮，由轮缘、踏面、轮辋、轮毂、轮毂孔、辐板、辐板孔等部分组成，如图 3.6 所示。

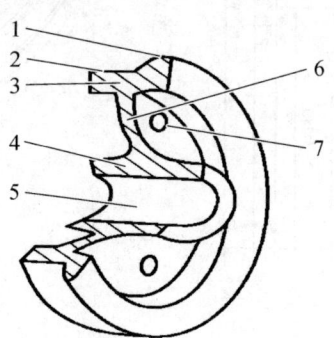

1—轮缘；2—踏面；3—轮辋；4—轮毂；5—轮毂孔；6—辐板；7—辐板孔。

图 3.6 整体车轮

轮缘：车轮内侧面的径向圆周突起部分，称为轮缘，其作用是防止轮对脱轨，保证车辆在直线和曲线上安全运行。

踏面：车轮与钢轨面相接触的外圆周面，具有一定的斜度。踏面与轨面在一定的摩擦力下完成滚动运行。

轮辋：车轮具有完整踏面的径向厚度部分，以保证踏面内具有足够的强度，同时也便于加修踏面。

轮辐板：连接轮辋与轮毂的部分，呈板状者称为辐板，辐板呈曲面状，使车轮具有某些弹性，则力在传递时较为缓和。

辐板孔：为了便于加工和吊装轮对而设，每个车轮上有2个。现在由于用途不大且易在其周围产生裂纹，同时还影响车轮的平衡性能，故在S形辐板车轮上已取消。

轮毂：车轮中心圆周部分，固定在车轴轮座上，为车轮整个结构的主干与支承。

轮毂孔：用于安装车轴，该孔与车轴轮座部分直接固结在一起。

1. 车轮加工的基本要求

动车组制造用的车轮毛坯均为半成品，只需加工轮毂孔及内侧端面即可与车轴组装成轮对。如图 3.7 和图 3.8 所示，轮毂孔的直径尺寸 d 多采用与车轴轮座选配，保证有 0.1~0.25 mm 的过盈量，以满足轮对压装技术要求为准。各厂因条件不同有所差别，其公差带为 +0.1 mm。

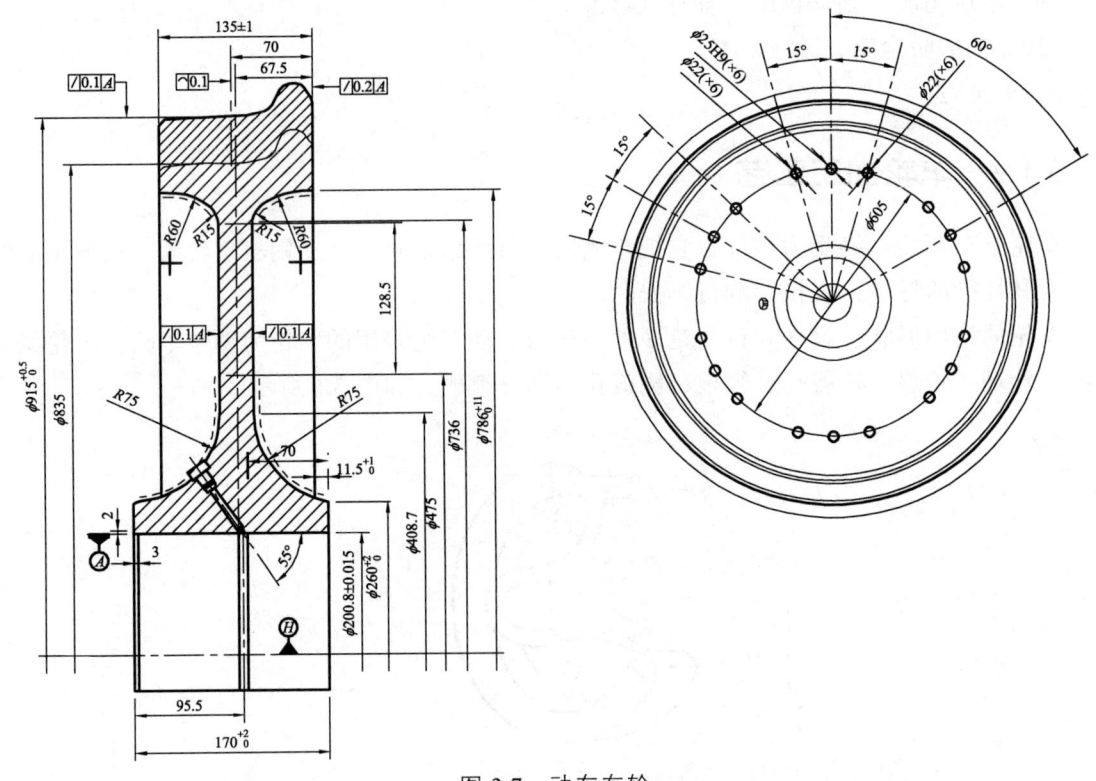

图 3.7 动车车轮

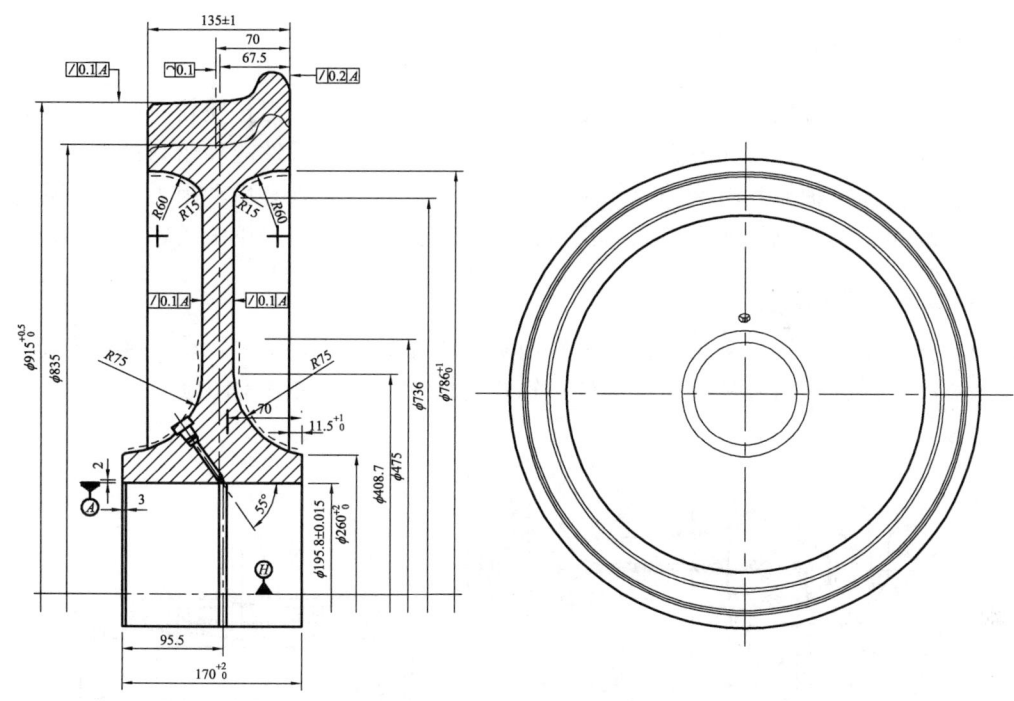

图 3.8 拖车车轮

注：拖车车轮较动车车轮，轮毂孔直径变小。

高速列车轻型车轮加工较为严格，必须满足下列要求：

（1）踏面及辐板均应进行仿形加工，用样板检查圆弧角，局部间隙小于 0.5 mm。

（2）车轮加工后，应做静平衡试验，许用静不平衡量不大于 50 g·m。

（3）轮毂孔表面粗糙度 $Ra \leq 3.2$ μm，圆柱度不大于 0.02 mm，圆度不大于 0.025 mm，圆锥方向应有利于压装配合连接强度。

2. 车轮轮毂孔的加工方法

车轮轮毂孔的加工方法因所需设备的不同而不同，如采用普通立式车床加工，其工艺流程如下：

轮径分类→粗车轮毂孔及轮辋内侧面→半精车轮毂孔及外侧圆角→精车轮毂孔及内侧圆角→检验。

此方法加工精度为 IT 7 ~ IT 8，粗糙度 Ra 为 5 ~ 6.3 μm，公差带一般在 0.1 mm 左右。

如采用专用内圆磨头精加工轮毂孔，前几道工序均用立式车床加工，只是在精加工时用磨削工序。此方法公差带控制在 0.02 mm 左右，可以实现轮、轴组装互换，内表面粗糙度 Ra 可稳定达到 3.2 μm。

如果为适应控制数控机床加工，则是要根据数控系统中引入的一个附加反馈回路对一些随机性的参数，通过各种传感器取得过程变量（如毛坯余量的不均匀性、工件及刀具材料性质的变化、刀具磨损引起的几何参数的变化、切深的变化、刀具的变形等），由适应控制装置进行处理，转换为反馈数据，并综合到机床控制装置的输出中去，从而达到顺应客观条件变化而进行调节的目的。

3.1.3 轴箱加工工艺

轴箱装在车轴两端轴颈上，其作用是将轮对和构架联系在一起，使轮对沿钢轨的滚动转化为车体沿线路的平动，传递各方向的作用力，保证良好的润滑性能和密封性能。

轴箱有滚动轴承轴箱和滑动轴承轴箱之分。由于滚动轴承具有启动阻力小、游隙小、维护方便、节油和节省有色金属等一系列优点，所以现代车辆上都采用滚动轴承轴箱。

1. 轴箱装置的组成

轴箱装置包括轴箱体、轴箱压盖、轴箱前盖、轴箱后盖、轴承组、橡胶弹性定位节点、轴温检测器、速度传感器及橡胶盖等部件。轴箱组成如图 3.9 和图 3.10 所示。

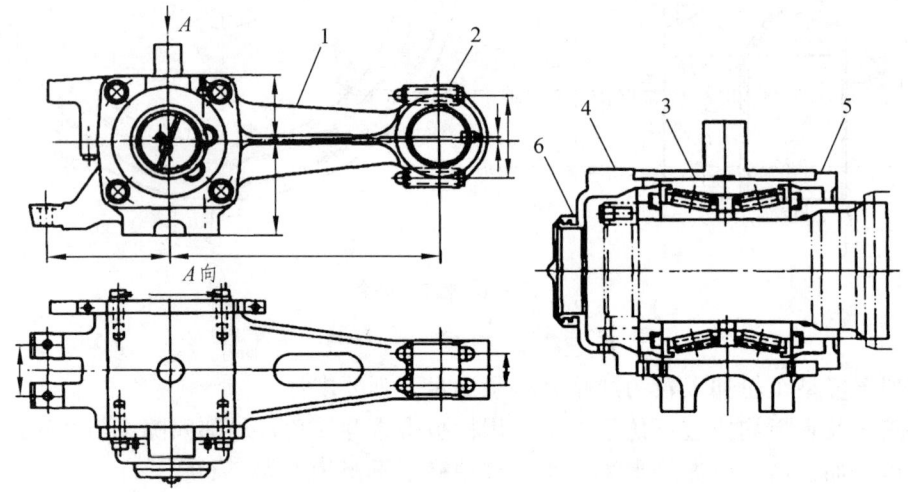

1—轴箱体；2—定位节点压盖；3—轴承组件；4—前盖；5—后盖；6—橡胶盖。

图 3.9 轴箱组成

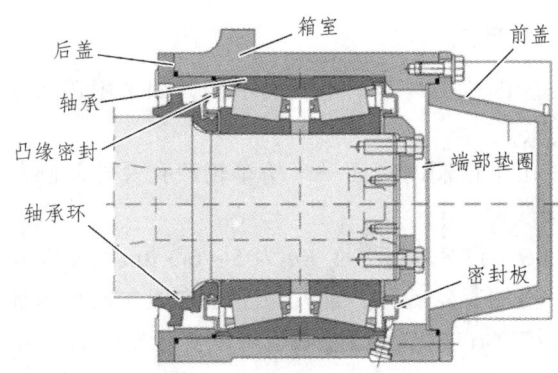

图 3.10 轴箱组成（放大）

1）轴箱体

轴箱体材料为铸钢，箱体内安装轴承，其顶部用于安装轴箱弹簧，轴箱转臂的另一端通过压盖与橡胶弹性定位节点连接，构成轮对的定位装置。轴箱内的轴承外圈通过轴箱前后端盖来定位。

轴箱体为钢结构，箱体内安装轴承，其顶部用于安装轴箱弹簧，轴箱转臂的另一端通过压盖与橡胶弹性定位节点连接，构成轮对的定位装置。轴箱内的轴承外圈通过轴箱前后端盖来定位。

轴箱支撑橡胶压板与轴箱体进行一体机械加工，为了一体使用这两个部件，进行打印标记管理。

在前盖的前端开口部分装有橡胶盖，防止水、灰尘的侵入。前盖的开口部分是为了进行车轴的探伤作业而设置的。

轮对轴箱与定位转臂采用跨接的形式，定位转臂通过螺栓与压盖连接，定位转臂跨落入轴箱外部的槽内。若需更换轮对，只需松开螺栓和接地线等，便可使轮对轴箱与转向架分离。

2）轴箱前盖

为降低转向架簧下质量，前盖采用了高纯度铝合金铸件材料。为防止铝制材料与钢铁零件接触面产生电化学腐蚀，需要在接合面进行特殊涂装。

前盖底部有一孔，用于排出车轴超声波探伤时使用的润滑油。通常情况下前盖的孔用螺栓塞住，以防运行时灰尘进入转速计和接地装置。

3）轴箱后盖

轴箱后盖采用上下分体结构，为锻钢材料，先上下形成完整的挡圈后，再与轴箱通过螺栓连接。轴箱后盖设有防尘结构的双重迷宫槽。

4）橡胶弹性定位节点

轴箱与构架连接的一端为橡胶弹性定位节点，用以传递轮对与构架之间的牵引力和制动力。

5）轴承组

CRH_2型动车组转向架采用双列圆锥滚子轴承，采用油脂润滑和轻接触式的双唇自密封结构。轴承组为预加润滑脂的全密封型单元轴承，由外圈、双列圆锥滚子、保持架、内圈、防止磨损的隔板、油封、油封圈和后盖等组成。轴承采用树脂保持架，轴承在出厂前已注入NERITA 2858型高速列车轴承专用润滑脂。

6）轴承温度检测装置

各个车轴箱体的侧面设置有对车轴轴承状态进行监视的轴承温度检测装置，它具有当轴承温度达到一定值以上时，温度保险丝就熔断并发出轴温异常通知的功能。

7）速度传感器

在CRH_2型动车组各拖车转向架轴箱端盖处安装了AG 43、AG 37和LKJ 2000共3种速度传感器。其中，4、5号车转向架二位侧轮对（A侧）安装了AG 37型速度传感器；1、8号车的2、3位轮对二位侧（A侧）安装了AG 43型速度传感器，1、4位轮对二位侧（A侧）安装了AG 37型速度传感器，一位侧（B侧）安装了LKJ 2000型速度传感器。AG 37速度传感器的齿轮齿数为60，模数3。车轮转动时，通过安装于车轴轴端的齿轮与安装于轴箱前盖上的传感器探头之间产生脉冲信号，其作用是为制动控制系统提供速度信号，防止车轮滑行擦伤。AG 43速度传感器的齿轮齿数为72，模数3。其速度信号分两路输出，一路为列车自动控制系统（ATC）提供速度信号，对动车组施行自动防护，另一路为制动控制系统提供速度信号。LKJ 2000型速度传感器的作用主要是在既有线路上为列车自动控制系统（ATC）提供速度信号，对动车组施行超速保护。

2. 轴箱体加工工艺分析

1) 工艺路线的安排

轴箱要求加工的表面很多。在这些加工表面中，平面加工精度比孔的加工精度容易保证，箱体中主轴孔（主要孔）的加工精度、孔系加工精度就成为工艺关键问题。因此，在工艺路线的安排中应注意三个问题：

（1）工件的时效处理。

箱体结构复杂，壁厚不均匀，铸造内应力较大。由于内应力会引起变形，因此铸造后应安排人工时效处理以消除内应力，减少变形。一般精度要求低的箱体，可利用粗、精加工工序之间的自然停放和运输时间，得到自然时效的效果。但自然时效需要的时间较长，否则会影响箱体精度的稳定性。对于特别精密的箱体，在粗加工和精加工工序间还应安排一次人工时效，迅速充分地消除内应力，提高精度的稳定性。

（2）安排加工工艺的顺序时应先面后孔。

由于平面面积较大，定位稳定可靠，有利于简化夹具结构，减少安装变形。从加工难度来看，平面比孔加工容易。先加工平面，把铸件表面的凹凸不平和夹砂等缺陷切除，再加工分布在平面上的孔时，对孔的加工和保证孔的加工精度都是有利的。因此，一般均应先加工平面。

（3）粗、精加工阶段要分开。

箱体均为铸件，加工余量较大，而在粗加工中切除的金属较多，因而夹紧力、切削力都较大，切削热也较多。粗加工后，工件内应力重新分布也会引起工件变形，因此，对加工精度影响较大。为此，把粗、精加工分开进行，有利于把已加工后由于各种原因引起的工件变形充分暴露出来，然后在精加工中将其消除。

2) 主要表面的加工

（1）箱体的平面加工。

箱体平面的粗加工和半精加工常选择刨削和铣削加工。

刨削箱体平面的主要特点是刀具结构简单，机床调整方便，在龙门刨床上可以用几个刀架，在一次安装工件中，同时加工几个表面，可以经济的保证这些表面的位置精度。

箱体平面铣削加工的生产率比刨削高。在成批生产中，常采用铣削加工。当批量较大时，常在多轴龙门铣床上用几把铣刀同时加工几个平面，既保证了平面间的位置精度，又提高了生产率。

（2）箱体孔的加工。

轴箱体各类孔的粗、半精、精加工可采用钻、镗、车、磨工艺来完成。

由于主轴孔的精度比其他轴孔精度高，表面粗糙度值比其他轴孔小，通常采用的方法是先粗加工主轴孔，然后加工其他孔，最后进行主轴孔的半精、精加工。

箱体的孔系，是有位置精度要求的各轴承孔的总和，其中有平行孔系和同轴孔系两类。

平行孔系主要技术要求是各平行孔中心线之间，以及孔中心线与基准面之间的尺寸精度和平行精度。根据生产类型的不同，可以在普通镗床上或专用镗床上加工。

单件小批生产箱体时，为保证孔距精度主要采用划线法。为了提高划线找正的精度，可采用试切法，虽然精度有所提高，但由于划线、试切、测量都要消耗较多的时间，所以生产率很低。

成批或大量生产箱体时，加工孔系都采用镗模。孔距精度主要取决于镗模的精度和安装质量，同时箱体的同轴孔系的同轴度大部分是用镗模保证。虽然镗模制造比较复杂，造价较高，但可利用精度不高的机床加工出精度较高的工件。

（3）数控加工中心加工。

数控加工中心也称自动换刀数控机床，它是一种集铣床、镗床、钻床三种功能为一体，用计算机控制的高度自动化机床。卧式加工中心可对工件进行铣、钻、扩、镗、铰、攻丝等多工序加工。工作台有分度功能，可在一次装夹下，对工件四周和顶面进行加工，故特别适合于各种箱体类零件的加工，既容易保证加工位置精度，又大大缩短工时。

3.1.4 构架加工工艺

动车组构架一般采用焊接结构，无论是动力转向架还是非动力转向架均采用由铸件和钢板组装成传统的 H 形构架形式。

如图 3.11 和图 3.12 所示，动车组转向架构架一般由侧梁、横梁、纵向连接梁、空气弹簧支承梁及其他焊接附件组成。

动力转向架为两端带端梁的框形构架，非动力转向架为 H 形构架。使用的材料为钢板（EN 10025）和铸件（ISO 3755）。

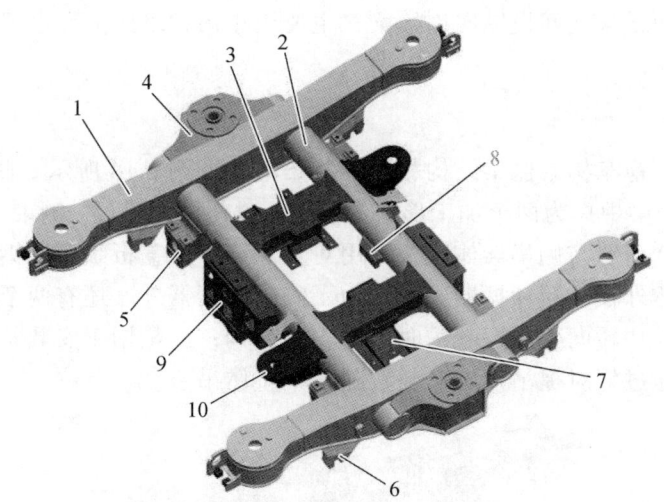

1—侧梁；2—横梁；3—纵向连接梁；4—空气弹簧支承梁；5—制动吊座（轮盘）；6—定位臂座；
7—增压缸安装座；8—垂向止挡；9—电机吊座；10—齿轮箱吊座。

图 3.11 动力转向架构架结构

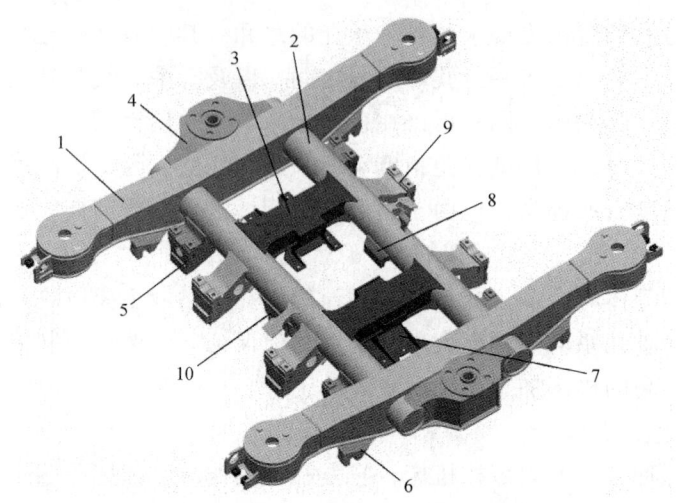

1—侧梁；2—横梁；3—纵向连接梁；4—空气弹簧支承梁；5—制动吊座（轮盘）；6—定位臂座；
7—增压缸安装座；8—垂向止挡；9—制动吊座（轴盘）；10—拉杆座。

图 3.12　非动力转向架构架结构

1. 构架组成

1）基本结构

动车转向架构架和拖车转向架构架主结构相似，不同之处主要是动车转向架构架设有电机吊座和齿轮箱吊座，拖车转向架构架设有轴盘制动吊座。

构架为焊接结构，主体框架呈 H 形，构架由侧梁、横梁、纵向连接梁、空气弹簧支承梁及其他焊接附件组成。侧梁为箱形断面，横梁采用无缝钢管型材。CRH_2 型动车组转向架构架侧梁内设有筋板，以提高侧梁承载刚度，并在侧梁外侧及两横梁间设置空气弹簧支承梁，两支承梁分别与两横梁连通，共同组成空气弹簧附加气室。靠近横梁与侧梁的连接处设置 4 个轮盘制动吊座。两横梁之间设纵向连接梁，主要用于吊挂增压缸和设置横向减振器安装座及横向缓冲挡安装座。

2）侧梁组成

动车构架侧梁和拖车构架侧梁结构相同，侧梁组成如图 3.13 所示。侧梁采用薄板焊接，内腔设加强筋板。侧梁中央为两个加工形成的圆孔，以便横梁通过。侧梁两端采用筒体结构，支承在轴箱弹簧上。筒壁与侧梁梁体腹板采用对接焊缝；上盖板采用厚钢板，与侧梁上盖板对接。轴箱弹簧筒体外设轴箱减振器座，除为了安装减振器外，还有两个目的：一是在内侧立板上开设吊装孔，在转向架进行起吊时用于安装吊钩；二是用于安装轮对提吊，能够在转向架整体起吊时，通过轮对提吊使轮对装置随构架整体吊装。

图 3.13　侧梁组成

3）横梁组成

动车构架横梁和拖车构架横梁略有不同，动车构架横梁斜对称布置两电机吊座和齿轮箱吊座；拖车构架横梁上相应位置设置轴盘制动吊座。横梁组成如图3.14所示。

构架横梁采用耐候钢无缝钢管制成，两横梁作为两空气弹簧的附加空气室，分别与两侧的空气弹簧支承梁连通，因此在横梁的端部开设通孔和排水孔。横梁中央内侧设垂向限位止挡，作用是一旦空气弹簧过充风，构架侧的牵引拉杆在随车体上升一定高度后被该止挡限止，因此也被称为防过充止挡。为了方便电机吊座与横梁的焊接作业和降低自重，在电机吊座的安装板上开设有圆形或长圆形孔，如图3.15所示。与电机吊座相对的另一侧设齿轮箱吊座，齿轮箱吊座下盖板上设安全挡座，如图3.16所示。在安全挡座间安装挡销，在故障工况下起到齿轮箱的安全托防护作用。

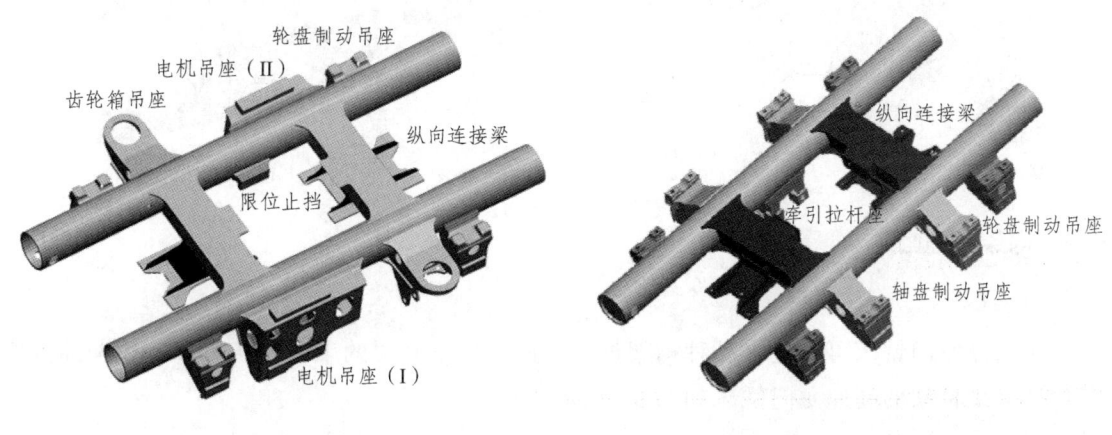

(a) 动力转向架横梁　　　　　　　　(b) 非动力转向架横梁

图3.14　横梁组成

图3.15　电机吊座（Ⅱ）　　　　　　　图3.16　齿轮箱吊座

4）纵向连接梁

在两横梁间设两纵向连接梁，以连接两横梁提高横梁刚度。纵向连接梁上设横向减振器安装座、增压缸安装座和差压阀安装座。

5）空气弹簧支承梁

空气弹簧支承梁沿纵向跨于两端横梁之间并与构架侧梁形成封闭腔体，成为空气弹簧的支承构件和附加空气室的一部分。梁体内有一钢管型材制成的空气弹簧座导筒，用于空气弹簧与气室的连通和定位，导筒与相应的横梁相连通，保证两侧空气弹簧附加气室相互独立。空气弹簧支承梁的焊接有较高的密封性要求。

空气弹簧支承梁上为空气弹簧支承座板，加工后安放空气弹簧。为了安装抗蛇行减振器，在支承梁下盖板上设有减振器安装座，空气弹簧支承梁结构如图 3.17 所示。

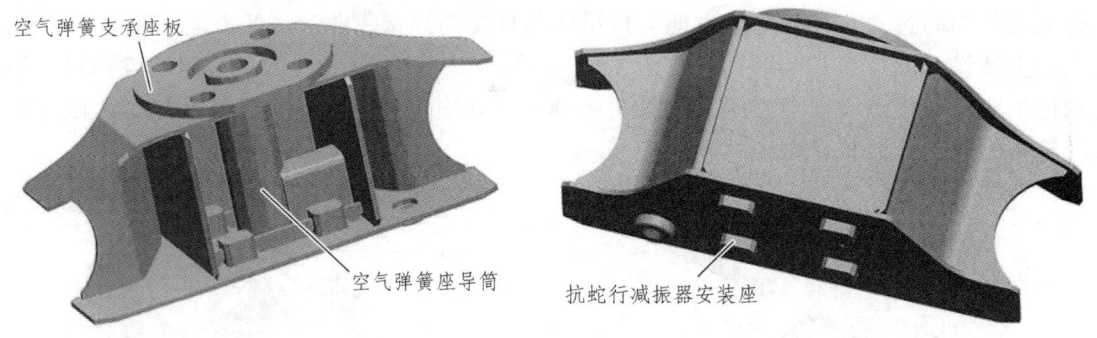

图 3.17　空气弹簧支承梁

2. 构架的加工

1）高速龙门铣床加工

采用高速龙门铣床可满足多品种构架加工，同时配备必要的工艺装备可以完成全部机加工工作。加工构架的高速龙门铣床如图 3.18 所示。

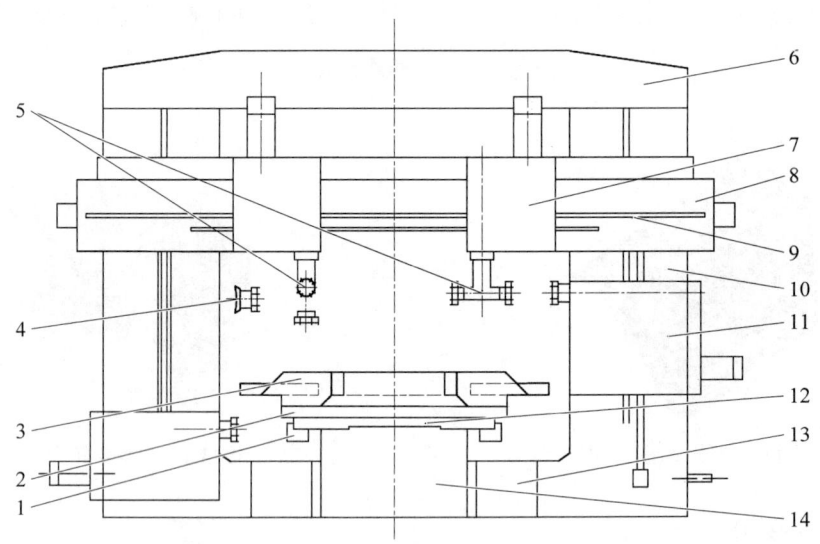

1—工作台液压夹紧装置；2—夹具；3—工件；4—加长铣头；5—两头直角铣头；
6—连接梁；7—垂直铣头；8—横梁；9—丝杠；10—立柱；
11—水平铣头；12—工作台；13—连接座；14—床身。

图 3.18　大型龙门铣床

加工工艺过程如下：
(1) 划线。
(2) 铣弹簧导柱支座。
(3) 划线。
(4) 铣横梁闸瓦托吊座、横梁制动吊座、端梁制动吊座、端梁闸瓦托吊座、吊杆托架外层各面，铣空气弹簧座孔。
(5) 铣吊杆托架、电动机吊杆托架平面。
(6) 划线。
(7) 电焊各座。
(8) 钻孔。
(9) 交验。

2）典型构架加工

CRH_3型动车组毛坯件采用厚钢板制造，要求30 mm以上厚钢板制造前进行100%连续超声波探伤。工件加工后表面必须清洁不能有影响焊接的油污，构架等关键件加工后要求100%检测。构架加工具体方法如下：

(1) 构架加工前的装夹。

构架在专用的构架装夹测量装置上完成装夹。该装置通过使用多块磁力表进行找正，具有实现构架与夹具装夹后是否位置正确的测量功能，保证构架无变形装夹，从而确保了构架加工精度要求。

(2) 构架的加工。

构架加工是在数控落地镗床上完成的，采用一次装夹切削完成所有加工工作，钻头和镗刀全部为内冷刀具，加工过程中刀具采用风冷。加工夹具与弯板立面采用快速定位液压夹紧，并采用探针确定加工程序零点。

构架轴箱定位座处的螺纹孔采用挤压成形攻丝工艺。攻丝前采用专用润滑脂涂在直径18.8 mm底孔内再进行攻丝。

(3) 工件检测。

构架加工后采用双臂三坐标测量机进行尺寸精度检查。该设备能够实现双悬臂不同步同时对工件进行检测，并实现工件一次放置完成所有面的所有尺寸测量工作，测量效率高。

3.2 动车组转向架组装

3.2.1 轮对组装

轮对（见图3.19）是机车走行部的重要部件，承受着车辆的全部载荷，决定着车辆的运行速度。它的质量状况直接影响行车安全。因此，要求轮对能承受车辆与线路间相互作用的全部载荷及冲击；与钢轨形成黏着产生牵引力或制动力；轮对滚动使车辆前进运行；同时，能圆滑滚动并坚固耐用，以确保列车运行安全、平稳。

动车组转向架轮对组成主要包括车轮、车轴、制动盘（轮盘和轴盘）、齿轮箱及轴承等。轮对分为动力轮对（M轮对）和拖车轮对（T轮对），M轮对一侧安装齿轮箱装置，而T轮对则为两套轴盘。此外，T轮对因轴端安装不同速度传感器齿轮而略有差异。

（a）M轮对

（b）T轮对

图 3.19 轮对

1. 轮对组装的技术要求

1）总体要求

（1）同一车轴上应组装同型号、同材质、同厂家生产的车轮及同型号、同材质、同厂家生产的制动盘。

（2）同一车轴上组装的两个车轮轮辋宽度差不大于 2 mm。

（3）轮对组装后轮对两踏面间的电阻应不大于 0.01 Ω。

（4）轮对组装后应在轴端面按有关规定刻打组装责任单位标记、组装年月日等钢印。

2）轮座（盘座）和轮毂孔（盘毂孔）加工及选配技术要求

（1）轮对组装时，轮毂孔（盘毂孔）及轮座（盘座）宜在相同环境下同温 8 h 后进行测量、选配和组装。

（2）轮毂孔（盘毂）和轮座（盘座）的直径应在规定极限尺寸范围内，并且同一车轴上两端的轮座直径差不大于 3 mm，盘座直径差不大于 2 mm。

（3）除另有规定外，轮座（盘座）加工后的圆度为 0.02 mm，圆柱度为 0.05 mm，其大端应在内侧。

（4）轮座（盘座）的终加工可以采用磨削或滚压工艺。采用滚压工艺作为终加工时，轮座（盘座）终车削加工表面粗糙度 Ra 上限值为 3.2 μm 后方可进行滚压加工，经磨削或滚压加工后表面粗糙度 Ra 上限值为 1.6 μm。

（5）轮座与轮毂孔采取过盈配合，过盈量为轮座直径的 0.08%～0.15%。

（6）除另有规定外，其轮毂孔（盘毂孔）加工后的圆度为 0.02 mm，圆柱度为 0.05 mm，且大端应在内侧；轮毂孔（盘毂孔）内表面粗糙度 Ra 上限值为 6.3 μm。

（7）车轮轮毂孔加工后，轮毂孔与轮毂内、外侧端面的过渡圆弧半径均为 3 mm。

3)车轮(制动盘)与车轴压装技术要求

(1)轮对压装前,轮座(盘座)表面及轮毂孔(盘毂孔)内表面应洁净,均匀涂抹植物油,不允许采用桐油。

(2)压装车轮(制动盘)时,车轴纵向中心线与压力机活塞中心线保持一致,并平行压入。

(3)轮对(制动盘)压装时应采取保护措施,防止轴颈碰伤及轴颈端部镦粗。

(4)轮轴组装最终压力按轮毂孔径计算,每 100 mm 的压装力在 343~588 kN。

(5)制动盘毂与盘座的压装过盈力及最终压力应符合产品图样和技术文件的要求。

(6)轮对组装压力机的自动记录器及压力表应保持作用良好。在压装过程中,自动记录器的压力表与压力曲线的压力值应一致。如不一致时,以压力曲线的压力值为准,允许压力曲线数值小于压力表数值,但相差应不大于 49 kN。由于注油沟槽导致的压装曲线局部压力下降不考虑。

(7)轮对压装后,如压装压力曲线不合格(小于规定的最小压装力或过盈量不足者除外),将车轮退下后,在原有的轮座和轮毂孔表面无拉伤时,允许在不加工修理的情况下重新压装一次,再次压装的压力曲线合格者可装车使用,两次压装的压力曲线合并保存。

4)轮对组装后工艺尺寸要求

(1)同一轮对两车轮直径差不大于 0.3 mm。

(2)轮位差不大于 0.1 mm。

(3)内侧距(1 353±1)mm。

(4)盘位差不大于 2 mm。

(5)轮对内侧距任意 3 处相差不大于 1.0 mm。

(6)两车轮残余静不平衡位置相位差 180°±5°。

(7)两制动盘残余静不平衡位置相位差 180°±5°。

(8)两车轮滚动圆相对于轴中心线径向圆跳动不大于 0.3 mm。

2. 轮对组装工艺

车轴与车轮、制动盘是靠过盈实现的紧配合连接,并采用压装法。紧配合连接不需要键和螺钉,便能传递较大的扭矩并承受轴向载荷,因而在相同载荷下,能减小零件尺寸,节省金属材料。零件的紧配合可用热装法、冷装法、压装法实现。热装法和冷装法难以检查轮对组装后的质量,而压装法能根据压力机自动记录仪及压力表所示出的压力曲线及压入力大小来判别连接的可靠度,因此在轮对组装中目前均采用压装法。

1)工艺流程

车轴测量→轮对组装→车轮检压→轮对标记→空心车轴超声波探伤→动平衡试验。

2)压装工艺

(1)车轴测量。

用外径千分尺对轮座直径尺寸,用内径百分表测量车轮内孔尺寸。选取车轴轮座、车轮内孔的 A、B、C 三个断面,以每断面 X—X、Y—Y 方向 2 组数值的算术平均值作为选配记录尺寸。

（2）轮对组装。

车轴与车轮（制动盘）压装前需要同温 8 h 后进行组装。

① 车轴轮座打磨作业。

轮对压装前须对车轴轮座（盘座）引入端进行打磨处理，打磨后用手触摸确认打磨后达到圆滑过渡的状态。

② 轮对压装润滑剂的涂抹要求。

车轮（制动盘）压装前用细白布蘸工业酒精或清洗剂将轮座、车轮内孔清洁干净，用羊毛刷在车轮内孔压入一侧和相应车轴轮座上均匀涂抹一层润滑剂，润滑剂涂覆厚度为润滑剂能够完全均匀地覆盖住工件表面。

③ 车轮选配。

为了提高一次组装成功率，同一轮对两个车轮之间尽量按照静不平衡数值相近的原则选配组装。同时选出车轮与车轴轮座的压装过盈须符合过盈量比 1.0~1.5。

④ 车轮压装。

a. 在轮对压装机上安装对应工装，将轮对吊装在压力机小车上，并将擦拭干净的轮对压装专用工装分别安装到车轴两轴端轴颈。

b. 将待压装车轮吊装到车轴上，将同一轮对的两车轮之间静不平衡量标记成 180°最佳，并将车轮内孔贴靠在车轴压装引入端的倒角部位。

c. 组装车轮时，车轴纵向中心线与压力机活塞中心线须保持一致，车轴纵向中心线与轮毂、盘毂内侧平面相垂直。调用动车组轮对压装程序，将轴号、轮号、盘号和过盈量数据输入到计算机内，启动轮对压装机上料。

d. 启动压力机进行压装。一侧车轮压装完成后，用抹布擦拭干净车轮（轴制动盘）端面渗出的液压油和压装润滑剂后，再压装另一侧车轮。

e. 车轮压装后，将 2~5 mL 防锈油注入车轮注油孔内，然后将螺堵和弹簧垫圈旋入车轮和制动盘注油螺孔内，并紧固。

（3）车轮检压。

车轮压装后放置 2 h 或 48 h 以上后，进行检压试验，检压时车轮（盘）无位移，检压前后轮对内侧距无变化。

轮对组成压装后，对轮对进行检查，检测项目见技术要求。

（4）轮对标记（钢印刻打）。

① 轮对首次组装标记刻打于轮对车轴 B 侧端面，须永久保留，其标记内容顺时针依次为：检查验收钢印—轮轴压装日期（年—月，年、月均用 2 位阿拉伯数字表示）—轮轴压装工厂代号—轮轴压装号码（轮轴压装号码为一组六位编码，其中自左起第 1 位表示轮轴压装工厂；第 2 位用于区分轮轴形式，Y 代表 M 轮对，Z 代表 T 轮对；第 3~6 位为组装顺序编号）。

② 轮对再次组装时，组装标记仍刻打于轮对的 B 侧车轴端面，标记在首次组装标记后顺时针刻打，标记内容自左向右依次为组装责任单位代号和轮对组装年月：责任单位代号为 3 位阿拉伯数字，字体高 4 mm；组装年月标记中年、月分别用 2 位阿拉伯数字表示，字体高 4 mm；责任单位代号与组装年月标记之间间隔 5 mm，轮对每次组装的组装标记之间间隔 10 mm。

③ 车轴 B 侧端面组装标记打满后，选择第二次以后各次组装标记将其全部磨除，重新

刻打组装标记。

（5）空心车轴超声波探伤。

轮对组装后，需进行空心车轴超声波探伤检查。

（6）动平衡试验。

最后，轮对需进行动平衡试验，检查是否满足动平衡要求，否则采用去重法来校正。

3. 轮对组装的质量评价

轮对压装时，无法从外表来观察轮轴的结合情况及出现的各种缺陷，需要通过压力表指示的终点压力与自动记录器绘出的压力曲线来判别轮轴连接质量。压装曲线是鉴定轮对组装质量的唯一标准，压力曲线及终点压力符合规定才认为是合格的。

压装曲线是车轮压装到车轴上时压装力随接触面长度的变化关系。理想的压力曲线是在全部压装过程中其压力均匀上升，并具有略为上凸的形状。

3.2.2 轴箱组装

轮对组装质量评价

1. 轴箱组装方法

动车组轴箱的组装是把滚动轴承轴箱组装到轮对的轴上。滚动轴承内圈以一定的过盈量紧密配合在轴颈上。轴承与轴颈的配合有热配合、楔套配合和压配合 3 种方法。

1）热配合

热配合是将轴承内圈用电炉、油槽或感应加热器加热膨胀后，直接套装在轴颈上，冷却后则与轴颈紧密结合。热配合的轴承装卸方便，但对轴颈的加工精度要求较高，组装时需要选配内圈。圆柱轴承多采用这种配合方法。

2）楔套配合

楔套配合是利用装于轴颈和内圈之间的楔套（推卸套）来紧固的。楔套外表面的锥度与轴承内孔的锥度一样，两者密贴，轴承与轴颈的紧固程度是用楔套的行程来决定的。这种配合方式可以使轴颈加工公差范围较宽，组装时不需要选配。但如果楔套锥度不准确，楔套与轴承配合不密贴，有可能导致内圈崩裂或松转。另外，多了楔套这个零件，轴承结构及加工也较复杂。球面轴承多采用楔套配合。

3）压配合

压配合是在常温下用油压机将轴承直接压装在轴颈上。但在压装过程中，容易使轴颈表面擦伤或磨损，因此压装的轴承不宜经常拆卸。货车用圆锥轴承的内圈与滚子是不可分离的，因此只能用压装方法装配。

2. 车轴轴承组装

CRH_1 型动车组轴箱的装配就是采用压装法。

1）车轴轴承的结构

CRH_1 型动车组采用的车轴轴承为外径 ϕ230 mm，内径 ϕ130 mm 的自密封式双列圆锥滚子轴承，润滑脂润滑。

轴承单元的结构如图3.20所示。轴承为内部封入油脂的自密封型轴承单元，由外圈、内圈组合件、通孔、油封、前盖、后盖、隔板构成。

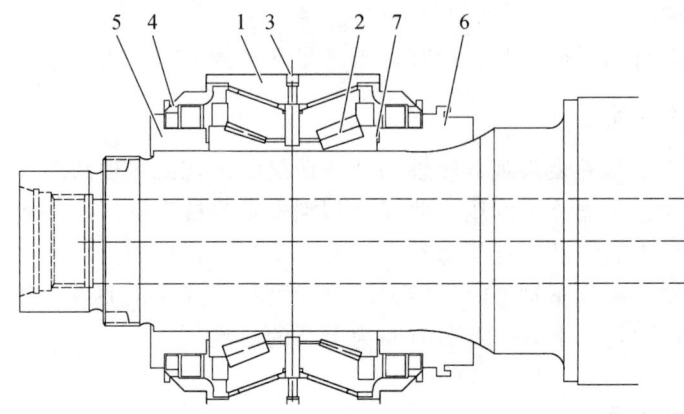

1—外圈；2—滚子；3—通孔；4—油封（密封装置）；5—前盖；6—后盖；7—隔板。

图3.20 轴承单元结构

2）轴承装配注意事项

在组装轴承时，应当注意保持轴承清洁、防锈、防受冲击。

（1）保持清洁。

在使用轴承之前不要打开其包装；在无杂物和尘埃的清洁场所进行轴承的处理和作业；工作台上应铺油纸或尼龙垫等，不可让尘埃等黏附在轴承上；组装时使用的工具须清洗并洁净保管；须擦拭压入轴承的轴颈及轴箱体内壁的尘埃后洁净保管；使用清洁的棉布擦拭，不可用棉纱。

（2）防锈。

组装轴承时，为防止组装人员的汗渍使轴承生锈，须戴清洁的手套；当只能徒手组装轴承时，须先将手洗净并涂抹优质矿油后再进行组装。

（3）防受冲击。

组装轴承时应避免其跌落，勿受冲击，因跌落而受伤的轴承不得再使用。

（4）轴承的保管。

轴承的保管场所，应避开潮湿的环境，尽可能选择清洁少尘，无直射阳光的场所。在仓库中，应保管在至少高出地面30 cm以上的场所。

3）轴承的安装

（1）车轴的检查。

在车轴上压装轴承单元前，必须检查车轴的轴颈部位是否符合图纸要求的尺寸及尺寸精度。新制的车轴，须根据轮轴的检验记录表来检查。每个轴号的测定记录（检验记录表）必须作为内圈和后盖过盈量的确认数据保管。具体的检查项目如下：

① 外观检查。

清洗车轴轴颈部位的表面，检查有无有害锈迹、伤痕、毛刺、变形等；有缺陷的位置，须用油砥石、砂纸等完全打磨去除；如果轴肩部等涂有防锈剂，须充分去除。

② 尺寸测定。

测量轴颈部位及轴肩的配合部位的直径尺寸、圆度、同轴度。方法为径向沿圆周 1、2、3、4 点测量，轴向测量 A、B、C、D 四个部位，如图 3.21 所示。轴端螺纹孔用丝规检查。

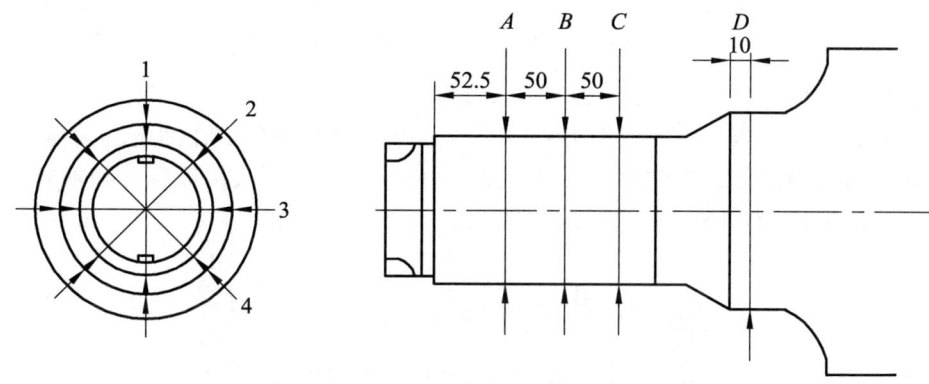

图 3.21　车轴尺寸测定部位

（2）轴承压装。

① 准备压装必需的工具：油压冲压装置或者 RCT 轴专用油压式装卸装置、油压式扭矩扳手、链式框架、起重架或者吊车、手动式扳手、单手锤、塑料锤、铅锤、钢丝钳、45 N·m（450 kgf·cm）预置型扭矩扳手、压入用润滑剂、快干性防锈黏合剂、附带磁性座的 1/100 mm 千分表、洁净的回丝及油纸、轴承脱卸专用夹具（导向套筒，嵌入套筒）以及其他必要的工具。

② 检查车轴是否合格。

③ 将车轴清洗净后，在与轴肩部位及轴后盖的配合部位涂抹不含铅化合物的快干性防锈黏合剂。

④ 为防止轴承压入时卡住，须在图 3.22 所示的车轴及配合部位均匀涂抹润滑剂。

⑤ 在车轴轴端安装导向套筒，如图 3.23 所示。

⑥ 把轴承单元安装在导向套筒上，使得轴承单元的后盖在车轮侧，将其安装在导向套筒上。为了防止内圈衬垫的脱落，插在轴承内圈上的草纸板在压装前不拆下。

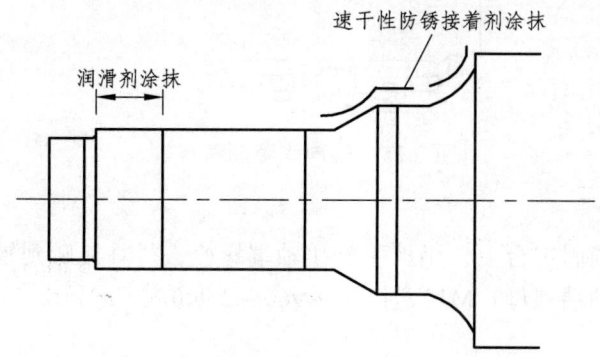

图 3.22　快干性黏合剂、润滑剂的涂抹要领

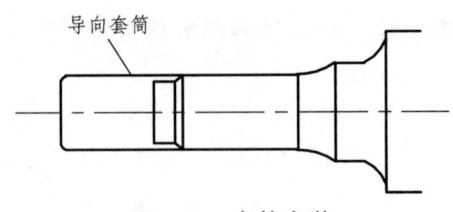

图 3.23 套筒安装

⑦ 把内置套筒安装在导向套筒上,压入轴承。

把油压装置的最大压力设置成推力(350 kN),安装内置套筒,让油压缸动作,同时要观察压入中的压力表的动作,并记录压入力(22~80 kN)。压入后,保证后盖和轴肩紧密连接,并增加推力至设定值 350 kN。压入状况如图 3.24 所示。

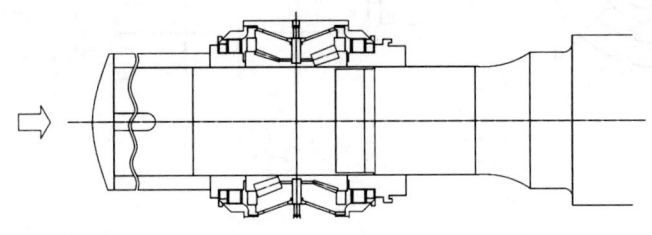

图 3.24 压入状况模式

⑧ 拆下内置套筒及导向套筒。

⑨ 测量轴承的轴向间隙。

把千分表保持架安装在外圈外径面上,把千分表的尖端放到轴端,如图 3.25 所示。把外圈往外侧拉并晃动,待千分表的指针稳定后把千分表的指针对准"0"。然后把外圈往里侧推,同时使其晃动,在千分表的指针稳定的地方读取数值(组装后的轴向间隙为 150~620 μm)。当轴向间隙达到规定值的时候涂上防锈剂。轴向间隙没有达到规定值的时候,把轴承拔出,检查原因。

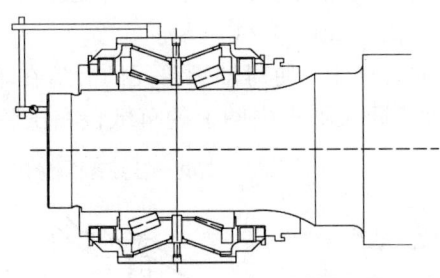

图 3.25 轴向间隙测量要领

⑩ 安装轴端螺栓。

把轮轴固定在轮轴固定台上,用扳手旋扭轴端螺栓,待其接触到轴端压板时,改用油压转矩扳手完全扭紧(轴端螺母:M12,扭矩 1 960~2 940 N·m)。

3. 轴箱体组装

CRH_1 型动车组轴箱体由铸钢制成,前盖由铝合金制成,以此来达到减重的目的。

1）工艺流程（见图3.26）

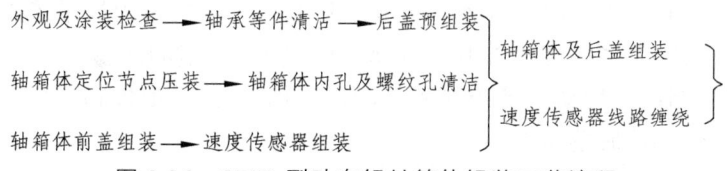

图3.26 CRH₁型动车组轴箱体组装工艺流程

2）工艺要求

（1）外观及涂装检查。

轴箱组件组装前目视检查是否存在磕碰伤、加工面是否存在砂眼及涂铬酸锌的部位是否脱落等，防锈涂料是否按照要求涂装，脱落时须找补。

（2）轴箱、轮对轴端等件的清洁和测量。

① 轴箱体清洁和测量：清理轴箱体螺孔内的油脂，用细砂纸对轴箱体内壁（与轴承装配面处）进行打磨，清除表面多余防锈涂料，测量轴箱体内孔尺寸。

② 轮对轴端清洁和测量：清洗轴端齿轮、轴承表面油迹后，用干燥擦拭布擦拭干净，然后用油刷在轴承圆周面上均匀涂抹一层润滑脂。

③ 检查轴端锁紧螺母、止转环孔是否对准：螺栓螺纹上涂抹防卡剂，在相应轴端安装速度传感器的轴端压盖后螺栓一同紧固。

（3）后盖预组装。

安装舌形垫圈和螺栓并预组，并将弹簧垫圈和螺栓分别穿在后盖螺孔内。

（4）轴箱体吊装、后盖组装。

① 吊装已压装定位节点的轴箱体，将轴箱体套在轴承端部，再缓慢地沿轴向推动轴箱体，通过一些辅助工装将轴箱体安装到位。

② 后盖螺栓紧固：紧固后盖1、2之间的连接螺栓后打扭矩。

③ 轴箱后盖组装后测量轴箱后盖与轴箱体之间的间隙。

（5）轴箱体前盖组装。

① 普通前盖组装：紧固前盖螺栓、弹垫、平垫之后打扭矩；紧固前盖闭塞螺栓、平垫之后打扭矩。螺栓紧固后钢丝防松并刻打防松标记，之后组装橡胶盖和链。

② 传感器的前盖组装：安装前盖和电线支架，紧固前盖螺栓、弹垫、平垫，并打扭矩，紧固前盖闭塞处用螺栓、平垫紧固并打扭矩，螺栓紧固后钢丝防松，刻打防松标记。橡胶盖安装后须全部进入前盖凹槽内，组装后链要嵌入上侧耳朵的内侧，并将链拉紧。

（6）速度传感器组装。

① 传感器组装：用传感器间隙专用测量工具和塞缝尺检测与轴箱前盖端面的间隙 A，通过换算求出最终组装后传感器与测速齿轮的间隙 B（B 需满足要求）。

② 轴箱前盖、AG 37速度传感器及垫片配合面在涂液状密封胶后进行组装；用螺栓 M10、平垫10（镀锌）组装，紧固后并打扭矩，紧固后钢丝防松，刻打防松标记。

③ 电线支架组装。

④ 传感器线路与电线卡接触部分用橡胶板防护，再用绝缘胶带缠绕并在其表面涂刷黏合剂进行黏合，后续橡胶板安装时均须按上述要求作业。用插口扭力扳手紧固螺栓，使用工装将传感器和电线卡组装并紧固螺栓 M10、弹垫 10，并用铁丝防松。以下相同。

⑤ 在传感器线路端部用苯乙烯密封腻子密封。用尼龙扎带把传感器线路与轴箱体捆绑防护，以防止运输中传感器脱落挤伤。

3.2.3 转向架组装

1. 工艺流程（见图 3.27）

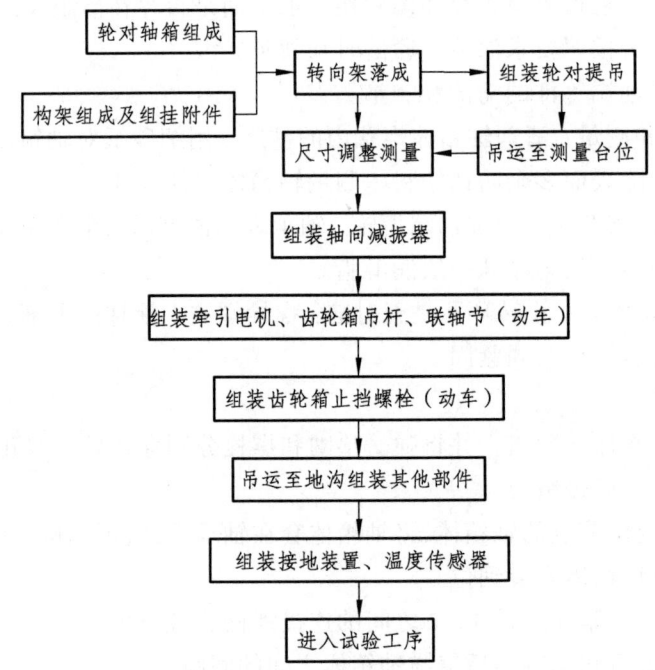

图 3.27 动车组转向架组装工艺流程

2. 组装工艺

1）转向架落成

该工序在转向架落成台位上进行施工，施工顺序及要求如下：

（1）摆放并调整好轮对轴箱位置。

将轮对轴箱组成用吊索或专用吊具吊运到落车台位轨道上。其中，轴箱体和齿轮箱采用支撑工装保持平衡（调整支撑高度保持水平状态）。此时注意两条轮对同侧内侧面应保持在一条直线上（通过工装台位上定位面保证）。

（2）齿轮箱吊杆组成组装。

用专用吊钩吊起齿轮箱安全挡，使齿轮箱吊杆座下侧距离地面一定高度后将齿轮箱吊杆座自下而上穿过，然后下落齿轮箱吊杆座至基本水平，再组装吊装橡胶、吊管、橡胶座、吊装橡胶。

（3）组装轴箱弹簧组成等配件。

轴箱弹簧按照同一轮对两组轴箱弹簧高度之差不大于 1 mm、同一转向架四组弹簧高度之差不大于 2 mm 进行选配。在轴箱体上依次放置轴箱弹簧调整板、防振橡胶、轴箱弹簧组成。

（4）吊运构架组成（包括组挂附件）落车调整。

用天车和四爪吊索吊具吊起构架组成（吊挂位置为垂向减振器座吊挂孔），轻轻地放在轮轴上方，在落下的过程中，注意齿轮箱吊杆、制动单元闸片组成、轮对组成、轴箱弹簧的位置和构架的相应位置对齐。通过调整轮对轴箱组成之间的距离，使轴箱体上的定位节点锥形块准确地嵌入构架定位臂 T 形槽位置。如不能准确嵌入，通过升高构架及调整轮对轴箱组成的位置满足落成要求。

（5）组装紧固件。

① 连接轴箱体与定位臂处紧固件。

将定位节点与定位臂用螺栓连接，待调整尺寸后紧固。

② 组装轮对提吊。

用螺栓将轮对提吊组装在构架上。

③ 组装齿轮箱吊杆螺母。

齿轮箱吊杆上部部件依次放入：上部防振橡胶、上压盖、上部薄垫片、上部压片。螺母不紧固，手动旋入即可，仅做吊挂支撑用。

2）转向架尺寸测量调整及落成后组装

将落成后的转向架吊运至（落成）测量台位，将转向架 4 个轴箱体底部放置在测量台位 4 个轴箱支撑上。注意吊运转向架前在轮对提吊位置加装工艺垫块。

（1）调整测量尺寸。

调整轮对和构架位置，用专用测量尺测量构架与轮对位置尺寸，保证同一轮对两侧之差不大于 1 mm。为保证弹性节点内表面和构架 T 形槽内侧的间隙，可用厚度 0.3 ~ 0.5 mm 的薄铁皮预添加在弹性节点内表面和构架 T 形槽内侧间隙位置。

（2）尺寸测量。

按照表 3.2 测量各部尺寸。

表 3.2 转向架落成尺寸检查项目　　　　　　　　　　单位：mm

序号	检测项目	项目要求	检测工具	备注
1	轴距	2 500 ± 1.5	轴距专用测量尺	测量轴箱端盖位置，此处尺寸仅供参考，轴距尺寸记录以空车载荷状态下测量为准
2	轴距之差	≤1	轴距专用测量尺	测量轴箱端盖位置，此处尺寸仅供参考，轴距尺寸记录以空车载荷状态下测量为准
3	对角线之差	≤1	对角线测量尺	划线滚动测量方法
4	轮对与构架距离之差	≤1	专用测量尺	按检查记录表图示测量位置

(3) 组装轴向减振器。

组装轴向减振器,轴向减振器组装后减振器铭牌朝向外侧。

(4) 组装齿轮箱防脱螺栓。

在构架上安装齿轮箱防脱止挡螺栓。

(5) 组装牵引电机。

安装前清理电机底架加工安装面,用信纳水清洗擦拭,保持清洁干净。将主电动机组装到底架时,使基准面 A 及 B 为同一个面;螺栓组装紧固后加放松铁丝。

(6) 组装齿轮箱吊杆。

安装齿轮箱悬吊装置前,确认在电机主轴及齿轮箱主轴上各安装完毕半个联轴节;螺母用专用工具紧固。

(7) 联轴节的连接。

连接联轴节时,注意将两个半联轴节外侧面及螺纹孔对齐,穿入紧固件螺栓将螺母与止垫螺母六角面保持一致,用扭力扳手紧固。

3) 组装排障装置

将排障装置安装臂与轴箱体连接,使用螺栓、垫圈、止转垫圈进行紧固。

排障板、卷边垫片、舌簧垫片、螺栓、螺母等在整车落成后进行组装,要求排障板底部距离轨道上平面 20 mm,合格后按要求紧固各紧固件,并涂打防松标记。

4) 组装轴温传感器、接地装置

(1) 温度检测器组装,每个轴箱体上均装有一个温度检测器。

(2) 接地装置组装,使用螺栓、弹簧垫圈、平垫圈将接地线紧固在牵引电机接地线座上。

3.2.4 CRH$_{2A}$ 型动车组转向架组装

CRH$_{2A}$ 型动车组转向架组装顺序及要求见表 3.3。

表 3.3 CRH$_{2A}$ 型动车组转向架组装顺序及要求

顺序	项目	序号	作业内容	备注	注意事项
1	轴箱的组装	1	用轴箱体和压盖紧固定位节点。 紧固力矩:148 N·m (15 kgf·m)		确认轴箱体、压盖接合在一起的标志印。 根据压盖的定位销和定位节点的孔来决定定位节点的位置。 定位节点芯轴的楔形部分一定要在与轮轴相反一侧

续表

顺序	项目	序号	作业内容	备注	注意事项
1	轴箱的组装	2	轴箱体装入带有轴承的轮轴上		在轴承表面上涂抹轴承用润滑油（壳牌 Shell Nerita 2858）
		3	组装后盖。后盖（1）、后盖（2）结合面紧固力矩：42N·m（4.3 kgf·m）		在后盖组装之前确认好接合标志印
		4	将轴箱体和后盖连接。紧固力矩：196N·m（20 kgf·m）※使用扳手型的力矩扳手		
		5	安装前盖。紧固力矩：196N·m（20 kgf·m）		
2	轴箱弹簧的组装	1	在弹簧下夹板的上边放置轴箱弹簧组、绝缘罩、垫板、弹簧上夹板		
		2	将工艺螺栓放好轻轻用手紧上		用二硫化钼等的螺丝润滑剂来涂抹工艺螺栓的螺纹部分

续表

顺序	项目	序号	作业内容	备注	注意事项
2	轴箱弹簧的组装	3	弹簧上夹板的上面放上支架座，用压力机将弹簧压缩到空车状态下的高度，在此高度下将工艺螺栓拧紧，使弹簧保持在该高度		
		4	除去压力机的负荷配重		
		5	保持轴箱体大约水平，放上调整板，防振橡胶垫，再放上按照上面组装好的轴弹簧组成		
3	落上转向架构架	1	将轮轴大致调整到轴距位置，然后将转向架构架慢慢地从上落下		套不进去的时候，再次调整确认轴距
		2	转向架构架落到轴箱弹簧组成的上边之前保持状态，确认轴箱橡胶定位节点的心轴确实装进转向架构架一侧		
		3	将转向架构架慢慢放下，把定位节点的心轴插进转向架构架的定位臂座板的楔形槽部位		此时若不加工艺螺栓，轴箱弹簧组成就要弹开使得定位节点装不进去，有损伤楔形部位的危险，因此必须加装工艺螺栓，并且使轴箱弹簧组成保持在空车状态下的高度。确认弹簧上夹板的孔缘部套进转向架构架。当弹簧上夹板的孔缘部露出来的时候，用工具微调到正位的位置上
		4	确认转向架构架一侧梁上的弹簧筒顶面基准凸台、洋冲眼与轮辋内侧面之间的距离 AR，AL 的差在 1 mm 以内		

续表

顺序	项目	序号	作业内容	备注	注意事项
3	落上转向架构架	5	把定位节点的心轴用蝶形弹簧座(2枚)、蝶簧(2枚)、六角螺栓固定在转向架构架上。初期紧固力矩：98 N·m (10 kgf·m) 紧固力矩：78 N·m (8 kgf·m) 确认紧固力矩：69 N·m (7 kgf·m)		紧固时，为了楔形部位良好配合，应该按照初期紧固力矩→紧固力矩进行紧固。确认时，对于确认紧固力矩要另外确定
4	驱动装置-齿轮箱的安装	1	齿轮箱小齿轮轴上安装齿轮联轴节		
		2	转向架构架上安装齿轮箱吊座		
		3	安装齿轮箱的安全吊装隔板。紧固力矩：412 N·m (42 kgf·m)		
		4	牵引电机小齿轮轴上安装齿轮联轴节		
		5	将牵引电机安装到转向架构架上。六角螺栓的紧固力矩：500 N·m (51 kgf·m)	上部 下部	使转向架构架的电机吊座的机械加工面和牵引电机的毂头端面成一面地进行安装
		6	连接齿轮联轴节		

059

续号

顺序	项目	序号	作业内容	备注	注意事项
5	车轮踏面清扫装置的安装	1	在制动卡钳上部安装踏面清扫装置。 紧固力矩：40～50 N·m (4～5 kgf·m)		
6	安装制动器装置	1	将制动卡钳安装在转向架构架上。 紧固力矩：343 N·m (34.5 kgf·m)	上部 下部	使转向架构架的制动吊座的机械加工面和制动器卡钳的毂头端面成一面地进行安装
7	安装增压气缸、增压气缸罩	1	将增压气缸安装在转向架构架上。 紧固力矩：103 N·m (10.5 kgf·m)		
		2	将增压气缸盖罩安装在转向架构架上。 紧固力矩：103 N·m (10.5 kgf·m)		
8	安装差压阀	1	将差压阀安装在差压阀座上。 紧固力矩：24.5 N·m (2.5 kgf·m)		

续表

顺序	项目	序号	作业内容	备注	注意事项
9	安装横向挡	1	将横向挡安装在转向架构架上。 紧固力矩：103 N·m (10.5 kgf·m)		横向挡的调整在落车后进行
10	安装调整棒托	1	将调整棒托安装在转向架构架上。 紧固力矩：103 N·m (10.5 kgf·m)		调整棒托分左右件，要注意安装方向
11	安装抗蛇行减振器托架	1	将抗蛇行减振器托架安装在转向架构架上。 紧固力矩：196 N·m (20 kgf·m)		
12	轮对提吊组成的安装	1	在转向架构架上安装轮对提吊组成。 紧固力矩：103 N·m (10.5 kgf·m)		
13	轴减振器的安装	1	在轴箱体和转向架构架之间安装轴减振器。 紧固力矩：90 N·m (9.15 kgf·m)		由于实施了防止错误安装的设计，如果方向安装错误，则不能安装

续表

顺序	项目	序号	作业内容	备注	注意事项
14	安装排障器（仅限首车前面转向架）	1	在轴箱体下面安装安装臂。 紧固力矩：196 N·m(20 kgf·m)		排障板托架的高度调整在落车后进行
		2	在安装臂上安装排障板托架。 紧固力矩：314 N·m(32 kgf·m)		
		3	在排障板托架上安装盖。 紧固力矩：13N·m(1.3 kgf·m)		
		4	排障板托架上安装排障板。 紧固力矩：36N·m(3.7 kgf·m)		
15	尺寸检查	1	测定轴距尺寸。 （2 500±1）mm（空车载荷时） 基准：左右差在 1 mm 以内	2 500±1	
		2	测定车轮对角尺寸。 基准：对角差在 1 mm 以内		

续表

顺序	项目	序号	作业内容	备注	注意事项
15	尺寸检查	3	A 尺寸（轴箱体与转向架构架基准面）88～91 mm（空车载荷时）。转向架4处A的尺寸差小于 2 mm。调整板的厚度最大为21 mm	注：A尺寸的最终调整在落轮后进行	
		4	调整牵引电机轴与齿轮箱装置小齿轮轴之间的轴差		请参照厂家提供的作业指导书调整。轴差的最终确认在落车后进行
		5	进行横向挡的调整。中心销与横向挡的间隔：20～22 mm		最终确认在落车后进行
		6	对前面转向架的排障板的高度进行调整。距离轨道上平面 5～7 mm（空车载荷时）		高度的最终确认在落车后进行

3.3 CRH$_{5A}$型动车组转向架组装及试验工艺规程

3.3.1 轮对轴箱装置组装工艺规程

CRH$_{5A}$型动车组轮对轴箱装置组装工艺流程如图 3.28 所示。

CRH$_{5A}$型动车组轮对轴箱组装工艺过程

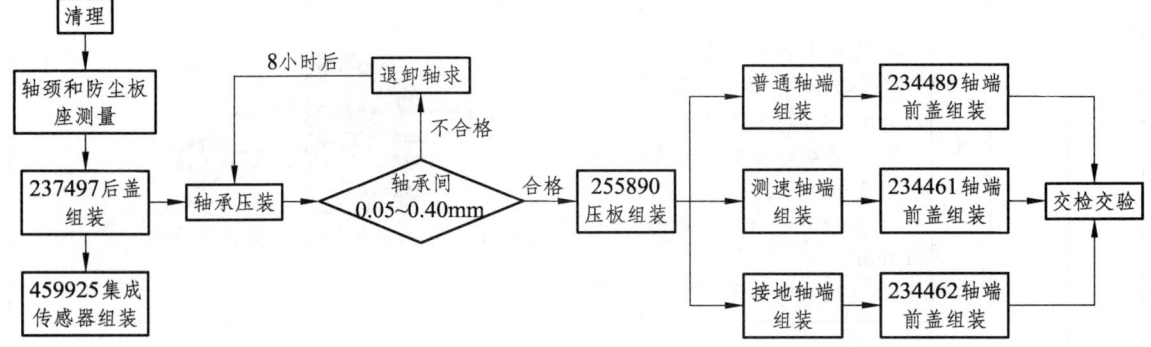

图 3.28 CRH$_{5A}$型动车组轮对轴箱装置组装工艺流程

3.3.2 构架预组装工艺规程

CRH$_{5A}$型动车组转向架构架预组装工艺流程为，准备工作→横向橡胶止挡的安装→夹钳单元的安装→制动横梁组成安装→停放制动缓解系统安装。

CRH$_{5A}$型动车组转向架构架预组装工艺过程

3.3.3 二系悬挂组成组装工艺规程

CRH$_{5A}$型动车组转向架二系悬挂组成组装工艺流程为，准备工作→摇枕组成落成前组装→摇枕组成落成后组装。

CRH$_{5A}$型动车组转向架二系悬挂组成组装工艺过程

3.3.4 转向架落成工艺规程

CRH$_{5A}$型动车组转向架落成工艺流程为，准备工作→下拉杆组成安装→一系悬挂弹簧组成和下止挡螺栓安装→转向架组成落成→推杆组成安装。

CRH$_{5A}$型动车组转向架落成工艺过程

3.3.5 轮对反压试验

CRH$_{5A}$型动车组轮对当装配期间生成的压力曲线图不符合标准 UIC 813 附件 C 和 EN 13260 附件 A 的规定，或当重复进行两次以上（含两次）压装工序时，必须进行已压装的车轮和制动盘的反压试验，其试验工艺流程如图 3.29 所示。试验时在制动盘或车轮轮毂上持续作用一个与压入方向相反的作用力，并保持 30 s，制动盘推力最小为 270 kN，最大推力为

480 kN，整体车轮最小推力为 816 kN，最大推力为 1 320 kN。因实际最终压装推力为一范围值，反压压力为 120% F_p（F_p 为最终压装推力），故实际每条轮对的反压压力需根据压装曲线图上实际读数进行计算，但须符合上述范围要求。

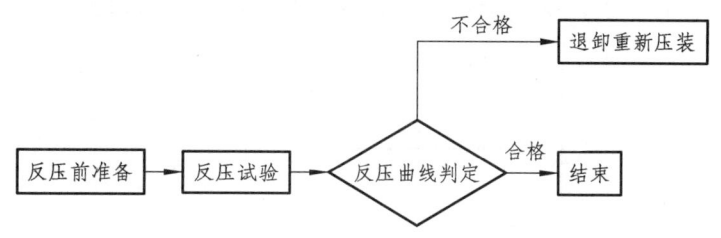

图 3.29　轮对反压试验工艺流程

以拖车轮对的反压试验为例，制动盘、动车轮对的反压试验内容参考执行：

（1）确认压力机及工装等处于正常工作状态。

（2）将车轮反压试验装置，吊至轮对压装机中间的轨道上。

（3）操作者用软吊带将动/拖车轮对组成吊至工装上（待反压的车轮靠近压力机液压缸的一侧）。吊装时轮对要保持水平状态，且与工装没有干涉，如图 3.30 所示。

图 3.30　将轮对组成水平吊至工装上

（4）将轴头保护挡铁扣在轴头上，操作者启动压力机，轻轻将轮对扶正，工装的 U 形铁的外侧面与车轮轮毂的内侧面均匀贴紧。

（5）调整好轮轴压入记录器。

（6）调整好压力，输入最大吨位，启动压力机。

（7）保压 30 s 后，关闭压力机，退回压力机活塞。

（8）轮对调头，同样反压另外一个车轮。

（9）上述工作完成后，天车配合，利用事先没有撤走的吊带小心地将轮对吊下，放置到预订位置，轴径应使用橡胶保护套保护好；并用信号笔做好已做反压试验的标识。

（10）打印反压记录纸，并检查，通常有两种情况：① 车轮发生了轴向移动；② 车轮没有发生轴向移动。

（11）对于情况①需要退轮，重新选配，二次压装，并通知技术部门和质量部门相关人员到场进行确认。对于情况②反压合格。

（12）合格的反压记录如图 3.31 所示，$T_2 - T_1 = 30$ s；$P_0 = 768$ kN（约 78 吨）。说明：制动盘的反压试验可以在轮对压装前进行。轮对反压曲线记录，须存入轮对车统记录。

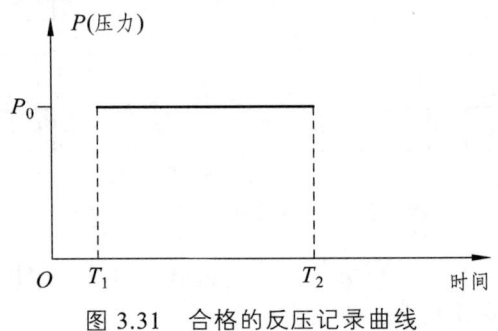

图 3.31　合格的反压记录曲线

3.3.6　齿轮箱跑合试验

CRH$_{5A}$ 型动车组齿轮箱跑合试验的工艺流程如图 3.32 所示。

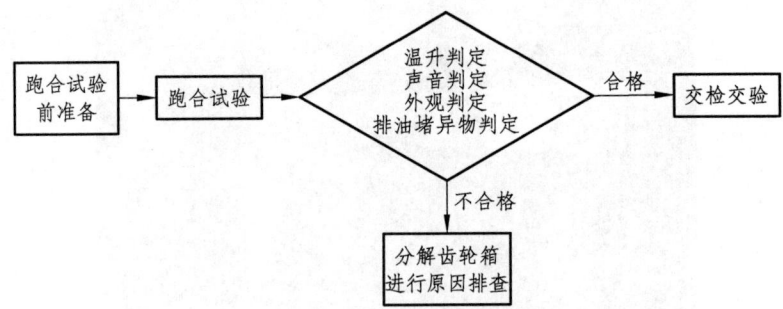

图 3.32　齿轮箱跑合试验工艺流程

1. 跑合前准备

（1）将动车轮对安装到跑合试验台上。

① 将已完成齿轮箱、齿轮箱吊杆和轮对轴箱装置组成的动车轮对落放在齿轮箱跑合试验台的轮对固定支架上。

② 将专用防松螺线和螺栓拧紧。

（2）用螺栓和垫圈将小齿轮通过万向节连接与牵引电动机连接并锁紧。

（3）用螺栓和垫圈将阻力电机上万向节连接到车轴端部。

（4）调整齿轮箱小齿轮端倾斜角度。通过调整垫调整齿轮箱吊杆，然后用螺栓和圆柱形螺母将反应杆固定在支座上。

（5）将温度传感器固定在齿轮箱和轴箱的右轴箱（阻力电机侧）、齿轮箱右侧（圆锥滚子轴承侧）、齿轮箱油温（油温传感器的探针嵌入在排油装置中）、驱动端轴承（小齿轮组成侧）、齿轮箱左侧（圆柱滚子轴承侧）、左轴箱。

（6）将注油管接头连接到齿轮箱上的排气口上并用手拧紧。

2. 跑合试验

（1）打开控制电源（SA 0），启动计算机。

（2）单击"开始→程序→轮对跑合试验监控程序"或双击桌面上的"轮对跑合试验监控程序"快捷方式启动应用程序。

（3）从用户列表中选择登录用户，输入用户口令，然后单击"确定"登录系统，系统启动后显示监控程序。

（4）按下油泵启动按钮（油泵开）过 1 min 后按下注油按钮（注油开），系统自动注油，注油量由计算机调整、控制，油注满后自动停止。

（5）单击"试验→开始试验"启动一次新试验。

（6）输入车型、轴号及以及操作者，确认工艺过程符合试验要求，单击"确定"。系统显示消息对话框，等待操作者按下启动按钮开始试验；如果操作者想放弃本次试验，可以单击"取消"按钮。

（7）操作者按下启动按钮后试验开始，系统在状态监视区显示试验数据并绘制温度曲线。

（8）齿轮箱跑合试验指标：

① 指定点 S1～S6 检测出的温升不能超过室温 75 ℃。

② 检查跑合过程中是否存在异响。

③ 跑合后齿轮箱各处是否存在漏油现象。

④ 排油后，检查排油管上的磁堵是否有铁屑杂质。

若上述指标不合格，则需分解齿轮箱组成，查找原因。

3. 跑合试验后的工作

（1）试验完成后系统显示试验结论对话框，系统保存试验数据，打印试验报告。

（2）操作者填相关写试验记录。

（3）系统运行结束后，再次启动油泵，按下排油按钮（排油开）排油结束后，取下温度传感器。

（4）拆下所有万向节连接，松开轴箱固定螺母。

（5）将动车轮对从工作台上拆卸下来。

（6）跑合试验结束后，关闭应用程序和计算机，关闭电源。

3.3.7 转向架静压试验

CRH_{5A} 型动车组转向架静压试验工艺流程如图 3.33 所示。

1. 试验前准备

（1）用天车将静压工装吊至转向架上，将转向架推至双头静压机下部的台位上。

（2）对正台位的转向架定位标记（或启动对中装置，将其调到中间位置）。

（3）将通用铁鞋两个放到两个车轮下部与钢轨接触处，顶紧。

（4）将专用铁鞋两个放到另外两个车轮下部与钢轨接触处，顶紧。转向架加载试验，动力转向架和非动力转向架都必须进行此试验。此试验必须在压力机上进行，压力能够达到所需的垂向载荷"Q"，且试验要在与转向架下的轨道对称状况完好的情况下进行。需要对轨道进行极好地调水平，且转向架和对中了的车轮根据轨道来定位。对已装配好的转向架的外观检查；在装配部件、防侧滚杆和制动等之间不允许出现干扰，试验中受压结构最好使用自对中装置，以及在水平轨道上的车轮止挡块。

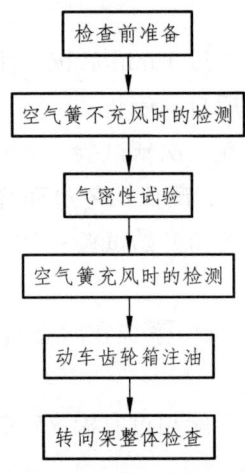

图 3.33 转向架静压试验工艺流程

（5）乐泰螺纹锁固剂使用按照《转化—通用—001（2010）乐泰螺纹锁固剂使用工艺规程》执行；荧光标记漆使用按照《转化—通用—006（2010）使用荧光标记漆涂打转向架防松标记工艺规程》执行。

2. 空气弹簧不充风时的检测

（1）转向架在压力 Q 时保持压力 90~120 min 后，检测 U_S 值，可使用垫片调整。并在压力测试表中记录使用垫片的数量。左、右两侧的差值不得大于 4 mm，在此期间之内需要检测 5~6 次，每次间隔 14~16 min，最后的 1、2 次，检测结果趋于一致，则空气弹簧的蠕变视为基本结束（见图 3.34）。

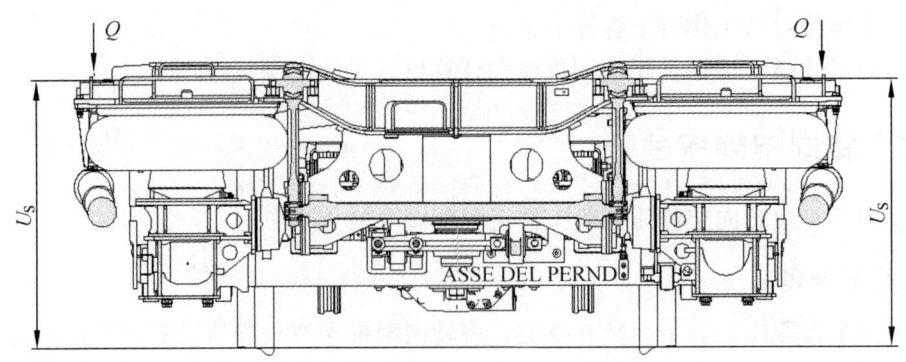

图 3.34 转向架在压力 Q 下测量 U_S

（2）转向架在压力 Q 时检测 Ats 值（见图 3.35），要求该尺寸在范围内，在空气簧的下面与构架接触处，用 1 mm 垫片或 2 mm 垫片来调整，并在压力测试表中记录使用垫片数量。

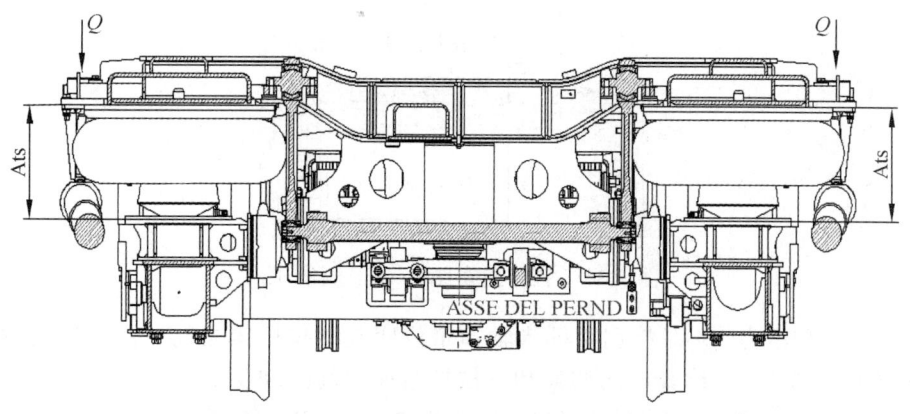

图 3.35　转向架在压力 Q 下测量 Ats

（3）转向架在压力 Q 时检测 H 尺寸（见图 3.36），数值 $H = 620.5^{+6}_{-6} - W_s$（mm）。$W_s = (D - D_s)/2$（$W_s$ 为单边磨耗量；D 为新车轮直径；D_s 为旋修后车轮直径），单个转向架的 W_s 值为其 4 个轮对 W_s 值的平均值。

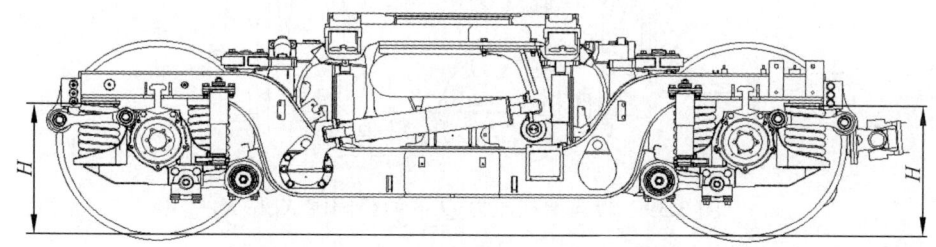

图 3.36　转向架在压力 Q 下测量 H

（4）转向架在压力 Q 时检测 A.S.I 尺寸（见图 3.37），数值允许为 28^{+3}_{-8} mm。

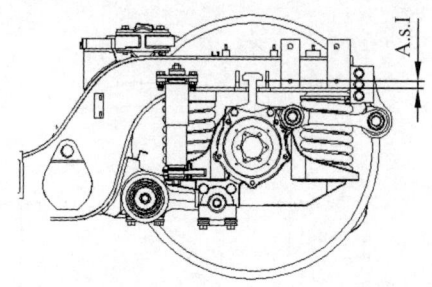

图 3.37　转向架在压力 Q 下测量 A.S.I

（5）转向架在压力 Q 时检测 T.i.I 尺寸（见图 3.38），数值允许为 40^{+5}_{-3} mm，用 1 mm 垫片调整至此尺寸合格(调整时按照 44 mm 控制)，并在压力测试表中记录使用垫片数量。

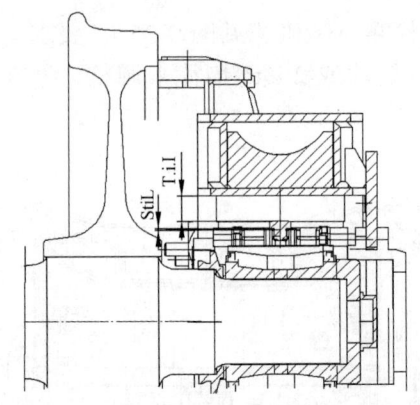

图 3.38 转向架在压力 Q 下测量 T.i.I

（6）转向架在压力 Q 时将扁铲插入轴箱定位座与下拉杆体之间，使用尼龙锤轻磕调整 K_i 和 K_e 值（见图 3.39），检查转向构架和下拉杆组成之间的间隙 K_i 和 K_e，要求两间隙相同，两个数值允许在 0.5~2 mm（调整时按照 K_i 值为 2 mm，K_e 值符合 0.5 mm $\geqslant K_e \geqslant$ 2 mm 要求进行调整）。

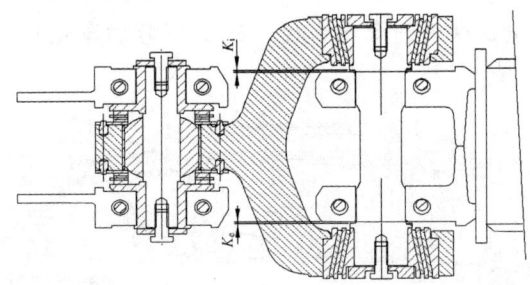

图 3.39 转向架在压力 Q 下调整间隙 K_i 和 K_e

（7）转向架在压力 Q 时，调节齿轮箱反作用杆 C_1、C_2 的实际尺寸（见图 3.40），$C_2 - C_1 =$（2.5±0.5）mm，在反作用杆与转向架构架之间插入 1 mm 齿轮箱吊杆调整垫，以达到规定尺寸。在压力测试表中记录使用垫片数量。

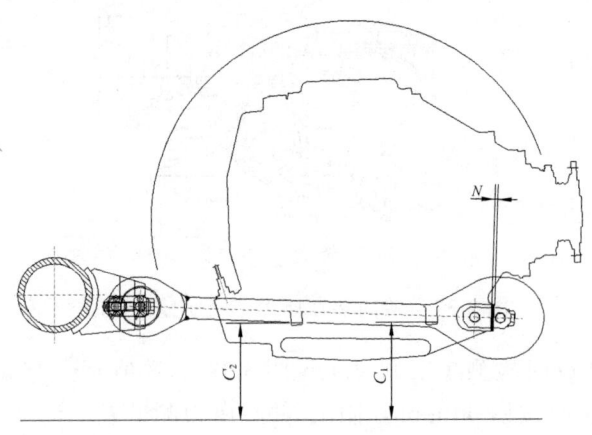

图 3.40 转向架在压力 Q 下调整 C_1、C_2

（8）转向架在压力 Q 时，使用内卡钳和米尺测量，调节 B_1、B_2 的实际尺寸，要求（30±1）mm，在侧向橡胶挡板与转向架构架之间插入垫片进行调整，以达到规定尺寸，并在压力测试表中记录使用垫片数量，即图 3.41 中 Sb 值。

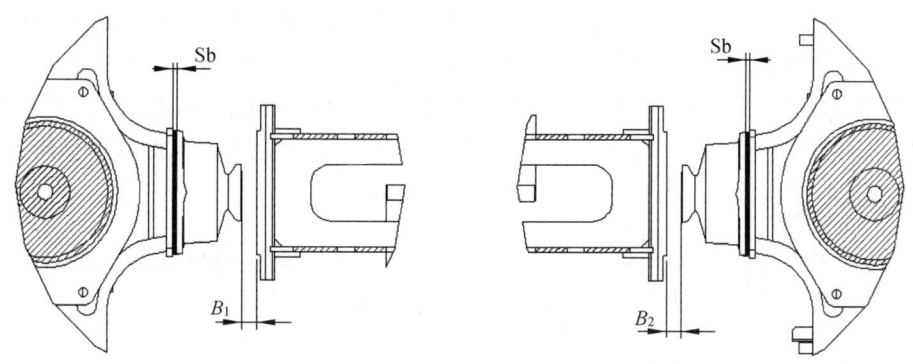

图 3.41　转向架在压力 Q 下调整 B_1、B_2

（9）转向架在压力 Q 时，使用卷尺、铅坠（悬挂摇枕锥形衬套下）及轨道平尺（轨道平尺密贴轮辋内侧面），检测摇枕中心距轮缘内侧面距离（见图 3.42），M 差值不得大于 5 mm。例如，$M=(680-673)/2=7/2=3.5 \leq 5$，为合格。

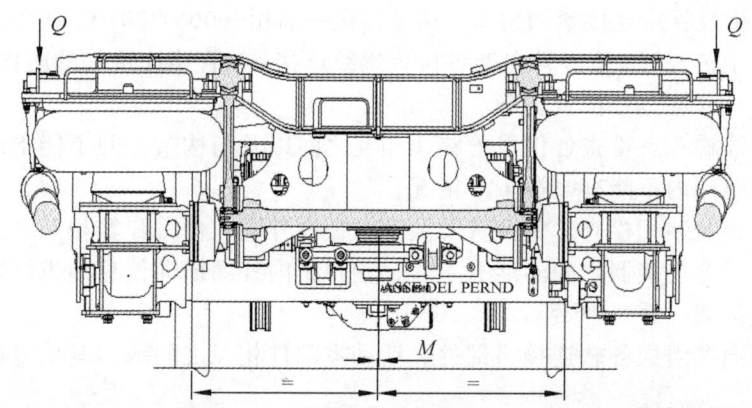

图 3.42　转向架在压力 Q 下检测摇枕中心距轮缘内侧面距离

（10）检查牵引弹性衬套和牵引销垫圈、锥形衬套之间的间隙；检测牵引销和锥形衬套之间的间隙，要求在 1~4 mm。

3. 气密性试验

（1）二系悬挂系统管路充风 $P=(430±100)$ kPa，充气时对高度阀及差压阀进行功能检测，转向架在压力 Q 时，充气压力满足后截断外部风源，待压力稳定后，进行二系悬挂系统的气密性试验，试验的气压下降要求：每 10 min 气压降不大于 20 kPa。

（2）基础制动系统管路中充风 $P=500$ kPa，充气压力满足后截断外部风源，待压力稳定后，进行制动系统气密性试验，试验的压力下降要求，每 10 min 后气压降不大于 20 kPa，检查前轮对、后轮对制动的功能以及停放制动的功能性。

空气弹簧充风时的检测

4. 动车齿轮箱注油

转向架进行相关检测完毕后，转向架继续施加载荷 99 000 N（10 092 kg）压力，使用 S19 扳手拆卸油针，并用擦纸清洁油针表面。使用量杯量取 11 L（参考值）齿轮箱润滑油注入齿轮箱内（注意区分高寒/非高寒润滑油），手动紧固油针后取出。操作者观察油位线位置，要求其介于最小刻度线和最大刻度线之间（偏向最大刻线处）。上述操作可重复进行，直至油位线符合要求。注油完成后，用 80 N·m 力矩紧固套管。注意紧固套管时，套管下部用于安装套管的力矩为 100 N·m，特制螺母防松标记不能窜动，套管紧固后按要求涂打防松标记。

5. 转向架整体检查

转向架组装工序全部完成，静压及系统保压试验、基础制动系统试验、转向架电气系统试验等综合性试验完成后，对动、拖车转向架进行整体检查。

1）转向架完整性检查

（1）5 种类型转向架配置检查，各类型转向架配置符合图纸。

（2）欠件、缺件及欠工序检查。检查转向架各部位不能有欠件、缺件及欠工序情况，尤其是易遗忘部位或工序，如 SIKA 胶涂打、防松片敲击折弯、轴箱注油孔或工艺孔密封、各部位防腐保护、防松片及开口销劈开情况等。

（3）螺纹连接及管路连接紧固检查。按《转化—通用—006（2010）使用荧光标记漆涂打转向架防松标记工艺规程》检查转向架各位置螺纹连接处、管路连接处的防松标记涂打情况，防松标记涂打清晰、规范且位置正确。

（4）管路干涉检查。检查各供风管路，相互之间以及与构架之间不能干涉，尤其检查软管正常运行活动范围内不能有摩擦干涉情况。

（5）一系钢弹簧装配检查。钢弹簧及上下夹板内外圈入槽，弹簧相互之间、弹簧与推杆之间以及弹簧与成套连接器之间不能有干涉，钢弹簧内外圈横向偏移标识粘贴及安装方向正确；接地电缆线远离一系钢弹簧。

（6）检查转向架组成各软连接零部件、活动零部件相互之间或与其他零部件不能干涉。

2）转向架异物检查

（1）转向架不能存在异物，重点检查转向架上易存料的位置，如砂箱里、砂箱背部与构架凹槽处、一系钢弹簧里、摇枕差压阀安装处、侧面接线箱等电气线盒里、制动显示器背部与构架缝隙处、侧梁端头的圆柱螺母孔处、轴箱体上部、制动盘与闸片的间隙处等位置。

（2）各位置不能存有以下情况：

① 分解工序中拆卸的紧固件或零部件。

② 装配工序过程中粘贴于转向架上用于记录的胶带。

③ 分解工序中悬挂于转向架上各零部件的标牌（如钢弹簧位置标牌等）。

④ 放置于转向架上的多余装配料件。

⑤ 拆卸及装配过程中使用的工具等。

⑥ 以及其他不属于转向架组成的物体。

复习思考题

1. 简述 CRH_2 型动车组动力转向架的组成及各组成的作用。
2. 试述 CRH_2 型动车组非动力车轴机械加工工艺过程。
3. 分析车轮的结构及其各结构的作用。
4. 如何降低轴箱箱体铸造内应力？
5. 简述 CRH_3 型动车组转向架构架加工工艺。
6. 简述 CRH_2 型动车组轮对组装工艺流程。
7. 简述 CRH_1 型动车组轴箱体组装工艺流程。
8. 试述动车组转向架的组装工艺。
9. 试述 CRH_{5A} 型动车组齿轮箱跑合试验的工艺流程。
10. 试述 CRH_{5A} 型动车组空气弹簧不充风时、充风时各应做哪些检测。
11. 简述 CRH_{5A} 型动车组转向架的气密性试验。

Part 4　动车组总装与试验

4.1　动车组总组装

当动车组各零部件制造完成并交验后,将进入最后一道工序—动车组总装。在此工序中,主要完成的内容有动车组车下设备的组装、车内设备的组装、司机室设备的组装、车顶设备的组装、落车及交验等。动车组总装的特点为内容繁多、工作量大、电气设备多、工艺复杂且组装质量要求高、采用新工艺多等。

4.1.1　安全作业要求

1. 操作员工上岗要求

操作员工上岗前需进行相关培训,取得相应的岗位资质后方可上岗。

2. 工作环境要求

工作过程和质量检验过程中照明要充足,空气中尘埃负荷必须要小(清洁、活化后的黏接面在通风结束后没有可见的尘埃)。在工作区域内不得有下述作业、工具和物质:可生产烟气的作业(如焊接),喷砂和喷漆,车辆位移(如拉车),所有可喷射的物质(如悬浮微粒),按规定进行表面预处理的物质除外。

3. 个人防护用品

个人防护用品有防护帽、手套、防砸鞋、工作服。

4.1.2　车下设备组装

动车组车下设备组装均采用整体模块吊装方式,其安装的可靠性、安全性对列车安全运行有重大影响。

动车组车下设备组装主要包括:车内滑块布置、排障器的安装、前段导流罩组成安装、牵引电机通风机、变压器及其冷却单元、牵引变流器及其冷却单元、双辅助变流器、辅助变流器、设备电器箱安装、挡板、护板、厨房变压器安装、厨房给水装置、电池箱安装、电池充电机、车头司机室空气压缩装置安装、空气压缩机安装、车下废水箱安装、废排单元安装、转向架轮缘润滑器安装、车下废排风道安装、设备舱支架安装、大裙板布置、设备舱底架下盖板安装、多普勒雷达安装、头车车头前端底部导流罩安装、撒砂装置安装、注水口罩板安装等。下面针对典型的主要部件安装进行介绍。

1. 车内滑块布置

车内滑块是吊装车下设备的主要承力部件，其材质和安装是车下设备安全稳定的首要保证，其安装工艺请扫描二维码获取。

车内滑块布置安装工艺

2. 排障器的安装

排障器安装在自动车钩的下面。首先，用升降车将排障器运到头车自动车钩安装位置的车下，并将排障器升起使其与车体正确位置紧密接触，具体安装工艺如下。

1）生产前准备

（1）按照工序安装 MBOM 清单检查物料是否齐全。

（2）检查订单、图纸、自互检卡片是否齐全，确认好工艺规程和图纸的版本。

（3）检查使用的工装、设备、工具、量具状态良好，满足生产需要。

（4）操作者劳动保护用品佩戴齐全。

2）排障器支撑安装

安装两侧排障器支撑，使用 M16×80 10.9 级螺栓和其他紧固件将支撑挂装到车体铝结构上，紧固力矩为 210 N·m，涂打防松标记。

3）排障器安装

用升降车将排障器运至安装位置，起升至排障器安装孔与左、右排障器支撑安装孔对齐，使用图纸规定的 M16×60 10.9 级安装螺栓与支撑连接。为保证图纸中要求的排障器下平面距轨面（185±10）mm，测量排障器上平面距铝结构下平面的距离，保证此距离为（170±5）mm，然后拧紧螺栓，用力矩扳手紧固，紧固力矩 210 N·m，并涂打防松标记。

4）施加扭矩

（1）安装螺栓按照图纸要求加紧扭矩，使用无纺布擦拭后涂打防松标记。

（2）安装完成后用密封胶将法兰周圈密封。

5）填写检查记录并清理现场

3. 前端导流罩组成安装

导流罩位于列车头部的最前端。导流罩被吊起之前，将自动车钩处的罩板打开并用木块卡住。将吊具安装在导流罩上，用插车吊起导流罩移运到车体安装位置。导流罩和运输支架的连接方式一致，连接点在排障器托架的位置。在安装导流罩之前先卸下前导流罩的大灯，在车体前端安装上双螺栓和定位销。双头螺栓和定位销所使用的垫片数量最好在 3 个左右。将导流罩安装到车体前端，小心移动对准前导流罩的定位孔与车体上安装的定位销。先将导流罩上部和下部螺栓紧固，把吊具拆下，再把安装平台推到车头安装位置，从导流罩拆下的大灯处进入内部安装螺栓。最后将导流罩的安装螺栓全部用扭矩扳手紧固。在车体和导流罩之间的缝隙处用活化剂进行清理。将密封材料填充在车体和导流罩之间的缝隙中，涂打密封剂并刮平，防止水进入。

4. 牵引电机通风机安装

（1）在牵引电机通风机支架的每一个安装孔上放置一个垫片，每个垫片上都要涂上高温胶。

（2）将牵引电机通风机的支架安装在车体相应的滑槽上，先不要将螺栓完全紧固，用尺测量支架的位置，符合图纸尺寸要求后再紧固支架。

（3）在转向架通风口处紧固法兰和橡胶密封垫，以压板上的孔在车体上的位置做标记，用电钻在标记位置钻孔，钻好后用拉铆钉将法兰压板拉铆在车体上。

（4）用气垫车将通风机运到车下，先将通风机自带的软风道固定架拆掉并将软风道的固定螺栓进行更换，再将其吊装到事先安装好的固定支架上。最后将通风机的软风道安装在以前安装好的转向架通风口法兰板上，按要求加扭矩。定好位安装通风机，连接软风道。注意通风机软风道与通风机相连的固定螺栓换掉后，在安装上更换螺栓前，要事先在该螺栓上涂上243胶紧固。

（5）将牵引电机通风机与车体之间的连接地线安装上。

（6）将所有图纸要求加扭矩的安装螺栓加扭矩并涂打防松标记。

5. 变压器及其冷却单元安装

将变压器及其附带油箱用升降车运送到车下安装位置时。在运送和整个安装过程中都要时刻检查变压器及其附带油箱是否连接良好。其组装过程为生产前装备→组装V形衬→安装弯压器→安装地线→施加扭矩→安装限位挡块→安装输油管→填写检查记录并清理现场。

变压器及其冷却单元安装过程

6. 辅助变流器安装

辅助变流器安装工艺过程为生产前准备→组装V形衬→安装辅助变流器→安装地线→施加扭矩→安装横向挡块→填写检查记录并清理现场。

辅助变流器安装

7. 护板安装

在护板的两个安装边粘贴密封垫，用夹具将舱壁板夹在车体安装位置上。放入螺栓和垫片。在与车体平行的安装边的紧固位置里要放入一个垫片。由于放在此处的安装垫片为插入式，要在此垫片插入安装位置后旋转90°使其和该安装边在同一条线上。在其与车体垂直的安装边的紧固位置里要放入垫片。用水平尺调平舱壁板使其与车体垂直，紧固安装螺栓并加扭力。

护板安装。将护板平放在工作台上，在其四边放置密封垫。将螺栓穿入护板四周的安装孔，并使螺栓穿透密封垫，这样可以使密封垫在安装时不会跑。将护板安到转向架通风口处，将各个螺栓紧固。

8. 转向架轮缘润滑器安装

将轮缘润滑器的油箱安装支架紧固在车下的滑槽上，再将油箱安装在支架上并紧固螺栓。

将电磁阀、球阀 G 1/4、管卡安装在轮缘润滑油箱安装支架上。连接轮缘润滑的输油管。在车头前段的沙箱位置附近的车体电器箱内安装转向架轮缘润滑电控箱。按图纸要求向所有需加扭力的安装螺栓加扭矩，并涂打防松标记，安装完毕。

9. 车下废排风道安装

在车下废排风道的风道口处粘贴密封材料。将风道口处粘贴好密封圈后，把车下废排风道用气垫车运到车下安装位，定位后升起搬运车，将废排风道顶入车体废排风道口中，紧固安装螺栓。在废排风道下部出风口外围粘贴密封圈，以便于风道与废排风机之间密封。安装废排风道的吊码，安装废排风道的地线并加扭矩。

10. 设备舱支架安装

按照尺寸核对设备舱支架的长度和数量，并检查支架有无损坏。对每根设备舱支架进行防护，以免在安装时挂坏油漆面。准备安装在设备舱支架上的安装码。将螺纹板和滑块布置到设备舱支架上的滑槽里并移动到相应的位置上。将旋转轴承装于设备舱支架上。将盖板支架装于设备舱支架上（注意先不要将螺母完全紧固，以便以后调节）。同样，将设备舱支架支撑按上述方法装于设备舱支架上。所有附属部件安装在支架上的数量要正确。准备好设备舱支架。安装设备舱支架的吊架。将设备舱支架的吊架安装在预先在车体滑槽中布置的滑块上。

安装设备舱支架的吊架。先从舱壁板处开始安装设备舱支架。调整设备舱支架之间的横间距，使设备舱支架沿车重轴线对齐。然后调整舱壁板处的设备舱支架，在调整设备舱支架高度的同时也要调平设备舱支架。已调整好的舱壁板处的设备舱支架为参考，一步一步往中间调整设备舱支架。使所有设备舱支架在同一个平面上，安装裙板支撑架上的地线。

11. 裙板布置

检查各个裙板是否有损坏。将各个裙板的外表面用胶带布做好防护，以免在安装过程中划伤表面。先用喷壶在裙板和胶带布表面喷水，再用胶刷将胶带布刮在裙板表面上。

安装吊装裙板的挂钩和裙板的紧固支架，先不要紧固，以便安装裙板时对挂钩和支架进行调整。

安装裙板挂钩和裙板紧固支架。在裙板的滑槽上安装小挂钩并紧固。按照图纸要求将裙板挂在相应部位的裙板支撑架上。将裙板用事先安装好的挂钩挂起并调整裙板的支撑架位置，使裙板上的紧固螺栓与支撑架上的锁孔对准。对每块裙板进行调整，使各个裙板安装完后保持在同一水平线上，各个裙板之间的缝隙要均匀，加扭矩并涂打防松标记。

落车后，在转向架处的车体滑槽上安装转向架裙板支架。将转向架裙板上的挂钩槽挂在裙板支架的挂钩上，将转向架裙板紧固在支架上。裙板紧固装置与裙板挂钩是一体的。

12. 设备舱底架下盖板安装

将底架下盖板搬到车下，先不要将盖板上粘贴的防护塑料布撕掉，按图纸要求安装在裙板支撑架对应的位置上。底架下盖板两端的螺栓插头是可伸缩的，将其插入裙板支撑架内侧的滑槽。调整裙板支撑架内侧滑槽上的盖板安装架，使其安装孔对准盖板上的紧固螺栓，安装全部底架下盖板。

13. 多普勒雷达安装

将多普勒雷达安装在雷达的支架上，紧固安装螺栓。按照图纸安装位置将多普勒雷达安装在车下的两个裙板支撑吊架之间，并紧固安装螺栓。连接多普勒雷达与雷达支架之间的地线。在连接多普勒雷达的两个裙板支撑吊架上各打一个孔，并将其周围的油漆面打掉，用拉铆枪将雷达支架与裙板支撑吊架之间的地线拉铆螺栓安装上。连接雷达支架与裙板支撑吊架之间的地线。将所有图纸要求加扭力的安装螺栓加扭矩并涂打防松标记。

14. 撒砂装置安装

将撒砂装置中间圆孔上的砂管插入撒砂孔中，再将撒砂装置紧固在车体砂箱下方的撒砂孔上。将深入车体砂箱内的进砂管固定在砂箱内部的安装码上，加紧扭矩并涂打防松标记。最后将车体砂箱下方已经安装上的撒砂装置完全紧固，并加紧扭矩涂打防松标记。安装车体砂箱的进砂孔和出砂孔处的盖板，紧固车体砂箱进砂孔盖板，加紧扭矩并涂打防松标记。紧固车体砂箱出砂孔盖板，加紧扭矩并涂打防松标记。连接撒砂装置和转向架撒砂器之间的砂管。用双管卡固定撒砂装置和转向架撒砂器之间的砂管。组装吊挂砂管的钢丝绳。将钢丝绳绕过支持环，端部留出足够长度，用卡头卡紧。

15. 注水口罩板安装

将注水口盖板用螺栓安装在车体上，安装之前要在盖板的两个安装孔与车体安装面之间垫一个垫片。调整注水口盖板弹簧支架位置，调整好后将其固定在车体上。调整和紧固弹簧支架之前，最好拆下支架上的弹簧和注水口盖板弹簧支架，调整及紧固好盖板弹簧支架后再将弹簧装上。将注水口盖板合上并标记出盖板锁的位置，再将盖板打开，在标记的位置上测量闭锁支架安装孔的位置，用电钻打孔，再用拉铆枪在安装孔内安装螺栓。盖板弧度与车体弧度在一条线上，上下左右与车体之间的缝隙均匀。将闭锁支架安装在车体上，合上注水口盖板并闭锁。

16. 其他设备电器箱安装

其他设备电器箱安装包括牵设备电器箱、厨房变压器、厨房给水装置、电池箱、电池充电器、头车司机室空气压缩装置、IC车空气压缩机、车下废水箱、废排单元安装等。其吊装方式相同，不再赘述。

4.1.3 车内设备组装

动车组车内设备组装按照部位分为4大部分：内装、设备件、空气调节装置和给水卫生系统。内装包括防寒材料、侧墙、地板、中/平顶板等；设备件包括座椅、行李架、木制柜体间壁、厨房等；空调主要是车上通风系统的安装；给水卫生系统包括车上供水排水管道、卫生间等。组装过程分为制造类和特殊类安装。制造类包括地板、侧墙装饰、平面天花板等。特殊类包括外部防护涂层、绝缘、窗户、地板、侧墙、顶板、乘客须知、行李架、座椅、隔板/门/橱、外饰、厨房、厨房/饮水设备、司机室等。不管是何种方式分类，各个部分之间是相对独立的，但同时又是互相依赖的一个整体。

无论是哪道工序，开工前都要准备安装图纸、零部件清单和工作计划。安装图纸中首先确定的是安装基准，根据安装基准确定零件安装位置，根据安装图对应的零件列表清单支取配件。

在安装之前，要认真查看工作计划，各种安装件的技术要求、安装注意事项等详细规定。阅读工作计划是安装过程中非常重要的一个环节，如粘贴木骨有喷胶、压力和时间要求，安装地板防拔装置螺栓有扭矩要求，车窗安装胶固化时间内要求不能拉车等。工作计划直接关系到工件安装技术条件、使用什么工具、上下工序开工时间要求、生产节拍等。安装前各类人员一定要熟悉工作计划，才能有条不紊地进行生产。

1. 车内小件组装

动车组车体从涂装车间进入组装车间的第一道工序是车体防护。车体防护的目的在于避免车体面漆磕碰磨损。操作过程：将 1 000 mm 长的防护胶带粘贴在喷过清水和清洁剂混合液体的车体的红色区域内，然后用刮板将胶带表面刮平即可。

动车相对于碳钢车组装最大的创新就是基准点，基准点是整个动车后续车内设备组装基准，每辆动车上有 5 个基准点，这 5 个点的连线即为动车的纵向抛线。测取基准点的工装工具精度要求高，各基准点之间误差范围为 ±5 mm。基准点定位完成后，需要对基准点进行防护，以免基准点受到外力产生误差。

T 形滑块布置分为车体滑块和地板滑块两部分，车内设备件安装，滑块在安装前根据图纸对各个部位所使用的滑块单独进行标记，然后依次穿入车体 C 形槽内。注意根据图纸对型槽内的滑块安装位置重新确认，如出现位置错误的应及时改正。地板滑块安装时以车体中心基准点为基准，向两端依次安装滑块。

2. 内装部位组装

内装部位包括防寒材料、侧墙、地板、中/平顶板等组装工序。内装设计的现代化和高档化也是高速列车车内设计水平现代化的一个标志。CRH 动车组在内装材料的选用方面体现出了多样化和先进高科技含量的特点，内装材料及内装件主要可以分为 GRE（玻璃钢）制件和木制件。

内装部位组装

3. 车内设备件组装

动车组内设备件包括车窗、端门、客室拉门、行李架、座椅、塞拉门罩板、厨房、茶桌、各类电器柜体及外部间壁、乘务员室等。全车采用旋转座椅，厨房内配有冰箱、微波炉、烤箱等设备，一等座车顶板中央沿车体长度方向均匀布置有 4 个 10 英寸液晶显示器，座椅的扶手上安装有视听模块，包括耳机插孔、频道和音量调节等，不同的动车车型车内设备件结构外形均有所不同。主要部件组装工艺如下：

车内设备件组装工艺

车窗安装→端门和塞拉门安装→行李架和座椅安装

4. 空气调节系统和卫生间安装

动车组供风设备分为客室空气调节系统和司机室空气调节系统，在中间车中，压缩空气调节装置安装在车的一位端处。在EC01/EC08车中,压缩空气调节装置则安装在二位车端处。

客室空调安装工艺如下:

施工前准备→前期准备工作→吊装空调机组→调整并安装空调机组→施加扭矩并检查机组两端密封性→安装空调导流罩→恢复安装空调侧罩→连接空调地线→黏接吸声材料→填写检查记录并清理现场。

空气调节系统和卫生间安装

4.1.4 司机室设备组装

动车组司机室是司机获取信息、做出决策并对有关系统进行指令控制、驾驶列车完成各种任务的工作场所。随着现代电子技术的飞速发展,电子设备被更多地应用于高速动车司机室内,使人机之间信息交流量急剧增加。因此,司机室内显示器和控制器增多。这给驾驶操纵台以至整个驾驶舱设备布局带来了很多困难,并且使司机的工作负荷越来越大。因此,高速动车组司机室合理布局以及人性化设计对于保障人机效能的充分发挥和列车行驶安全至关重要。图4.1为司机室内的布置。

图4.1 司机室布置

司机室包含以下功能模块及部位:司机室操作台及电器柜、司机室内饰件、司机座椅、空气控制元件、司机室空调和百叶窗等。

1. 司机室操纵台及电气柜

1) 司机室操纵台安装

司机操纵台位于司机正前方,它包括通常使用的控制和指示元件。司机室操纵台是整体安装的,电气元件及连线均已经安装。司机操纵台安装流程为,支撑座安装→司机桌安装。

安装司机桌的左右控制台,按照图纸要求增加调整垫。用水平尺对支撑座进行测量并用调整垫进行调整,然后对螺栓进行紧固。

用小车将司机室桌运至工作区域。将司机室操纵台平放在左右支撑座上面。将司机桌上面的孔对准,使用螺栓及垫片将其紧固,安装完成后对相应的电气部件进行防护。

2) 司机室电器柜安装

电器柜的安装顺序为,钻孔→调整紧固件→调整并固定电器柜。

根据尺寸要求，安装钻孔工装，在地板上对位置进行标记，按标记在地板上钻孔。使用橡胶金属减振器的工装来安装车体支架上面的紧固件，安装的时候避免工装受力。用小车将电器柜搬运至司机室内，在地板出线口附近放置3块木板，将柜子放置在木板上，电工进行分线，将地线的另一端与柜子相连接。

3）操纵台及电器柜面板的安装

面板连接司机室的设备区和客室，取决于不同的安装和需求，可作为柜门、衬板或者是遮盖元件。

2. 司机室内饰件

司机室内饰件中包含司机室侧墙板、司机室遮阳板及司机室后墙。

1）司机室侧墙板安装

司机室侧墙板的安装流程：侧墙罩板→活动窗罩板→风挡玻璃底部罩板→风挡玻璃顶部罩板→司机室后墙罩板→屏风安装→密封处理等。具体安装过程如下：

（1）利用车体自身的安装基准，使用测量工具标记紧固件的安装位置。在标记好的位置安装连接件，使用电钻进行钻孔，用拉铆枪将连接件固定在车体上，按要求将其余连接件与固定好的连接件连接。

（2）根据事先安装好的支架位置将侧墙罩板安放到位并将安装孔对正。如果侧墙板前后无法调整则可以对侧窗把手处进行修整，完成后对新断面进行处理。安装时要保证侧墙罩板边缘与活动外窗打开时的间隙。

（3）连接侧墙窗口下面的排水管，连接前先要用清洁剂对管的周边进行擦拭，一方面起到清洁的作用，另一方面起到润滑的作用。在安装的时候一定要将排水管安装到排水口的顶部，防止脱落。排水管的长度不能过长，不能有死弯，避免排水不顺畅。排水管过长可以用刀将排水管截短，保证切口处平齐。

（4）将玻璃钢罩板举放到安装位置，调整好相对位置后将其粘贴到侧墙上，注意周边缝隙要保持均匀一致；同时要注意窗户上的空气管道与侧墙罩板上空气管道的对齐。

（5）按照图纸要求位置，安装手柄覆盖物。

（6）进行预安装，确保覆盖物与玻璃的间隙均匀。将覆盖物运至车下，对其边缘进行修正，保证与玻璃之间的间隙均匀，安装玻璃钢覆盖物。

（7）罩板的缝隙在最后安装之前，底部罩板与侧墙罩板的风口连接处需要自制一段130 mm长的软风道。

（8）安装顶部罩板的时候一定要保证罩板背部的4个夹子同时插入到司机室侧墙罩板上，防止有夹子未插入将侧墙罩板划伤。

（9）安装玻璃钢墙板组成时，要保证其与侧墙罩板，缝隙目测均匀。保证后墙罩板的边缘与司机室后墙的间隙，如果与司机室后墙的间隙过小的话，可以先在车上样装画线，再用工具进行切割。

（10）安装后墙罩板，两块罩板间的缝隙要求均匀，达不到要求可以对中间的罩板进行切割，切割之后对断面进行喷涂。

（11）在司机室罩板组成，司机室后墙以及电器柜安装完成后，需对司机室后墙与罩板，电气柜封盖板与侧墙板等间隙进行打胶，保证密封性。

2）司机室遮阳板安装

司机室遮阳板可防止太阳光直接从顶部射入司机室。主要的固定点有3处：前端两侧的两点及后面中间的一点。前端两侧的固定点先是安装码固定在横梁上，再由旋转装置进行连接，保证遮阳板可以打开。上部中间的固定装置使四角锁通过旋转搭接在车体的U形码座上，两者之间还用保险绳进行连接，防止机械连接失效时危及人身安全。

3）司机室后墙安装

司机室后墙是将司机室与外界隔离。其安装流程如下：

（1）门组成安装。
（2）玻璃面板安装。
（3）地线及门挡安装。

先安装的上部横梁，与车体的两个固定码进行连接，可以通过连接螺栓调整高度。将门槛组成固定在铝合金地板安装座上，将门的左右门柱与上部横梁及门槛组成连接在一起，并调整左右门柱的垂直度，保证门安装后与门柱的间隙均匀。调整固定在左右电气柜上的U形安装槽，并根据门柱位置调整其纵向位置，安装玻璃隔断，玻璃隔断与上部横梁间增加毛毡，避免玻璃隔断与横梁直接接触造成损坏。

3. 司机室内设备安装

司机室内的设备有遮阳帘、司机室空调及空气控制元件、司机座椅等。

1）空气控制元件安装

空气管路及控制阀用于控制制动系统及雨刷系统回路。雨刷系统的安装流程：

（1）雨刷设备车下预装。
（2）车上安装。
（3）水箱管路铺设。
（4）雨刷臂安装。
（5）防护。

司机室空气压缩装置安装的流程：

（1）司机室制动阀。
（2）NB-11预装。
（3）电磁阀WMV。
（4）制动装置总装。
（5）NB-11管路安装。
（6）NB-11支架安装。
（7）管系安装。
（8）管端防护管安装。

2）遮阳帘安装

前挡风玻璃的上部分配有电动式遮阳帘，该窗帘可以通过司机座位上方基架处的开关进行调节。当动车组中的司机室无人驾驶时，必须将遮阳帘关闭。有人驾驶时则必须将其打开。

遮阳帘是安装在木骨上的，主要的安装工作是，遮阳帘的支座与木骨的连接以及通电测试遮阳帘的功能。使用遮阳帘钻孔模板在木骨上进行位置标记并打孔，安装螺套，用螺栓将遮阳帘固定。通电并打开遮阳帘，遮阳帘两臂同时打开并速度均匀，展开后不与其他安装部件干涉。

3）司机室空调安装

司机室空调的设计为分体式空调，空调压缩机置于车下，空调单元置于司机室上部，两个单元通过冷凝管相连。

新鲜空气是通过主空调系统的混合气体箱供应，并且完全独立于客室的新风和回风供应。新鲜空气通过客室主风道附件的单独风道供给到司机室的空调。然后新鲜空气同司机室（天花板上的格栅）的返回空气混合，根据温度设置进行空气调节，然后通过不同位置的风道吹入室内（地板区、前窗、司机控制台上的可调节喷嘴、天花板）。

4）司机座椅安装

司机座椅在安装分为两个部分，一部分为工具箱，另一部分为工具箱以上部分。工具箱中一个室用来储放工具，另一个室中存放应急梯，两个室中均有可锁定的盖罩。

安装时先对地板上的孔进行处理，使其与车下孔对齐，在地板的通孔中放置套筒，将工具箱用螺栓与车体安装座固定，将另一室整体放置在工具箱上并用螺栓连接紧固。

4.1.5　车顶设备组装

车顶设备包括车顶设备罩、膨胀油箱、车顶高压设备、车顶天线、MUB 电阻、MUB 设备罩等组件，分布在不同车型的一侧顶部。

车顶设备组装

4.2　车辆落成及编组

动车组机械部分安装完成后，将要进行落车及交验。主要有称重和轴重、轮重检验以及静态压力公差的测验，受电性能检测。车辆重量、轴重，必须满足轮重允差 ±4%，定员轴重小于 14 t，静态压力公差（70 ±10）N 的性能指标才能满足落车要求。动车、拖车应进行试运行，检验前允许对悬挂装置进行必要的调整，缓解制动。

4.2.1　落成及试验技术要求

1. 落成安装技术要求

1）牵引中心销安装

（1）车体底架上的牵引中心销安装面应平整，平面度不超过 0.5 mm，中心销向车体安装前，检查安装面及周边，不得存在锐棱和毛刺。

（2）中心销安装面及定位凸台表面应涂装铬酸锌涂料，防止电化学腐蚀。

（3）中心销安装时，应注意方向，使中心销底部的拉杆安装面指向车体中心线方向（内端）。

2）抗蛇行减振器座（车体侧）安装

（1）车体底架上的抗蛇行减振器座安装面应平整，平面度不超过 0.5 mm，安装前，检查抗蛇行减振器安装面及周边，不得存在锐棱和毛刺，满足不低于 $C2$ 的倒角。

（2）抗蛇行减振器座（车体侧）安装面应按规定涂铬酸锌涂料，防止电化学腐蚀。

（3）抗蛇行减振器座安装时，应注意方向，使底部的减振器安装面指向车体外端方向（外端）。

3）空气弹簧安装

清理空气弹簧表面杂物，确认 O 形密封圈的正常。调整空气弹簧上进气口与车体锥孔的位置，使车体缓慢地落在空气弹簧上。

4）牵引拉杆组装

牵引拉杆的一端预先安装在转向架上，另一端安装在车体中心牵引销的拉杆安装孔上，待高度调整完成后进行最终的紧固螺栓和防松。

5）减振器安装

车辆落车后，安装横向减振器和抗蛇行减振器。为防止减振器的安装方向错误，减振器采取了防误操作设计，只有方向正确时，减振器才可以顺利安装。

6）横向间隙调整

车辆落车后，检查构架上横向缓冲档与中心牵引销两侧面的横向间隙，应满足单侧 20_{0}^{+2} mm 的要求，可通过调整垫进行调整，符合要求后紧固安装螺栓并防松。

7）电气连接

车辆落车后，连接转向架与车体间的各电气连接，包括温度传感器线缆、牵引电机线缆和速度传感器线缆等，并按规定的线卡固定指示进行线缆的固定。

2. 车辆落成试验技术要求

1）整车气密试验

落车前须做整车气密试验：气压从 4 kPa 降至 1 kPa 用时不小于 40 s。

2）空气弹簧充气状态下的测量

车辆落成后，车辆在空气弹簧充气状态下须符合：

（1）用 900 kPa 压力空气给空气弹簧充气，空气弹簧上支撑面与构架横梁堵板上的空气弹簧的高度满足 $(300+t)_{-3}^{+6}$ mm（t 为调整垫板厚度），同一转向架空气弹簧高度差不大于 3 mm。

（2）横向间隙调整：检查构架上横向缓冲档与中心牵引销两侧面的横向间隙，应满足单侧 20_{0}^{+2} mm 的要求，可通过调整垫进行调整。

(3)空气弹簧充气保压试验,保压 10 min 高度差变化不大于 3 mm。合格后,在调节杆上部杆身处与标志杆上涂 10 mm 宽的白色油漆带。

(4)单车静止称重时同一轮对两轮的轮重差不大于 4%。

(5)车辆落成后,调整车钩高度;车钩高度的尺寸可以通过空气弹簧下支承面添加或减少调整垫来进行调整,调整垫最大总厚度不大于 30 mm。中间车的车钩高度为 $1\,000^{+10}_{-15}$ mm,同一辆车 1、2 位端车钩的高度差在 20 mm 以内;两头车的车钩高度为($1\,000 \pm 5$)mm;车钩上翘量或下垂量不大于 5 mm。

(6)空车时测量转向架定位转臂上弹簧安装面与构架基准面的高度为 88^{+3}_{0} mm,加垫厚度不超过 21 mm,同一转向架之差不大于 2 mm。

(7)中心销安装零部件与转向架构架安装零部件的间距不小于 48 mm。

(8)车体底架安装零部件与转向架安装零部件的间距:转向架横梁内不小于 53 mm,转向架横梁外不小于 68 mm。

(9)车体底架安装零部件与轮缘顶面的间距不小于 83 mm。

(10)车体底架安装零部件与转向架轴箱弹簧帽上面的间距不小于 120 mm。

(11)前头排障装置排障橡胶距轨面高度为(20 ± 5)mm。

(12)转向架排障装置排障橡胶距轨面高度为($5 \sim 7$)mm。

(13)过分相位置检测天线下表面至轨面的高度 110^{+20}_{0} mm,中心位置距同侧钢轨中心(300 ± 20)mm。

4.2.2 车辆落成工艺

车辆落成工艺流程:抬车→中心销检查→横向减振器、主电动机用伸缩管及高度调整杆车体侧安装→落车→安装抗蛇行减振器座及抗蛇行减振器→牵引拉杆车体侧安装→横向减振器、调整棒组成及主电动机用伸缩管转向架侧安装→管路及连接器连接→充风及空簧高度调整。

1. 抬 车

将车抬高到车体抗蛇行减振器座安装面距地面约 2 600 mm,推出架车支撑,将车缓慢落下至车体抗蛇行减振器座,安装面距地面约 1 600 mm。

2. 中心销组成检查

检查防松铁(钢)丝是否松动、断开,如有松动、断开时,应重新紧固螺栓,并绑上防松铁(钢)丝,螺栓及铁丝找补油漆,涂打防松标记。

3. 横向减振器、主电动机用伸缩管及高度调整杆车体侧安装

(1)横向减振器安装。用螺栓、垫圈将横向减振器一端装于中心销组成上,紧固后涂打防松标记。

（2）主电动机用伸缩管安装。用螺栓、垫圈及螺母将伸缩管及隔板固定在牵引电机风道上，紧固后涂打防松标记。

（3）高度控制阀杠杆及调整棒组成安装。先安装杠杆，用螺栓、螺母等将杠杆固定在高度控制阀上，然后安装调整棒，用螺母、垫圈及开口销将调节杆连接到杠杆及调整棒托架上。

4. 落 车

将转向架推入到车体下方，检查车上大部件安装齐全，清理空气弹簧表面杂物，保证空气弹簧的铭牌朝向转向架外侧方向，并在定位销上涂润滑油，整车落成时应缓慢。通过横向、纵向两方面的调整，使车体中心与转向架中心一致。车体落下时，调整空气弹簧上进气口与车体锥孔的位置，在落上空气弹簧之前确认O形密封圈正常，使车体缓慢地落在空气弹簧上。

5. 安装抗蛇行减振器座及抗蛇行减振器

（1）抗蛇行减振器座安装。用螺栓、垫圈将抗蛇行减振器座固定在车体上，紧固后绑防松铁（钢）丝，螺栓及铁丝涂油漆，涂打防松标记。

（2）抗蛇行减振器安装。用螺栓、垫圈、螺母与转向架侧安装座连接，紧固后绑防松铁（钢）丝，螺栓及铁丝涂油漆，涂打防松标记。

6. 牵引拉杆车体侧安装

调整牵引拉杆与中心销，用螺栓、垫圈紧固，螺栓表面涂抹二硫化钼；绑防松铁（钢）丝，螺栓及铁丝涂油漆，涂打防松标记。

7. 横向减振器、调整棒组成、主电动机用伸缩管转向架侧安装

（1）横向减振器安装。用螺栓、垫圈将横向减振器一端固定在转向架上，螺栓螺纹表面涂抹二硫化钼，紧固后涂打防松标记。

（2）调整棒组成安装。用螺母、垫圈将调整杆连接到调整杆安装托架上。

（3）主电动机用伸缩管安装。调节扎带长度将伸缩管与预先固定的牵引电机下连接板连接固定好。

8. 管路及各连接器连接

车辆落车后，连接转向架与车体间的各电气及空气管路（温度传感器线缆、牵引电机线缆、速度传感器线缆、电控阀及空气管路等）。

4.2.3 车辆编组

CRH_{2A}型动车组采用动力分散型交流驱动方式，运用速度为200 km/h，可在中国铁路既有线路（指定区间）运行。动车组以E2-1000系列EMU为原型车，对其进行必要的设计优化，以4辆动车和4辆拖车共8辆车构成一个基本编组，编组配置为T1c-M2-M1-T2-

T1k-M2-M1s-T2c，如图 4.2 所示。另外，两列动车组可联挂运行。各车辆的主要设备见表 4.1。

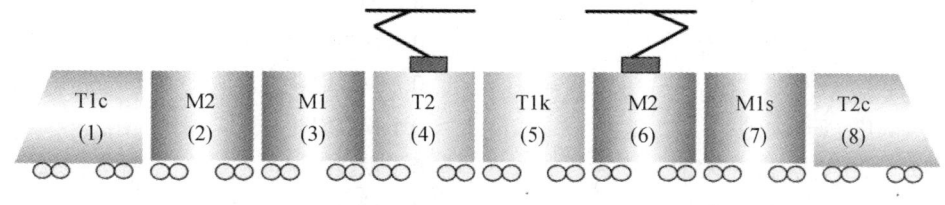

图 4.2　CRH₂型动车组编组

表 4.1　CRH₂ₐ型动车组各车辆的主要设备配置

车号	形式	座席	主要设备	其他
1	T1c	55	二等车、驾驶室、坐式厕所、盥洗室、小便间	禁烟车厢
2	M2	100	二等车、饮水器	禁烟车厢
3	M1	85	二等车、备品室，坐式厕所、盥洗室、小便间	禁烟车厢
4	T2	100	二等车、饮水器	带受电弓 禁烟车厢
5	T1k	55	二等车、酒吧餐饮区、坐式厕所、盥洗室、小便间	禁烟车厢
6	M2	100	二等车、饮水器	带受电弓
7	M1s	51	一等车、多功能室、乘务员室、坐式厕所、盥洗室、小便间、备品室	可乘坐轮椅 禁烟车辆
8	T2c	64	二等车、驾驶室、饮水器	可乘坐轮椅 禁烟车辆
合计		610		

4.3　动车组调试

新造、检修总组装后的动车组，在正式投入运用之前应进行调试，检查组装后的动车组是否满足技术要求，并通过试验，调整动车组各项参数，以确保动车组组装正确、动作可靠、运行安全，并获得规定的性能。

调试分静态调试和动态调试。静态调试在静调线上进行，静调线上面有接触网，线面有地沟，还有登车顶的梯子，检查作业方便。动态调试在厂内试车线上进行。

4.3.1　绝缘耐压试验

1. 绝缘检测

KE206-KE206 连接良好，KE206-1B（高层地板）连接良好；救援用连接器 CN1-2-TACN、大型端子台、驾驶室 GS 盘之间连接良好。绝缘试验 KE206—大地 0.1 MΩ以上。

绝缘测定标准：
(1) 配电盘 GS 最低值　　　　　　　0.2 MΩ以上
(2) 接地线（2500A）—大地　　　　0.2 MΩ以上
(3) 三次线间（704～754）　　　　　0.2 MΩ以上
(4) 主电路—大地　　　　　　　　　0.2 MΩ以上
(5) 三次电路—大地　　　　　　　　0.1 MΩ以上
(6) DC 100 V 电路—大地　　　　　　0.1 MΩ以上
(7) AC 100 V 电路—大地　　　　　　0.1 MΩ以上
(8) 主电路—三次电路　　　　　　　0.2 MΩ以上
(9) 主电路—DC 100 V 电路　　　　　0.2 MΩ以上
(10) 主电路—AC 100 V 电路　　　　 0.2 MΩ以上
(11) 三次电路—DC 100 V 电路　　　 0.1 MΩ以上
(12) 三次电路—AC 100 V 电路　　　 0.1 MΩ以上
(13) DC 100 V 电路—AC 100 V 电路　 0.1 MΩ以上

2. 耐压试验

安装 KE 断路器，对以下各线路施加 1 min 相应幅值的交流电压，检查其耐受程度。
(1) 主电路　　　　　　　　　　　　3 500 V
(2) 三次电路　　　　　　　　　　　1 000 V
(3) AC 100 V 电路　　　　　　　　　1 000 V
(4) DC 100 V 电路（灯电路除外）　　1 000 V

3. 特高压耐压试验（特高压回路—大地间）

使用设备：特高压耐压试验器、1 000 V 兆欧表。

(1) 耐压前的绝缘测定：利用 1 000 V 兆欧测定受电弓导体与保护接地开关接地线之间的绝缘值不低于 25 MΩ。

(2) 特高耐压：特高压回路施加 42 kV/7 min 高压，特高压回路无击穿、闪络现象。

(3) 助耐压后的绝缘测定：特高压回路放电后再次进行绝缘测定，绝缘值不低于 25 MΩ。

4.3.2　调　试

动车组调试顺序如下：通电前的检查→通电前的测定→加压功能试验→司机台指令线→控制→ATP→LKJ→自动过分相检测→监视器→空调→关门→车下辅助回路→乘客室辅助回路→司机室辅助回路→应急灯切换→测量→分并→救援→贯通线→启动→制动准备→带侧孔截断塞门的作用确认→压力表测定→运行状况中的漏气试验→空气压缩机的实验→气压开关确认→压力调整的确定→刮雨器试验→汽笛试验→侧门试验→空气管开闭器试验→给水试验→空压机充气试验→制动试验测定准备→BCU 参数设定→测定要领→BC 测定（空车）→BC 测定（定员）→BC 测定（实际车辆）→紧急制动试验→空气弹簧补偿试验→辅助制动试验

→速度检测试验→滑行动作试验→司机室动作试验→救援试验→实验结束整备→编组试验项目→动调。

动车组调试

4.4 动车组试运行

动车组静、动试验合格后,应进行动车组试运转,以验证试验时整定的各项参数及动车组各项性能是否达标,保证动车组正式使用时的可靠性。试运转条件应基本符合实际运用时的条件。试运转里程应按有关规定执行。

4.4.1 启动试验

设定制动手柄为 7 级,空挡开关为平常状态,换向器为"前进",牵引运行为"1 挡"时,打开启动试验开关。K 接通 MM 电流约 340 A(参考值),直流电压约 2 600 V(参考值)。

设定制动手柄为 7 级,空挡开关为平常状态,换向器为"后退",牵引运行为"1 挡"时,打开启动试验开关。K 接通 MM 电流约 340 A(参考值),直流电压约 2 600 V(参考值)。

4.4.2 牵引性能试验

选取 3~4 km 平直道(隧道区段外)为试验段。从停车状态设定为牵引 10 挡,以该状态加速到最高速度附近。确认下列项目为良好(通过监视器装置确认)。

(1)平坦状态下的启动加速度约为 0.406 m/s^2。

(2)启动时的 MM 电流在各 CI 装置为 700~750 A(随着速度的上升,MM 电流将减少。记录在速度 5~30 km/h 附近的电流平均值)。

(3)无 CI 故障/保护动作。

(4)没有颠簸振动等异常情况,平稳加速。

(5)电机、主电路、转向架没有异常噪声、异常振动。

(6)通过监视器确认是否有空转(频繁发生空转时,重新试验)。

4.4.3 制动性能试验

1. 常用制动性能试验

选取 3~4 km 平直道(隧道区段外)为试验段,整列车进入平直道后以 200 km/h 的速度实施常用制动,直至停车。从最高速度附近设定为制动 7 级,以该状态减速直到停车为止。确认下列项目为良好(通过监视器确认)。

(1)在各速度范围的减速度如下(计算并记录减速度):

200 km/h→0 km/h,平均约 0.595 m/s^2。

118 km/h→0 km/h,平均约 0.640 m/s^2。

70 km/h→0 km/h,平均约 0.747 m/s^2。

（2）再生制动动作，MM 电流输出，电流和电压反馈值与设定值相当。另外，BC 压变小。

① MM 电流约 680 A，速度 70 km/h（参考值）。

② 直流电压约 3 000 V（参考值）。

③ 无制动装置故障/异常的情况。另外，无 CI 故障/保护动作。

④ 电机、主电路、转向架没有异常噪声、异常振动。

⑤ 通过监视器确认是否有滑行（频繁发生滑行时，重新试验）。

2. 常用制动性能试验（电气制动切断）

选取 3~4 km 平直道（隧道区段外）为试验段，整列车进入平直道后以 200 km/h 的速度实施常用制动，直至停车。设定电气制动切断开关为"ON"，从最高速度附近设定为制动 7 级，以该状态减速到停车为止。确认下列项目为良好（通过监视器装置确认）。

（1）在各速度范围的减速度如下（计算并记录减速度）：

200 km/h→0 km/h，平均约 0.596 m/s^2。

118 km/h→0 km/h，平均约 0.640 m/s^2。

70 km/h→0 km/h，平均约 0.747 m/s^2。

（2）只有空气制动动作，再生制动不动作。

（3）无制动装置故障/异常的情况。

（4）转向架没有异常噪声、异常振动。

（5）通过监视器确认是否有滑行（频繁发生滑行时，重新试验）。

3. 快速制动性能试验

选取 3~4 km 平直道（隧道区段外）为试验段，整列车进入平直道后以 200 km/h 及 160 km/h 的速度实施快速制动，直至停车。从最高速度附近设定为快速制动，以该状态减速到停车为止。确认下列项目为良好（通过监视器装置确认）。

（1）在各速度范围的减速度如下（计算并记录减速度）：

200 km/h→0 km/h，平均约 0.895 m/s^2。

118 km/h→0 km/h，平均约 0.961 m/s^2。

70 km/h→0 km/h，平均约 1.122 m/s^2。

（2）制动距离如下：

制动初速度为 200 km/h 时制动距离不大于 2 000 m。

制动初速度为 160 km/h 时制动距离不大于 1 400 m。

（3）再生制动动作，MM 电流输出，电流和电压反馈值与设定值相当。另外，BC 压变小。

① MM 电流约 680 A，速度 70 km/h（参考值）。

② 直流电压约 3 000 V（参考值）。

③ 无制动装置故障/异常的情况。另外，无 CI 故障/保护动作。

④ 电机、主电路、转向架没有异常噪声、异常振动。

⑤ 通过监视器确认是否有滑行（频繁发生滑行时，重新试验）。

4.4.4 定速运行试验

在速度 200 km/h 以及 40 km/h 时实施定速运行，速度基本上保持一定（在牵引运行 2 挡以上操作定速开关，通过监视器画面确认 CI 动作）。

4.4.5 自动过分相装置功能试验

（1）升前弓以 60 km/h 速度往返通过分相区，确认自动过分相功能正常。
（2）升后弓以 60 km/h 速度往返通过分相区，确认自动过分相功能正常。

4.4.6 耐雪制动试验

运行速度 120 km/h，设定耐雪制动为"ON"，进行 B1 制动，耐雪制动无效，降速至 110 km/h，制动手柄置于运行位后，再将手柄置于 B5 制动 2 s，然后实行 B1 制动，此时耐雪制动动作[观察 M 车的制动 BC 压：（60±20）kPa）]。

4.4.7 速度表试验

运行中 ATP 装置速度表与监视器装置的速度显示没有差别（定速控制走行时的速度表的显示差在 2 km/h 以内）。

4.4.8 连挂摘挂试验

1. 连　挂

根据通常的连挂程序将试验编组与其他编组进行连挂。确认连挂动作没有异常。
摘挂连挂试验所使用的其他编组应已完成本大纲所规定的单编组的试运行。

2. 连挂静态试验

在静态状态下确认如下功能是否正常。在 1 号车和 16 号车确认如下功能：
（1）监控装置传送状态。监控装置的传送状态画面上确认传送状态是否良好。
（2）车内广播功能/联络功能。在试验编组播送并确认播到另一个编组。两列车的通信联络工作正常。
（3）车门开闭操作。在试验编组操作 1 位侧和 2 位侧的车门开关并确认其动作正常。
（4）VCB 操作/受电弓操作。在试验编组操作 VCB 关/开，并确认其动作正常。在试验编组操作受电弓升/降，并确认其动作正常。

3. 连挂走行试验

通过试验编组的司机台操作，进行速度 10 km/h 左右的低速走行并确认如下事项：

（1）牵引控制（在显示画面确认各车辆的电机电流）。
（2）制动控制（在显示画面确认各车辆的 BC 压力）。
（3）没有列车分离等异常状况出现。

4. 摘　挂

根据通常的摘挂程序将试验编组与其他编组进行摘挂。确认摘挂动作没有异常。

5. 受电弓连锁功能试验

两编组在连挂相近侧的两个受电弓（前编组的后弓和后编组的前弓）升弓状态下进行连挂，并确认连挂后不能牵引。

4.4.9　行车试验后的确认

行车试验结束后，确认下述项目：
（1）车轮、轴箱、制动装置、牵引电机没有异常情况。
（2）没有空气、水、油的漏泄。
（3）受电弓没有异常情况。

4.5　CRH_5 型动车组车辆落成、编组与试验

4.5.1　车辆落成与编组

1. 整车气密性试验

五级修落成前须做整车气密试验：气压从 3 kPa 降至 1.1 kPa 用时不小于 18 s。

2. 车辆落成参数

车辆落成后须符合以下参数要求，不符合要求时允许加垫调整。下文中 $W_s=(D-D_s)/2$（W_s 为单边磨耗量；D 为新车轮直径，即 890 mm；D_s 为旋修后车轮直径），单个转向架的 W_s 值为其 4 个轮对 W_s 值的平均值。

（1）车钩中心高度技术要求见表 4.2 和表 4.3。

表 4.2　空气弹簧未充气状态下车钩中心的高度（T_s）　　　单位：mm

检测位置	空气弹簧未充气状态下车钩中心的高度（T_s）
Mc1、Mc2 车一位端	$(958-W_s) \sim (979-W_s)$
Mc1、Mc2 车二位端	$(884-W_s) \sim (906-W_s)$
M2s、Mh 车一位端	$(888-W_s) \sim (909-W_s)$
M2s、Mh 车二位端	$(888-W_s) \sim (908-W_s)$
Tp、Tpb 车一位端	$(887-W_s) \sim (907-W_s)$
Tp、Tpb 车二位端	$(883-W_s) \sim (905-W_s)$

续表

检测位置	空气弹簧未充气状态下车钩中心的高度（T_s）
M2 车一位端	（887−W_s）～（907−W_s）
M2 车二位端	（886−W_s）～（906−W_s）
T2 车一位端	（897−W_s）～（917−W_s）
T2 车二位端	（900−W_s）～（920−W_s）

表 4.3　空气弹簧充气状态下车钩中心的高度（T_g）　　　单位：mm

检测位置	空气弹簧充气状态下车钩中心的高度（T_g）
Mc1、Mc2 车一位端	（1019−W_s）～（1031−W_s）
Mc1、Mc2 车二位端	（944−W_s）～（956−W_s）
M2s、Mh 车一位端	（944−W_s）～（956−W_s）
M2s、Mh 车二位端	（944−W_s）～（956−W_s）
Tp、Tpb 车一位端	（944−W_s）～（956−W_s）
Tp、Tpb 车二位端	（944−W_s）～（956−W_s）
M2 车一位端	（944−W_s）～（956−W_s）
M2 车二位端	（944−W_s）～（956−W_s）
T2 车一位端	（944−W_s）～（956−W_s）
T2 车二位端	（944−W_s）～（956−W_s）

（2）转向架四角高的高度见表 4.4。

表 4.4　转向架四角高的高度（H）　　　单位：mm

检测位置	转向架四角高的高度（H）
Mc1、Mc2 车一位端	（617−W_s）～（628−W_s）
Mc1、Mc2 车二位端	（618−W_s）～（629−W_s）
M2s、Mh 车一位端	（620−W_s）～（630−W_s）
M2s、Mh 车二位端	（620−W_s）～（630−W_s）
Tp、Tpb 车一位端	（619−W_s）～（629−W_s）
Tp、Tpb 车二位端	（617−W_s）～（628−W_s）
M2 车一位端	（620−W_s）～（630−W_s）
M2 车二位端	（619−W_s）～（629−W_s）
T2 车一位端	（620−W_s）～（630−W_s）
T2 车二位端	（621−W_s）～（631−W_s）

（3）枕梁上面距轨面的高度：同一转向架的一二位侧的高度差不大于10 mm。加垫调整时，每处最大加垫量为8 mm。具体数值见表4.5和表4.6。

表4.5 空气弹簧未充气状态下枕梁上面距轨面的高度（U_s）　　　单位：mm

检测位置	空气弹簧未充气状态下枕梁上面距轨面的高度（U_s）
Mc1、Mc2 车一位端	（918 − W_s）～（939 − W_s）
Mc1、Mc2 车二位端	（919 − W_s）～（941 − W_s）
M2s、MH 车一位端	（923 − W_s）～（944 − W_s）
M2s、MH 车二位端	（923 − W_s）～（943 − W_s）
Tp、Tpb 车一位端	（922 − W_s）～（942 − W_s）
Tp、Tpb 车二位端	（918 − W_s）～（940 − W_s）
M2 车一位端	（922 − W_s）～（942 − W_s）
M2 车二位端	（921 − W_s）～（941 − W_s）
T2 车一位端	（932 − W_s）～（952 − W_s）
T2 车二位端	（935 − W_s）～（955 − W_s）

表4.6 空气弹簧充气状态下枕梁上面距轨面的高度（U_g）　　　单位：mm

检测位置	空气弹簧充气状态下枕梁上面距轨面的高度（U_g）
Mc1、Mc2 车一位端	（981 − W_s）～（997 − W_s）
Mc1、Mc2 车二位端	（982 − W_s）～（997 − W_s）
M2s、Mh 车一位端	（983 − W_s）～（999 − W_s）
M2s、Mh 车二位端	（983 − W_s）～（998 − W_s）
Tp、Tpb 车一位端	（983 − W_s）～（998 − W_s）
Tp、Tpb 车二位端	（981 − W_s）～（997 − W_s）
M2 车一位端	（983 − W_s）～（998 − W_s）
M2 车二位端	（982 − W_s）～（997 − W_s）
T2 车一位端	（983 − W_s）～（998 − W_s）
T2 车二位端	（984 − W_s）～（999 − W_s）

（4）空气弹簧高度：空气弹簧充气状态下的高度（Atg）均为 355～365 mm。未充气状态下的高度见表4.7。

表4.7 空气弹簧未充气状态下的高度（Ats） 单位：mm

检测位置	空气弹簧充气状态下的高度（Ats）
Mc1、Mc2 车一位端	293～308
Mc1、Mc2 车二位端	294～308
M2s、Mh 车一位端	296～310
M2s、Mh 车二位端	295～310
Tp、Tpb 车一位端	295～309
Tp、Tpb 车二位端	293～308
M2 车一位端	295～309
M2 车二位端	295～309
T2 车一位端	305～319
T2 车二位端	307～321

（5）牵引销中心与转向架中心的偏移量（M）各车均不大于 7 mm。

（6）动车牵引电机倾斜角度为 1.5°，底部规定位置的高度为（$278-W_s$）～（$288-W_s$）mm。

（7）头车的排障器底面距轨面高度为（$175-W_s$）～（$195-W_s$）mm。

（8）CTCS2-200C 型列控设备 天线系统的左右频移键控天线(FSK)传感器距轨面高度为 160.0～170.0 mm。

CTCS2-200 H 型列控设备 天线系统的左右频移键控天线(FSK)传感器距轨面高度为 130.0～140.0 mm。

（9）车号传输装置的底面距轨面的高度为 295.0～305.0 mm。

（10）扫石器橡胶排障板底面距轨面的安装高度为 15_0^{+3} mm。

（11）称重试验：整列通过式检测时，同一轮对两轮的轮重差不大于 8%；单辆静态或整列步进式单辆静态方式检测时，同一轮对两轮的轮重差不大于 4%。

（12）转向架撒砂喷嘴距离轨面高度为 80_0^{+10} mm；车体撒砂喷嘴距轨面高度为 80_0^{+2} mm。

（13）自动过分相感应接收器底面中心位置距离钢轨面高度为 110_0^{+10} mm。

（14）轮缘润滑喷嘴与轮缘的距离为（25±2）mm。

（15）CTCS2-200C 型列控设备 应答器天线距轨面高度为 190.0～210.0 mm。

CTCS2-200 H 型列控设备 应答器天线距轨面高度为 204.0～230.0 mm。

3. 动车组编组

动车组解编时仍按原动车组的顺序进行编组，即

Mc2-M2s-Tp-M2-T2-Tpb-Mh-Mc1（仅适用于 CRH_{5A}）。

Mc01-M02-Tp03-Mh04-Tb05-Tp06-M07-Mc08（仅适用于 CRH_{5G}）。

4.5.2 油漆与标记

1. 油　漆

1) 三级修

车体外表面油漆破损露出底漆处补漆；未露出底漆、面积大于 400 mm² 时补漆，重新喷涂区域与原车体色调一致。

2) 四/五级修

动车组车体侧墙外表面重新喷涂，铸铝横梁侧部外露表面和通过台下部裙板端部外露面进行刷涂。

2. 标　记

1) 三/四级修

（1）车外各部位标记齐全、清晰。

（2）每辆车检修完成后须在车端部定检标记框内粘贴相应的检修标记。检修标记内容：检修级别、检修年月、检修单位。中文采用黑体字体，数字采用 Helvetica，颜色为黑色。例如，长客股份于 2009 年 12 月份完成三级检修，则标记为"三级""2009.12""长客"，如图 4.3 所示。

修程	检修日期	检修段、厂
五级	2017.06	长客
三级	2014.12	长客
四级	2011.06	长客
三级	2009.12	长客

图 4.3　动车组标记

（3）定检标记框内容已满时，把其中标记时间最早的内容涂掉，在涂掉处重新标记。

2) 五级修

更新车外各部位标记。

4.5.3　调试与试验

检修装配完成后应完成多项试验（具体见二维码内容），承修单位根据试验项目制定调试工艺文件，明确具体调试内容、方法和标准。

动车组调试与试验

复习思考题

1. 动车组总组装的内容有哪些？
2. 动车组车下设备有哪些？简述车下设备组装前需进行哪些准备。
3. 简述司机室侧窗、座椅的安装工艺。
4. 简述 CRH_2 型动车组车辆落成工艺流程及技术要求。
5. 试述 CRH_5 型动车组车辆落成后空气弹簧的状态。
6. 车辆落成后，如何调整车钩高度？
7. 动车组调试试验时，绝缘耐压试验有哪些内容？
8. 简述 CRH_2 型动车组有哪些试运行试验？
9. 简述 CRH_5 型动车组三级修有哪些动态试验？

Part 5 动车组维修概论

动车组的维修是高速铁路系统综合保障工程中的重要组成部分，是确保实现动车组安全运行、高效率使用的必要保障。在维修过程中，维修制度对于形成专业负责、整体联动的动车组运用维修体系和动车组一体化检修管理模式起着指导性、关键性的作用。合理完善的维修制度是保障高速动车组快速、安全、舒适、高效运行的基本前提。

5.1 动车组常用故障诊断技术

近年来，高速动车组列车行车安全、运行控制、运行状态实时监测与故障诊断、故障检修等问题越来越受到重视。在我国，每年因列车故障造成的经济损失巨大，为保持机车车辆设备正常运行所耗费的维护费用在铁路运输经费中占了很大的比重。运用先进的检测技术进行故障诊断，分析列车运行状态，确保装备可靠性，决定检修时机已成为动车组运用和维修的支撑技术。

列车故障诊断是识别列车运行状态的科学，涉及人工智能、传感技术、信号处理、自动控制、计算机技术等多门学科。研究的是列车运行状态在诊断信息中的反映，其研究内容包括对列车运行现状的识别诊断、对其运行过程的监测以及对其运行发展趋势的预测3个方面。高速动车组发生故障会带来严重的后果，必须在事故发生以前，利用先进的装备较早发现和预防事故发生。

动车组状态监测与故障诊断的目的是提高运行的安全性和可用性，优化运营管理，便于运用维修。

1. 提高动车组运行的可靠性和安全性

现代动车组是一种技术先进、结构复杂的技术装备，采用了大量的现代电子元件和装备，进行复杂的信息处理，因此要求这些装备具有较高的可靠性。这种可靠性一方面通过电子装备的可靠性来保证，另一方面则由状态监测与故障诊断系统来提供。状态监测与故障诊断系统可以迅速地识别和提示运行中发生的故障，采取措施及时排除故障，保证动车组可靠运行，提高列车运营的安全性。

2. 为动车组维修提供重要依据

现代动车组的状态监测与故障诊断系统不但能够在运行中向司乘人员提供列车的运行状况、故障级别、提出排除故障措施的建议，还能在运行中将这些情况及时地向维修基地传送，在列车进入维修基地以前做好维修计划，准备好需要更换的配件，从而可以大大缩短维修停时，提高动车组的可用性。

3. 可检测、显示、记录、存储和分析数据

状态监测与故障诊断系统在动车组运行中若检测出故障，就将故障状况、故障等级以及应采取的措施建议显示在屏幕上，帮助司机处理故障；同时，还应将运行中发生的故障情况，包括故障时间、位置、故障发生时有关参数值及其变化情况等记录并存储下来，供地面系统进一步分析。

4. 为动车组的改进和发展提供依据

状态监测与故障诊断系统所积累的大量数据，不但是维修的重要依据，而且通过对这些数据的综合分析，可以对动车组的综合性能和各主要零部件的可靠性进行评估，为动车组的改进和发展提供重要依据。

5.1.1　动车组故障及分类

国标《电工术语可信性与服务质量》（GB/T 2900.13—2008）中对故障诊断的定义为"为故障识别、故障定位和确定故障原因所进行的工作"。故障诊断贯穿于产品研制、生产、使用（含储存）、维修乃至退役的整个寿命周期。

动车组故障的检测和诊断包括两个方面：故障的诊和断。动车组故障是指动车组整车或其零部件的某项或多项技术经济指标偏离它的正常状态，在规定的使用条件下已不能完成规定功能的状态。

1. 常见的动车组故障现象

1）机械部分的故障诊断

机械部分是列车能够正常运行的基础，主要包括车体、转向架、轮对等。

（1）车体的故障检测。

车体结构包含底架、侧墙、车顶、端墙等，车体是一个十分复杂的受力体，传递垂直载荷、牵引力和制动力，同时也承受各个方向的动态冲击载荷。它应该具有足够的强度和刚度，以保证整列动车组运行的安全性和平稳性。车体的故障检测主要是针对车体受力、外形是否出现明显变形或裂纹等方面进行的。相对其他部件，车体的故障率是比较低的。

（2）转向架的故障检测。

转向架是列车的走行部分，它对动车组动力学性能、牵引性能和安全性能起着决定性的作用。转向架支承车体和车体内设备的重力，该重力通过二系弹簧支承、构架、一系弹簧支承均匀地分配到各个轴箱上，最后经轮对作用于钢轨。转向架的主要故障是受力结构上出现裂纹，目前主要是在停车状态依靠感官检测和超声波检测来进行诊断。

（3）轮对的故障检测。

轮对是机械部分中的关键部件。动车组绝大部分垂直静载荷均通过它传递给钢轨，牵引电机所产生的转矩也是通过它传递到钢轨产生牵引力。另外，在列车运行时，它还要承受钢轨接头、道岔、通过曲线或在线路不平顺时的垂直和水平作用力。对于动车组，轮对通常与牵引电机组合在一起，形成所谓的轮对电机总成。轮对电机总成中除了轮对、牵引电机外，还包括齿轮箱、齿轮传动装置、轴箱组装、轴箱拉杆、电机悬挂装置等，其中的故障多发部件包括传动齿轮、牵引电机及其轴承、轮对轴承、轮对踏面等运动部件及牵引杆、齿轮箱等。

2）电气部分故障诊断

电气部件的故障诊断主要包括下面几个方面：受电弓、主变压器、牵引变流器、牵引电机、辅助电机系统、电气控制系统、微机及电子控制系统、控制电源和辅助电源。电气部分的检测及故障的诊断是多学科综合性的，故障诊断系统的建立是一个十分巨大复杂的系统工程。

3）空气管路部分故障诊断

空气管路系统对于保障铁路运输安全、提高列车的运行速度和可靠性，都具有十分重要的作用。空气系统按其功能可分为风源系统管路、控制系统管路、辅助系统管路。风源系统管路的主要任务是向全车气动机械、列车制动机提供所需高质量、洁净、干燥、稳定、足够的压缩空气。控制系统管路主要由辅助空气压缩机、辅助风缸、控制风缸、单向阀、联锁阀及其连接管路组成，用以提供全车气动电器的压缩空气及安全保护措施，是保证列车正常运行不可缺少的环节。辅助系统管路可以改善列车运行条件，确保行车安全，它由撒砂器、风喇叭、刮雨器、轮轨润滑喷脂器等装置组成。空气管路部分的故障诊断装置主要是针对上述部分的监测装置，检测参数为各部分气体压力及压力的变化逻辑。

2. 故障分类

1）按故障性质分

间歇性故障：短期内失去功能，稍加处理即可恢复功能的故障，如计算机死机。

永久性故障：零件损坏，须更换或修复。

2）按故障发生的快慢程度分

突发性故障：不能通过试验或测试预测的故障，如电子元件。

渐进性故障：能通过试验或测试预测的故障，如机械磨损。

3）按故障发生规律分

按故障发生规律分为随机性故障（如轴断裂）和规则性故障（如轴承磨损）。

3. 故障规律

1）故障率

产品在 t 时刻后单位时间内发生故障的产品数，相对于 t 时还在工作的产品数的百分比，称作产品在该时刻的瞬时故障率 $\lambda(t)$，简称故障率。

工程上常用平均故障率：

$$\lambda = \frac{某段时间内的故障数}{此段时间内的总故障时间} \quad (5.1)$$

2）动车组平均故障率

动车组平均故障率常用机破率和临修率表示。

（1）机破率：指在规定的走行里程或时间内发生机破事故次数。

机破事故：指动车组破损故障造成列车在区间非正常停车，或在车站内非正常停车时间超过一定时间，或由于车钩破损而造成列车分离事故。我国采用每 10 万千米的机破事故次数作为平均故障率指标。

（2）临修率：指在规定的走行里程或时间内发生临修次数。临修是指动车组发生故障需要临时进行的修理。

3）故障规律

故障规律是指动车组/零件在使用寿命期内故障的发展变化规律。寿命期分为 3 个阶段：早期故障期、偶然故障期、耗损故障期。

（1）早期故障期

特点：故障率高，且随时间迅速下降。

原因：工艺不严，材料不合格。

（2）偶然故障期

特点：故障率低且稳定。

原因：突发故障。

（3）耗损故障期

特点：故障率随时间明显增加。

原因：磨损、老化。

办法：及时维修。

5.1.2 动车组的维修性

1. 维修性

维修性是指在规定的条件下使用的产品设备，在规定的时间内，按规定的程序和方法进行维修时，保持或恢复到能完成规定功能的能力。维修贯穿整个产品寿命周期。

维修三要素/条件：机械设备的维修性、人员的素质水平、维修保障系统（基地、技术、检测设备、材料等）。维修性体现了产品具备维修的能力，可检测好坏、装拆方便。

动车组维修性指可修性、易修性和维护保养性。

2. 动车组维修度

指在规定条件下使用的产品，在规定的维修时间内，按规定的程序和方法进行维修时，保持或恢复到规定功能的概率。0≤维修度≤1。

在一定时间内，维修度越大，维修速度越快，实际耗费维修时间越少，说明产品维修性越好。

3. 维修性设计

维修性设计包括结构设计、指标分配、维修周期设计、技术保障、验证等。

维修性结构设计准则：

（1）总体布局和结构设计应使部件易于检测、更换、维修。

（2）可达性：便于操作（如开窗）、维修操作空间。

（3）易拆易装：如轮对转向架。

（4）简化维修作业：如换件维护、单元化。

（5）配置监测点和监测装置，甚至自检。

（6）无维修设计：如不须润滑、制动闸采用液压无须调整等。

5.1.3　常用故障诊断技术

状态监测与故障诊断是识别机械设备运行状态的科学，是指运用各种检测、测量、监视、分析和判别方法，结合机械的历史和现状，考虑环境因素，根据所检测的信息特征对机械运行状态进行评估，判定发生故障的部位，分析故障形成原因并预报故障发展趋势，以便及时处理。状态监测与故障诊断是防止事故的有效措施，也是设备进行预知检修管理的重要依据。测试系统的构成，如图 5.1 所示。

图 5.1　测试系统组成

现代列车上的各种设备越来越复杂，必须利用各种现代检测技术，如振动冲击检测、温度测量、电磁量测量、位置测量、超声检测等，再通过谱分析、小波分析、现代神经网络、智能诊断、专家系统等方法，确定设备是否正常。动车组常用到的有如下故障诊断技术。

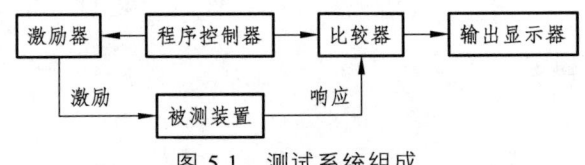

常用故障诊断技术

5.1.4　诊断方式与诊断系统

高速动车组应用的诊断方式有 3 种：人工诊断、自动测试设备（ATE）诊断和机内测试设备（BITE）的诊断。近年来，高速列车故障诊断方式把重点放在机内测试设备（BITE）的诊断上，也就是尽量完善高速动车组的车载监测诊断系统，使之在运行时发现传输故障信息。自动测试设备（ATE）诊断一般在列车库停和动车段检修时使用，如车轮的超声波探伤、车轮磨损及外形的检测等。

1. 人工诊断

对于某些设备的故障识别、故障定位及故障原因的查找人们已经积累了很多的经验，利用专业人员的丰富经验对故障进行诊断，在过去电子技术不发达、产品设计未考虑测试性的年代，这种人工诊断方法是对产品进行故障诊断的主要手段。尽管随着科学技术的发展，在诊断技术领域内涌现了大量的自动测试设备和机内测试诊断系统，但至今这种人工诊断方法仍然被采用，即使在世界上最先进的机车车辆维修段也是如此。这是由于人工诊断方法，对于一些故障检测率高或有经验积累的零部件，通过严格的规程制定，能够使诊断工作简单可靠、满足所规定的时间要求，又具有很好的经济性。

2. 应用自动测试设备（ATE）的诊断

自动测试设备 ATE 的定义是"自动进行功能和（或）参数测试、评价性能下降程度或隔离故障的设备"（GJB 3385—1998）。这种设备不是被测装置的组成部分，通常由计算机控制和评定功能来完成诊断决策，尽量减少人为介入。在机车车辆领域内，采用这种设备进行的诊断常常被称为外部自动诊断。将被测装置送到 ATE 处，即机车车辆开到 ATE 处进行诊断，称为地面诊断；相应的 ATE 称为地面诊断设备或固定诊断设备。将 ATE 带到被测装置处，即 ATE 携带上车进行检测诊断的，称为随车诊断，相应的 ATE 称为随车诊断设备。

3. 应用机内测试设备（BITE）的诊断

机内测试设备 BITE 的定义是"完成机内测试功能的设备"（GJB 3385—1998）。机内测试 BIT 的定义是"系统或设备内部提供的检测和隔离故障的自动测试能力"（GJB 3385—1998），它为故障诊断或隔离提供了一种机载的、自动检测的能力，包括周期、连续地监控被测装置的运行状况、维修前的观测和诊断等。现代机车车辆，特别是高速动车组，其复杂性不言而喻，要求 BITE 具有常规检测设备所不能做到的检测和隔离故障的能力，而且本身应具有很高的可靠性和可信赖性。一个设计精良的 BITE 系统能够在高速列车运行中指出和隔离列车部件所发生的故障，通过信息传输系统提前通知维修段，以便做好维修计划，在列车库停时间内完成相应的维修作业，从而省去为完成这些维修工作所需的计划停时。

在高速列车和动车组中都设置了完善的、微机控制的故障诊断系统，并且这种 BITE 正逐渐向人工智能化发展。高速动车组的主要零部件工作状况的连续监测和故障诊断，基本上都是由其内部的微机控制诊断系统来完成的。

动车组故障诊断系统包括两部分：地面故障诊断系统和车载故障诊断系统。

1）地面故障诊断系统

由于车载故障诊断系统一方面受空间的限制，不可能配置大型计算机系统；另一方面受实时条件的限制，不可能进行大量的逻辑推理和运算。因此，需要在地面上设置故障诊断系统，以弥补车载系统的不足，从而能够较好地完成动车组故障诊断系统所有的各项任务。

地面故障诊断系统往往和维修信息系统合并为一个系统。它的主要功能如下：

（1）通过与列车的信息传输与交换，直接得到列车的运行状态，并通过自身的软件系统对信息进行处理与分析，对故障进行实时诊断，给司机警示和指令。

（2）可以通过数据转储设备，将列车运行中记录下来的数据转存入地面系统，可进一步处理和分析，从而做出动车组设计、制造、运用和维修方面的重要决策。

（3）地面故障诊断系统还包括外部诊断项目，主要有轮对故障诊断、轴温红外线监测和润滑油的光谱和铁谱诊断等。

（4）列车进入动车段和维修基地期间，所有的检测数据都输入该系统，由计算机系统做出诊断，以便对动车组进行经济、有效的维修。

2）车载故障诊断系统

动车组故障诊断系统主要是指车载故障诊断系统。车载故障诊断系统是一套安装在列车上的实时运行诊断系统，实质上是一个分布式计算机测控系统。

车载故障诊断系统分为3个层次：列车诊断中心、车辆诊断装置和设备诊断单元，其间用通信网络连接，构成整个诊断系统，如图5.2所示。

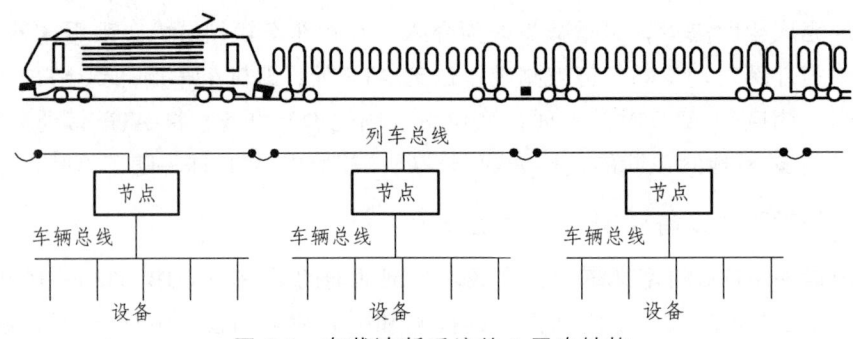

图5.2　车载诊断系统的3层次结构

（1）列车诊断中心。

列车诊断中心是整个列车的主诊断装置，用于对全列车技术状态的分析和诊断。它通过列车总线获取各节车辆的工作状态和故障情况，然后进行处理分析，做出判断，并将诊断结果进行记录和向乘务员显示，在故障情况下还应向乘务员提示有关的处理对策。

列车诊断中心配备有显示终端，并具有人机对话功能。乘务员可以与中心在终端上对话。列车诊断中心具备无线通信功能，以便与地面控制中心通话和交换信息。

列车诊断中心一般设在动力车上，如果前后动力车均设有列车诊断中心，则应以前动力车为主，成为整个列车的控制中心，后面的动力车诊断系统则成为车辆诊断装置。

（2）车辆诊断装置。

车辆诊断装置包括动力车和拖车的诊断装置，它们是车载诊断系统的一个子站。每个车辆诊断装置通过车辆总线搜集本节车辆的数据和各个部件的诊断结果，并进行分析、记录。车辆诊断装置根据本节车内各个功能部件或子系统的工作状态，得出本节车的当前状况，如果确认为是故障状况，则还需进行故障识别，并记录备案，并通过通信网络送往列车诊断中心。

车辆诊断装置在结构上是完全独立的，它只与列车诊断中心和部件诊断单元发生联系，并具有简单的显示与报警功能。

（3）设备诊断单元。

设备诊断单元是直接面向监测对象的功能层次，它可以直接面对一个部件、一个功能模块或一个子系统进行监测诊断。诊断结果和建议传输给车辆诊断装置，同时将有关数据如实记录下来，在适当时机可由转储设备取出，以备进一步分析应用。设备诊断单元在功能与相应的部件模块或系统是互相独立的，但在结构上可以在一个功能块内，也可以是一块单独的插件板。

动车组车载故障诊断系统的监测诊断项目主要包括：供电诊断、牵引传动装置诊断、制动装置故障诊断、转向架故障诊断、车门故障诊断、防滑装置故障诊断、轴箱温度监测、空调装置故障诊断、司机工作状态监测和旅客安全防护等。

常用的诊断技术包括：电机、电器的诊断，电子控制设备的诊断，振动诊断，声诊断，红外线诊断，润滑油分析和性能趋向监测等。诊断技术不只包括硬件设备，更重要的是软件系统，特别是人工智能和专家系统。

高速动车组的控制命令、运行监测、故障监测与诊断的信息都是通过列车通信网络传送的。各个计算机控制的部件互相联网，通过网络通信来交换信息。对于动力集中方式的高速列车，需要由网络传递逻辑顺序控制、制动和速度控制等信息，而列车的各个单节和部件的工件状态也需要通过网络传送到主控车（动车），用以进行状态监测和故障诊断。对于动力分散方式的高速动车组，需要由网络传递牵引或制动控制信息，以保障各单元协调统一的工作。同时，各动车或拖车的工作状态也通过网络传输给主控车。因此，现代高速动车组必须有网络技术的支持。

目前，通信网络应用正朝着车载通信网络、地面通信网络、车地无线通信网络、地面通信网络与以太网接口等全方位方向发展。车载通信网络可以实现牵引、制动、照明、空调等的控制与监测，实现控制系统的故障诊断和维修信息的提示，还可以实现旅客动态信息管理，包括处理旅行信息和座位预留信息等。车地无线通信网络可以实现车载设备与地面设备之间的信息交换，为高效维修创造条件。车载通信网络、车地无线通信网络和地面综合监视相结合，可以实现车载控制系统的远程实时监控。

5.2 动车组维修基本概念

5.2.1 概 述

1. 定 义

维修是指为保持或恢复产品处于能执行规定功能的状态所进行的所有技术和管理，包括监督的活动。维修可以包括对产品的修改。

2. 五个要素

（1）维修的主要目的：使产品保持、恢复或改善其规定的技术状态，即预防故障及其后果，在发生故障或损坏后使其恢复到规定的状态。

（2）改进性维修：近代的维修概念，已将维修扩展到对产品进行改进，局部改善产品的性能。

（3）维修贯穿于产品服役的全过程，包括使用和存储过程。

（4）维修是对产品进行维护和修理的简称，包括维护、修理。

（5）维修既包括技术性活动，又包括有关的管理性工作，如存储条件的监测，使用或运转时间及频率的控制等。

3. 维修思想

指导维修实践的思想称为维修思想。在一定的维修思想指导下，制定出的一套规定与制度称为维修制度。维修制度包括维修计划、维修类别、维修方式、维修等级、维修组织和维修指标等方面的内容。

维修思想和维修制度大致可分为三个体系，即"事后维修"的维修思想、"以预防为主"的维修思想及其计划预防修的维修体系和"以可靠性为中心"的维修思想及其维修制度体系。

（1）"事后维修"的维修思想：在装备发生故障以后才进行维修保养。

（2）"以预防为主"的维修思想和计划预防修的维修制度：以磨损理论为基础，以浴盆曲线为维修指导。

（3）"以可靠性为中心"的维修思想及维修制度：是在"以预防为主"维修思想及计划预防维修制度的基础上发展起来的。认为装备的可靠性由设计制造所确定，其可靠性与时间无关，维修归根结底是为了保持和恢复装备的固有可靠性。在这种思想指导下，所制订的维修制度就是根据装备及其零部件的可靠性状况，以最少的维修资源消耗，运用逻辑决断分析方法来确定所需的维修方式、维修类型、维修间隔期和维修等级，制订出维修大纲，从而达到优化维修的目的。

4. 维修的基本范畴

维修的基本范畴包括优化维修内容，优化维修资源和合理布局维修机构，科学的维修管理3方面。其中科学的维修管理包括规划维修任务、制订维修计划、调配维修资源、组织维修实施、监控维修质量。

5. 维修的分类

1）按维修目的与时机划分

按维修目的与时机可分为预防性维修、修复性维修、改进性维修3种。

（1）预防性维修。

预防性维修是在故障发生前预先对装备进行维修，指通过对产品的系统检查、检测和发现故障征兆以防止故障发生，使其保持在规定状态所进行的全部活动，包括调整、润滑、定期检查和必要的修理等。预防性维修可分为定时维修和视情维修。定时维修指以上次检查后经历的工作小时数或日历时间为依据对产品进行维修。视情维修指对产品参数值及其变化进行连续、间接或定期的监测，以确定产品的状态，检测性能下降，判断其故障和失效部位，记录和追踪失效的过程和时间的一种维修。

（2）修复性维修。

修复性维修指产品发生故障后，使其恢复到规定状态所进行的全部活动，包括故障定位、故障隔离、分解、更换、再装、调准及检测等。

① 现场抢修：及时维修是在产品使用所在地或附近对产品进行抢修。

② 库停抢修：延迟维修指列车发生故障后无法在运输中完成维修，而利用规定的库停时间，在维修库内进行抢修。

③ 状态监控维修：指通过对使用中的具体产品的全部总体数据进行分析，指出是否需要

对技术资源进行分配，确定应采取的维修。

状态监控维修不是一种预防性维修，它允许故障发生，并根据对使用信息的分析指出需要采取的适当措施。状态监控维修是对那些产生故障，但这些故障又暂不影响安全和生产任务的装备进行总体连续监控，以判断其是否能够继续使用，从而决定修理时机。

（3）改进性维修。

改进性维修利用完成装备维修任务的时机，对装备进行改进或改装，以提高装备的效能、固有可靠性、维修性和安全性水平。改进性维修是近代维修工作的一个新概念。这种结合维修工作进行的改进和改装是维修工作的扩展。

① 大修时的加装改造。

大修时，除了执行大修规程所规定的检修范围以外，对于可靠性不高的零部件进行技术改造，或为了提高安全性而加装一些装备，还可能出于改进性能而进行的加装改造。

② 重造。

对经过多年使用和多次大修的车辆，利用大修的时机进行彻底修理和现代化改造。

2）按维修的计划性分类

（1）计划维修。

计划维修指在产品寿命周期中，按预定的安排所进行的预防性维修。内容和时机事先加以规定，并按照规定的计划进行，属于预防性维修的范畴。

（2）非计划维修。

非计划维修指不是按预定安排，而是根据产品的某些异常状态或某种需要而进行的修复性维修。维修内容和维修时机带有随机性，不能事先做出确切安排。修复性维修属于非计划维修范畴，也包括事故修。

3）按维修方法分类

（1）原件修理（现车修）。

原件修理是对故障或损坏的零部件进行调整、加工或其他处理使其恢复到所要求的功能后继续使用的修理方法。通常需要一定的设施、设备和一定技术等级的人员等维修资源的支持，多数情况下不能在零部件原位进行，需拆下坏的零部件进行修理，耗时较长，不便于及时快速维修。

① 等级修：为消除配合表面的磨损或损坏，而改变原件配合尺寸为几个尺寸的修理方法（等级不宜过多）。

② 原形修：采用表面工程有关技术，消除配合表面的磨损或损坏，并使其恢复到原来的设计尺寸，利于零部件的互换性，并用某些新技术还可改善其部分技术性能。

（2）换件修理。

换件修理是用完好的备用零部件、元器件或模块更换故障、损坏或报废的零部件、元器件或模块的修理方法。这种修理具有能满足快速维修的要求，对维修级别和维修人员的技能要求也不高，可缩短修理停时，保证维修质量，节省人力等优点；其缺点是并不适用于所有的装备和各种条件，要求装备的标准化程度高，备件要具有互换性，必须科学地确定备件的品种和数量，对换下来的零部件是废弃还是修复或者降级使用，也要进行权衡分析。

（3）拆拼修理。

拆拼修理是将暂时无法修复或报废装备上可以使用或有修复价值的部分或零部件拆卸下来，更换到其他的装备上，从而利用故障、损坏或报废装备重新组配成完好装备的修理方法。

（4）专业化集中修。

专业化集中修指将机车车辆及其主要零部件的修理进行专业化分工，按照车型及零部件种类相对集中到技术力量较强的单位进行维修的方法。其特点如下：

① 采用换件修的方法将损坏的零部件拆下来进行专业化集中修，可大大缩短检修停时，提高装备利用率。

② 便于集中专业人才，提高维修质量。

③ 能充分利用专业设施，减少装备重复投资。

④ 生产组织较为复杂，需设置有经验的调度，指挥均衡生产。

⑤ 需一定数量的备品储备，占用较多的资金。

5.2.2 动车组修程修制

1. 动车组维修制度的特点

多年的实践和经验积累使得动车组的计划预防维修制度日臻成熟，并开始向更高的阶段发展，目前我国 CRH 系列动车组检修制度具有以下特点：

（1）计划预防修的总体框架。

（2）总体框架下灵活多变的维修体系，高科技支撑的状态修维修方式状态修占有越来越大的比例（依靠计算机维修信息系统、先进的通信手段和精密可靠的检测诊断设备等高科技的支撑）。

（3）广泛实施换件修和集中修。

（4）严格寿命管理，对关键件严格执行到期报废或更换，以确保运输安全和舒适。

（5）根据部件特点，细分维修层次，使维修设施的负荷尽量平衡，降低维修成本。

结合实际情况，尝试先进的维修模式，以可靠性和费用为目标来安排动车组的维修，从而达到最佳效益。

2. 国产动车组修程修制设计的基本思路

以先进的检修和检测装备为基础，以高度信息化的管理系统为支撑，以全面有效的检修人员培训为前提，引进国外动车组先进的检修理念、检修标准和检修方式，确保实现动车组"安全运行，高效率使用"的目标。

3. 国产动车组修程修制的基本框架

通过以上分析发现，几种动车组检修体制设计原则基本一致，即实行定期的计划性预防修；修制框架基本相同，分为预防性检修和事后检修（或更正性检修）。具体框架如图5.3所示。

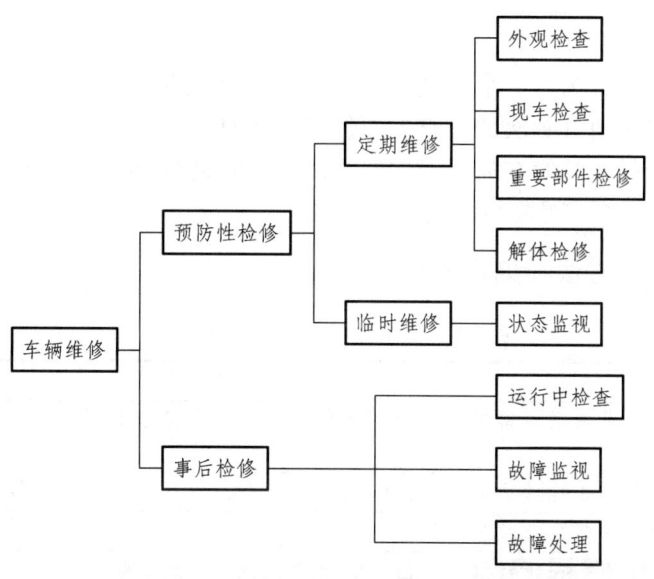

图 5.3 动车组修程修制基本框架

4. 检修模式

调度中心接收列车运行状态信息,结合预防维修计划内容,制订某一列动车组的具体检修计划,下达给维修机构(检修基地或运用所),维修机构根据检修计划编制具体维修工作单,负责维修的实施,维修技术,把维修履历(换件情况、某些参数的测量值等)反馈给调度中心。

5. 检修方式

动车组检修作业方式在"检修基地"主要表现为检查、拆装、检测、试验,除转向架以外,其他大部件的检修采用换件的方式,委托该部件的制造工厂承担维修的方式。

1)换件修

无论在低级修程中发现部件故障,还是在中、高级修程中需要检修或更换部件,都采用换件修的方式,拆下的部件均送制造工厂或其设立的派出机构进行检查、修理、检测、试验。修竣并经过检验后才能继续装车使用。

2)集中修

动车组的检修都集中安排在"检修基地","运用所"仅承担日常的例行检查和部分临修作业;部件检修集中在相应的制造工厂或其设立的派出机构。

3)状态修

服务性设施一般采取状态修,即随检随修,始终保持技术状态良好;同时部分设备或部件按照使用寿命的界定,在不能适应使用要求,即将发生故障前进行更换,采用监视型的状态修。

4）均衡修

将预防性维修工作分为若干个小块进行，一般来说，将每个小块耗时控制在 4 h 之内。对列车、对检修人员来说，每次的检修工作量都是相对均衡的。

维修工作主要安排在日间交通不繁忙的时段或夜间进行，可避免预防性维修工作的堆积，形成耗时超过 4 h 的工作，提高检修效率。

6. 维修主要检查方法（见表 5.1）

表 5.1　动车组维修主要检查方法

检查方法	内容
视觉检查	用肉眼观察机器、部件形状、染色、伤痕、裂纹、腐蚀、磨耗、焊接部龟裂状态
听觉检查	检查机器发出异响、漏气声等状态，也可用听诊棒听转动声等
手摸检查	手摸检查发热等状态
敲打检查	用检查锤敲打，用回声的弛缓、检查有无龟裂
测量尺寸	通过测量机器部件间的距离、安装高度、间隙、厚度进行判断
绝缘试验	测量机器或电路的电阻及机器、电路接地相互之间的绝缘电阻值进行判断
测量电压、电流	对机器或电路施加电压，测量电压、电流值或是测量波形进行分析
化学检查	进行化学试验，根据反应变化进行判断
涂料渗透检查	将有色试剂喷涂在检查部位，根据其染色变化进行判断
超声波探伤	用超声波检查，根据反射回波判断有无裂纹
X 射线检查	汽罐、压力容器的焊接部分等用 X 射线照射检查有无裂纹、空隙等缺陷
水压试验	汽罐、压力容器等，加最高使用压力以上的水压，持续一定时间的试验
旋转试验	检查旋转体的不均衡性，有静态和动态的均衡试验
振动解析试验	分析振动次数及频率，判断劣化、磨耗状态
测量应变	用应变仪测量材料上所加应力，判断强度

7. 修程分类

动车组实行计划性预防修的检修体制，分为五级修程。一、二级检修为运用检修，在动车所内进行；三、四、五级检修为高级检修，在具备相应车型检修资质的检修单位进行。动车组运用维修采用以走行里程周期为主（走行里程以动车组管理信息系统为准）、时间周期为辅的检修模式。

一级检修（例行检查）：日常性检查、维护保养。通过对动车组主要部分进行外观、动作状态及性能的检查，及时发现故障，防止运营故障，保证行车安全。在运行整备状态下，完成耗损部件的更换、调整和补充等，同时对各部分的状态和性能进行检查，发现偶然发生的故障，在车辆使用的间隙进行维修作业。

二级检修（重点检查）：以不落轮的状态进行设备的检查、调整，停止车辆的使用，进行维修作业。进行动车组全面检查，保养维护，做故障诊断，按状态修理，尽量及时发现并消除潜在故障，防止运营事故，保证行车安全。检修主要针对关系车辆运营安全的重要部位，如走行部的转向架、轮对、齿轮箱悬挂装置、联轴器、制动系统的空气压缩机机组、车门控制系统等。

三级检修（重要部件分解检修）：对重要的大部件进行细致的分解检修，如转向架；对易损件进行更换。需要列车解体，架车检查和修理。

四级检修（系统全面分解检修）：是恢复性检修，对各系统进行解体检修，并车体涂漆。

五级检修（整车全面分解检修）：对全车进行解体检查，较大范围更新零部件，车体涂漆。检修后接近新车水平。

临修：主要是处理动车组临修故障，对动车组主要零件部件进行扣车维修及动车组不落轮镟轮和各级修程以外的主要设备、零件的更换。

8. 维修周期的确定

各国高速铁路根据各自的具体情况制订有本国的检修周期。按一定的周期进行规定内容的检查、维修，采用先进的故障诊断及检查设备，各修程规定的内容均以检查为主。

检查周期的确定，充分考虑车辆各部件故障发生的概率和工作方式，如转向架等走行部与运行里程有关；车体、空气系统、橡胶件等与时间有关；电子部件等与工作时间有关；接触器、继电器触头与动作次数有关。确定各种修程的检修周期是关系到动车组能否处于良好技术状态的主要因素。零部件使用期限是制订检修周期的主要依据。

动车组维修周期的确定

我国动车组的检修周期见表 5.2。

表 5.2 动车组检修周期

修程 车型	一级检修	二级检修	三级检修	四级检修	五级检修
CRH$_{1A}$ CRH$_{1B}$ CRH$_{1E}$	(4 000±400)千米或运用 48 h	3 万千米、30 天	(120±10)万千米或 3 年	(240±10)万千米或 6 年	(480±10)万千米或 12 年
CRH$_{5A}$	(5 000±500)千米或运用 48 h	5 万千米、60 天	(120±12)万千米或 3 年	(240±12)万千米或 6 年	(480±12)万千米或 12 年
CRH$_{3C}$ CRH380B CRH380BL CRH380CL	(4 000±400)千米或运用 48 h	2 万千米、20 天			
CRH$_{2A}$ CRH$_{2B}$ CRH$_{2E}$ CRH$_{2C}$ （一阶段） CRH$_{2C}$ （二阶段） CRH380A CRH380AL	(4 000±400)千米或运用 48 h	3 万千米、30 天	60^{+25}_{-5} 万千米或 1.5 年	120^{+5}_{-10} 万千米或 3 年	(240±10)万千米或 6 年

5.2.3 维修制度

维修制度是指在什么情况下对动车组进行维修及维修到什么状态的技术状态,具体为在一定维修思想指导下,制订整套规定,包括维修计划、维修类别或等级、维修方式、维修组织、维修考核指标体系等。

目前,世界上维修理论和制度可分为两大体系,一个是在预防为主的维修思想指导下以磨损理论为基础的计划预防维修制;另一个是在以可靠性为中心的维修思想指导下,以故障统计理论为基础的预防维修制。

1. 计划预防维修制度

计划预防维修制,是在掌握机械设备磨损和损伤规律的基础上,根据各种零件的磨损速度和使用极限,贯彻防重于治的原则,相应地组织保养和修理,以避免零件的过早磨损,防止或减少故障,延长使用寿命,从而能较好地发挥设备的使用效能和降低使用成本。计划预防修理制的具体实施可概括为定期检查、按时保养、计划修理。

实现计划预防修理制,需要具备以下条件:

(1) 通过统计、测定、试验研究,确定总成、主要零部件的修理周期。

(2) 根据总成、主要零部件的修理周期,又考虑到基础零件的修理,合理地划分修理类别等级或修程。

(3) 制定一套相应的修理技术定额标准。

(4) 具备按职能分工、合理布局的修理基地。

前面三项是必不可少的条件,也只有具备了这些条件,计划预防修理制的贯彻才能取得实际的效果。所以说计划预防修理制的基础是一套定额标准,其核心是修理周期结构。

2. 以可靠性为中心的维修制度

以可靠性为中心的维修制是以可靠性理论为基础的,鉴于一些复杂设备如动车组、一般只有早期和偶然故障期,而不考虑耗损期。因为,定期维修对许多故障是无效的。现代机械设备的设计,只使少数项目的故障对安全有危害,因而应按各部分机件的功能、功能故障、故障原因和故障后果来确定需做的维修工作。20世纪60年代美国联合航空公司提出了"逻辑分析决断法"对重要维修项目逐项分析其可靠性特点及发生功能性故障的影响来确定采用相应的维修方式。

实行以可靠性为中心的维修制度应具备的条件:

(1) 要有充分的可靠性试验数据、资料作为判别机件状态的依据。

(2) 要求产品设计制造部门和维修部门密切配合制订产品的维修大纲、维修指导书等。

(3) 要具备必要的检测手段、仪器设备和标准。其核心是以状态监测和故障诊断为基础。

5.2.4 动车组检修限度

动车组检修限度是指动车组在检查与修理时,对零部件允许存在的损伤程度的规定限度,如车轮这个零部件,一级检修时,踏面擦伤长度要不大于30 mm,这就是检修限度。它是一种极为重要的动车组规章制度。动车组检修限度制订的合理与否，不仅直接影响车辆的质量和行车安全，而且影响车辆检修的成本、经济效果和检修周期。因此合理地制订检修限度标准，对完成铁路运输任务有着重要意义。

1. 动车组检修限度的种类

在动车组检修限度中，动车组零件的损伤程度多以尺寸的变化来表示，因此检修限度大部分是尺寸限度，即通过对零件某些尺寸的限制，以控制其损伤程度，作为检修要求的依据。

（1）原形尺寸：各零件的原形尺寸及配合原始间隙是指动车组各零部件的设计尺寸和制造允许公差，组装时的允许间隙。

（2）禁止使用限度：动车组各零部件的尺寸及配合间隙，超过此限度时，不经修理或更换不允许再继续使用。

（3）五级限度：五级检修是动车组的最大修程。它是指动车组在此修程时，有关零部件的尺寸（或配合）不允许超过的界限，超过则须予以修理或更换。在此修程时，原则上将各尺寸恢复到原形尺寸。

（4）四级限度：指动车组进行四级修程时，有关零部件的尺寸（或配合）不允许超过的界限，超过则须予以修理或更换。

（5）三级限度：指动车组进行此修程时，有关零部件的尺寸（或配合）不允许超过的界限，超过则须予以修理或更换。

（6）一、二级限度：指动车组进行一级和二级修程时，有关零部件的尺寸（或配合）不允许超过的界限，超过则须予以修理或更换。

2. 确定检修限度的原则

（1）原形尺寸：设计动车组时，根据动车组的性能要求、零件的材质、加工工艺使用条件等因素而制订的。

（2）禁止使用限度：实际上就是所谓零件或配合的使用期限。

（3）中间检修限度：即四级、三级、二级、一级检修限度。

确定中间检修限度的基本原则：当零件或配合的磨损损伤程度在这个限度内时，磨损表面尚有足够的磨损余量来保证继续安全使用到下一个规定修程。

五级检修限度，按上述原则是将零件和配合恢复到原始设计尺寸。

3. CRH 系列动车组检修限度

CRH 系列动车组的检修限度请扫描二维码获取。

CRH 系列动车组检修限度

5.3　动车组维护

动车组的整备、维修是保证动车组有效使用和运用质量的前提条件，而动车组的运用计划同时是合理安排整备、维修工作的重要依据。动车组周转计划必须按照动车组实际走行里程数和定检期限及时安排相关的入段或入厂检修作业，并符合整备、维修作业时间标准的要求以保证动车组在运用中的高质量和高可靠性。而动车组的整备、维修作业又必须严格按照动车组周转图的要求来进行计划和安排，以保证动车组按计划行车，有效利用。在列车运行计划调整时，更应注意其间的相互关系。

5.3.1 动车组运用维护与检修一体化

运用检修一体化是指运用计划和检修计划是共同制订的，并且相互影响，运用的同时考虑检修，而检修则是为了更好地保障运用。运用与检修都是针对动车组的，不应将两方面分开单独考虑，应使之互相渗透才能提高动车组的运用效率，这样做有下列优点。

（1）动车组运用时已掌握检修计划，可以充分高效、安全地运用动车组，不易超出检修警戒范围，便于运输组织的管理和动车组运用能力的发挥与利用。

（2）动车组提前已经掌握何时需要什么级别的检修，到入段检修的时候，不用等待，直接按计划检修。

（3）动车组检修基地的能力也能充分利用起来，使检修基地始终均衡地保持检修状态，出现动车组集中检修的情况大大降低。当然，这样做的前提是需要有一个功能强大的动车段信息化管理系统的支持，使动车组运用和检修工作有效准确地安排与完成。

影响动车组运用及检修的关键指标有动车组的修程、各修程的维修作业时间、动车组运用交路、检修段所及各检修段所的能力以及运行图。

对于检修基地而言，运用检修一体化的方式需要检修基地在检修计划要求的时间段内有效完成各类检修作业，这就需要检修基地不断地改进。

5.3.2 动车组检修信息化管理系统

动车组检修信息化管理系统的主要任务是制订包括车辆定期检修在内的车辆运用及检修计划，通过自动试验装置掌握车辆技术状态，通过测定数据的一元化管理进行预防性维护，并对检修以及材料的库存管理、采购、发放计划的实施等进行总体管理，以提高检修效率和精度，实现各项作业管理的程序化各系统、设备间以广域网连接，实现统一管理和信息共享。

动车组检修信息化管理系统由下面几个模块组成。

1. 动车组基本信息模块

该模块主要包括以下 3 个部分：

（1）动车组分类及编码规则。统一的编码规则不仅能将各国动车组分类识别，而且便于修程、修制评价系统的管理与分析。用户只需逐步输入或选择相应零部件具体部位或故障，即可对相应零部件及故障赋予其唯一 ID。

（2）零部件编码及数据库构建。通过构建动车组基本信息表，将各基本信息表按编码规则与动车组结构体系相结合，最终将得到零部件及其故障的名称与其代码数据表，从而完成整个数据库的建立，为修程修制评价系统的调用提供条件。

（3）零部件代码的查询与调用。能快速完成零部件及故障编码的查询与调用，如通过代码查询零部件名称及故障，通过零部件及故障名称关键字查询代码等，从而方便修程、修制评价系统的调用。

2. 动车组运行数据模块

该模块建立在动车组基本信息模块之上，由以下两个部分组成：

（1）接收、处理、存储运行数据与故障信息。系统能接收动车组维修基地提供的数据，然后根据基本信息模块巾的信息和编码规则进行统一转换，最后对动车组运行数据和零部件故障信息进行存储。

（2）帮助构建动车组、大部件技术履历。例如，把动车组的运行里程和运行资料及其大部件出厂时间、维修更换周期和时间、部件成本、寿命周期成本等参数、指标统归入该模块数据库中，便于将技术、财物、管理等诸方面的因素综合起来进行全面管理，同时更有利于用系统工程理论对国产动车组的可靠性、维修性和可用性进行研究，对其各个环节（方案、设计、制造、安装、运用、维修、改进和更新等）进行综合分析，为修程修制评估模块提供依据和基础。

3. 动车组修程修制评估模块

（1）对所发生保养维修工作及各种故障进行统计、分析。根据可靠性理论，应用统计分析方法、神经网络分析方法进行动车组运行、运用与检修过程中大量数据的处理和分析。重点对各级修程下的大量部件的检修范围、使用限度、标准值和调整值等数据进行分析。在此基础上，应用神经网络技术进行动车组修程、修制重要特征参数的分析，通过自学习功能进行分析、预测和校验，以获得检修规程和检修标准中主要参数的合理值。确定动车组修程、修制评价指标、评价参数。

（2）评价既定修程、修制，提出改进建议。根据统计分析的结论，对修程、修制进行综合评价，并提出某些零部件的修程修制改进建议并试行。

4. 动车组修程修制管理和生产计划模块

该模块主要完成制订修程/修制、确定维修时间、给出维修任务等工作。依据铁路部门制订的修程/修制，并根据动车组的整车及零部件寿命运行资料以及生产厂商提供的修程规范，生成相应的日常检修计划以及作业工单及材料清单。同时，此清单可以提供给动车组修程修制评估模块作为参考。

5. 动车组维修组织管理实施模块

对动车组的分解以及作业的流程进行组织，同时监控维修质量。确保各级修程下的检修工作严格按照规定程序进行。

5.3.3 维修机构

遵循"集中检修、分散存放""优势设备相对集中"的基本原则，避免交叉作业和重复投资，设置检修基地和运用所两种不同功能的维修机构，检修基地设置在主要的交通枢纽，根据运输组织需要以检修基地为中心设立若干运用所，形成了维修能力的梯次结构；并区分维修任务，进行科学组织，检修基地承担一至五级的所有修程，动车组的检修原则上集中在检修基地进行，运用所仅承担一、二级修程。

1. 维修机构的设置地点考虑因素

（1）充分考虑高速铁路客流特点、高速车站的分布情况、铁路周围环境条件以及与其相关的既有铁路检修情况。

（2）始发、终到输送量、断面输送量。

（3）列车空车回送、动车组的利用率。

（4）提高主要客运站的始发能力，离车站的距离比较近的地方。

（5）维修基地所需人员比较容易得到保证。

（6）与既有检修设施的关系。

按照优势设备相对集中的原则，维修基地功能应该有所不同，为此，借鉴国外经验我国分为检修基地动车段和运用所。检修基地动车段担负动车组的所有定期维修作业和日常整备、维修和临时性的维修工作。检修基地功能先进，设备齐全，维修能力大。运用所主要负责高速动车组的日常整备和日常维修工作，以及其他临时性的维修工作。

2. 动车组检修基地

1）动车组检修基地的兼容性

动车组从检修角度看是基本接近的。其一致性主要表现在4个方面：

（1）动车组的构造原理基本一致，车顶、车端、车内和车下布置相近。

（2）不同动车组虽然检修周期存在差异，但在对应修程下的检修范围一致。

（3）检修基地采用的检修方式相同，从而决定了动车组的检修流程基本相似。

（4）国外对应检修基地，其平面布置基本相近。

检修基地的设施基本可以兼容。同时，注意到不同动车组的检测与试验存在方法和参数的差异，部分设备和机具应根据需要分别配置。

为合理地配置检修资源，我国在北京、上海、武汉、广州、成都、西安、沈阳建立了现代化的动车组检修基地。检修基地建设在能力和规模上立足干线，并辐射周边地区；在覆盖范围上要立足于速度 200 km/h，兼顾 350 km/h。依据路网布局与发展规划，结合动车组的配属和使用方案，各检修基地有其辐射范围，如北京基地重点辐射东北、华北及京津环渤海地区（天津、沈阳、长春、哈尔滨、大连、石家庄、太原、济南、青岛），线路包括京广、京津、京哈（大）、石太、京沪、胶济客运专线。

2）检修基地的主要功能

（1）动车组管理功能。

动车组检修基地应具有管理基地、连接周边、辐射全路的整体管理功能，对动车组使用、技术整备、检修试验及运行安全进行全面管理。通过信息中心的连接作用对动车组调度、整备、运用、维修、配件及设备管理进行有效管理。

（2）检查整备功能。

动车组检查整备功能包括整备与一、二级修和临修作业。

整备主要为运用技术整备及客运整备。其作业内容包含上水排水、润滑油脂补充、车厢内部清洁、密闭式厕所系统地面接收及处理系统、车体外皮清洗、车内垃圾收集及转运等。

根据需要可进行上砂作业和餐饮或餐料供给。

一级修作业：主要是对动车组进行检查、测试以及故障件的更换。

二级修作业：包括关键部件状态检测、关键部件外观检查、内部检查、功能检查、解体检查及修理、列控装置状态检查。

临修作业：主要是处理动车组临修故障，对动车组主要零部件进行扣车修理及动车组不落轮镟轮和各级修程以外的主要设备、零部件的更换，包括转向架、轮对、受电弓、空调设施、主变流器、主变压器等。

（3）检修功能。

基地动车组的检修采用以预防为主、检查为主、换件修为主、组装调试为主；以寿命管理方式对动车组进行管理；尽量减少在修时间、提高效率、提高可靠性、提高车辆利用率。动车组换下来的零部件采用由专业厂商专业化集中检修方式进行。

检修功能包括三、四、五级检修。

三级修作业：在二级修基础上，车组分解成单元，每单元同时架车，更换转向架，对牵引电机、动力驱动装置、制动装置等主要部件解体后检查，转向架检查完毕，在基地的试验线路上进行运行试验。

四级修作业：在三级修基础上，增加对车体内部及连接部的检查及修理工作。车组分解成每一单节，车上、车内、车下所有设备下车检修，主要部件互换修。高压布线在车上做耐压试验，车体气密检查等。进行全列车的性能试验，基地内运行试验，最后上线试验。

五级修作业：对车体进行全部解体检修，更换重要部件，车体气密检查；整车性能试验和运行试验等。

（4）零配件储备及配送功能。

基地设立大型动车组零、配件及备品储存设施，包括材料库、材料棚、备品库等。零配件及材料备品储备采用立体存储方式，其信息管理纳入动车组信息化系统，并能根据维修信息自动进行配送管理。

（5）信息化管理功能。

信息支持系统包括生产调度指挥系统、动车组运行管理系统、现场作业监控系统、车辆配件寿命管理系统、车辆配件配送支持系统、入段检测管理信息系统和车载信息地面接收处理系统。各设备由广域网连接，实现统一管理和信息共享。

（6）排污处理功能。

检修基地设密闭式厕所系统地面接收及处理设施。

真空密闭式厕所系统的地面接收处理设施采用固定式；集便接收作业线应与日检作业线合并设置于库内。排污的主要设施置于检查库工作平台下，通过管道及快速接头可与车上排污口连接，并设移动式排污车。

3）动车组检修基地基本配置要求

（1）车体自动清洗设备。

（2）地面吸污设备。

（3）不落轮镟装置。

（4）轮对踏面检测设备。
（5）列车监控系统地面接收及信息处理设备。
（6）足够的存放线路。
（7）车体检修库、油漆库。
（8）转向架检修库（间）及试验设施。
（9）轮对、轴承检修库（间）及检测试验设备。
（10）制动系统检修库（间）及检测试验设备。
（11）牵引系统检修库（间）及检测试验设备。
（12）辅助供电系统检修库（间）及检测试验设备。
（13）车钩及缓冲装置检修库（间）和检修检测设备。
（14）车体气密性试验设备。
（15）其他部件检修场所及检修、检测、试验设备。
（16）单车试验设施。
（17）ATC 试验设施。
（18）必要时在场内设试运行线路。
（19）生产及安全信息管理系统。

4）布局和形态

检修基地结合站型、地形地貌、运输发展、城镇规划等因素，合理布置段内线群、建筑物、道路、各种管线、环保等设施。高速列车检修基地内的设施主要由 3 部分组成：

（1）动车组夜间停留存车场（库或棚）。
（2）主检修库及修配间（统称综合检修库）。
（3）动车组外皮清洗、轮对踏面诊断、不落轮镟、列车排污等设备。

基地内设施布置紧凑、整齐、作业顺畅、技术经济指标先进，以实现高速动车组全密封不摘钩整列进段日检、维护保养和定期检修的特点。基地总体布局的有下列不同的方式。

（1）直列式。

基地内存车场与检修库呈纵向排列布置，如图 5.4 所示。列车到发停留线及检修线分别在基地的前面和后面，可基本实现流水作业程序。直列式布局布置紧凑，人员作业流畅，段内折角走行次数少，检修效率高，有利于在需要提高检修能力时扩大检修场地。基地规模及占用面积较大，因此在地形狭长、两端均有进出作业的情况下，多采用此方案。

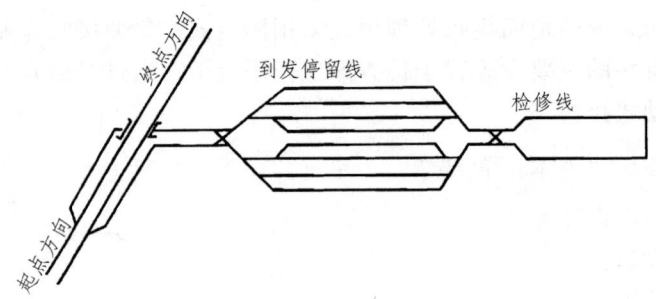

图 5.4 直列式布局

（2）并列式。

基地受用地面积制约，列车到发停留线与检修线平行设置，适合于10列以下小规模的车辆检修基地，如图5.5所示。在这种布局下，动车组入段作业需多次折角方可进行，动车组段内走行距离长，段内需设专用牵出线，作业效率较低，一般在场地受限制的情况下采用。

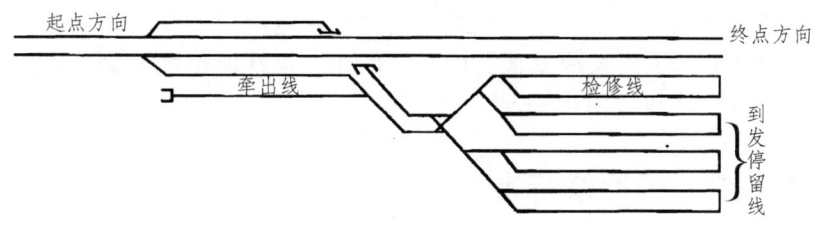

图 5.5 并列式布局

（3）错列式。

存车场与检修库部分呈横列式布置。部分成纵列式布置，或其他场地受控制而形成的总平面布局方案，如图5.6所示。

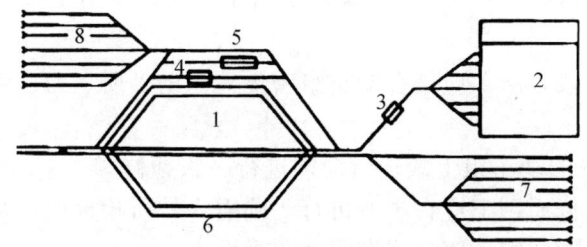

1—存车场；2—检修库；3—轮对诊断库；4—不落轮镟轮库；
5—外皮清洗库；6—排污线；7，8—存车场。

图 5.6 错列式布局

3. 动车运用所

动车运用所是动车组进行日常运用维修的场所，应设置在路网客运中心和始发终到客流较大的地区，其设置、建设、维护应符合相关规范、规定，满足快速检修、安全可靠、高效运营的技术要求。

1）动车所的基本配置要求

（1）车体自动清洗设备。

（2）地面吸污设施，必要时还要配置移动设备。

（3）不落轮镟装置。

（4）轮对踏面检测设备。

（5）列车监控系统地面接收及信息处理设备。

（6）足够的存放线路。

（7）检修库与临修库。

（8）必要的系统检测设备和机械动力设备。

（9）生产及安全信息管理系统。

2）各主要干线上部分运用所设置情况

（1）京哈线以北京检修基地为中心，在沈阳、大连和哈尔滨设置运用所。

（2）京广线以武汉检修基地为中心，依托北京、广外Ⅰ基地，在石家庄设置运用所，依托武汉基地设置郑州运用所，依托广州基地，设置长沙运用所。

（3）京沪线以北京、上海检修基地为中心，依托北京基地设置天津、济南运用所，依托上海基地设置、南京、杭州运用所。

5.3.4 动车组一级检修标准

1. 一级检修规定

（1）一级检修是对运用动车组的车顶、车下、车体两侧、车内和司机室等部位实施快速例行检查、试验和故障处理的检修作业，须在动车所检查库内实施。

（2）动车组一级检修可采用无电（可接外接电源）—有电或有电—无电—有电作业模式。

（3）动车组一级检修时，短编（8辆编组）由1个作业小组实施，长编（16辆编组）由2个作业小组实施。

（4）动车（客车）段（所）应结合动车组密集入（出）所、每班工作量等，合理确定作业小组数量。

（5）停留超过48 h的动车组上线运营前须进行一级检修。

（6）动车组一级检修原则上应在本所进行。确需入外所检修时，局管内的由铁路局有限公司批准，跨局的由中国国家铁路集团有限公司批准。

（7）动车组入外所检修时，配属段须与承修段签订委托检修协议，明确质量、安全责任、检修费用等相关内容。

（8）一级检修修竣后须填写《动车组一级检修竣工单》。

2. 一级检修质量标准

1）车体及车端连接

（1）车体结构。

① 车顶、侧墙、端墙、底架、司机室结构无变形、无破损。

② 车体倾斜不超限。

（2）侧门。

① 侧门门页外观良好，玻璃无裂损，滑道无杂物、排水畅通；密封胶条、防挤压胶条无破损、脱出、功能正常。

② 指示灯、开关门按钮、防护罩、各锁、阀、门把手等配件齐全、安装牢固、外观良好。

③ 集控、本地、紧急开关门功能良好、无异响；供风管路无漏泄。

④ 脚踏、站台补偿器、翻板配件齐全、作用良好。

（3）车窗。

① 车窗玻璃无裂损，密封良好；窗框安装牢固、胶条无脱落。

② 司机室前窗挡风玻璃完整、无裂损，密封良好、加热系统工作良好。

③ 司机室侧窗玻璃无裂损、胶条完整、无脱落；固定框架单元无变形；支撑杆、接地线安装牢固、作用良好；活动把手安装牢固、作用良好；逃生拉手完整。

（4）车钩缓冲装置。

① 前端车钩配件齐全、安装牢固，作用良好；各传感器安装牢固、无破损；各空气管路无漏泄，塞门把手位置正确；车钩高度符合限度要求；橡胶缓冲器无开裂。

② 中间车钩配件齐全、安装牢固，连接状态良好；压溃管外观无变形、无裂纹，连接卡箍状态良好，连接螺栓紧固；安全钢丝绳无丢失。

③ 车钩横向油压减振器、车端减振器状态良好，安装无松动、无漏油。

④ 车钩连接风管连接状态良好，无漏泄；安装座、缓冲器及后座橡胶固定螺母安装紧固。

（5）头罩装置。

① 头罩完整无变形、无破损，紧固件无松动。

② 开闭机构完整无变形、作用良好；锁紧装置作用良好；各气缸安装牢固，功能良好。

③ 前部盖板四角锁作用良好，锁闭到位，各部件无脱漆；外部电源连接器盖板锁闭到位，无缺损。

④ 蜂鸣器状态良好。

（6）风挡。

① 内、外风挡、车顶风挡及防雪风挡安装牢固、无破损。

② 渡板无破损，翻转自如；锁紧装置作用良好。

（7）车体附件。

① 主、辅助排障器安装螺栓紧固、无丢失，安装高度符合限度要求。

② 导流罩、玻璃钢裙板、设备舱、万向轴防护架、端墙盖板整体完整，无脱漆、无变形、无破损，安装牢固。

③ 裙板外观良好，无变形、无破损，各部安装螺丝紧固无松动；各附属配件齐全、安装牢固、作用良好；格栅、滤网无变形、破损。

④ 各类盖板齐全、状态良好，外观完整无破损、无变形，防护玻璃无雾化，显示灯作用良好。

⑤ 牵引电机冷却风机进风口盖板锁闭良好。

⑥ 各部支架、骨架无裂纹，安装牢固。

（8）车体外观。

① 车体油漆良好。

② 标记完整清晰。

2）转向架

（1）构架组成。

① 构架、联系枕梁、天线梁、制动梁及电机吊架外观良好，无变形、裂纹及腐蚀。

② 制动梁弹性橡胶节点无老化、龟裂，球形节点及心轴状态良好、无腐蚀。

③ 横向橡胶止挡和挡板无缺失、松动和破损。

（2）轮对轴箱组成。

① 轮对及制动盘各部配件齐全、紧固件无松动；各部限度符合规定；制动盘内无杂物；轴身防腐涂层无损伤、剥落。

② 轴箱及定位装置各部配件齐全，无松动、裂损；橡胶节点无老化、龟裂；前后盖安装螺栓紧固，无松动、甩油。

（3）一系悬挂。

① 轴箱弹簧无断裂，橡胶护套无破损。

② 垂向减振器状态良好，安装无松动、无漏油。

③ 垂向止挡、轴箱拉杆状态良好。

④ 防振橡胶无老化、龟裂。

（4）二系悬挂。

① 牵引拉杆、中心销外观及安装状态良好；牵引座无裂纹；橡胶节点无老化、龟裂。

② 抗侧滚扭杆及扭杆吊杆装置安装牢固，安全吊绳安装牢固。

③ 减振器状态良好，安装无松动、无漏油；减振器座无裂纹，各橡胶节点无老化、龟裂。

④ 高度调整阀及托架安装牢固；定位螺栓无松动；各阀及连接管路无泄漏；高度调整杆无弯曲变形，连接可靠。

⑤ 空气弹簧气囊无严重龟裂、划伤，无漏泄；附属配件齐全、安装牢固、作用良好，连接空气管系无腐蚀、裂损、漏泄。

（5）驱动装置。

① 齿轮箱整体密封良好，安装螺栓紧固，无漏油现象；油位及油色正常；附属配件齐全，安装牢固；挡水密封圈状态良好。

② 万向轴安装螺栓齐全、紧固，无裂纹；轴承套管无变色或过热痕迹；弹性挡圈无错位；注油嘴、防尘帽无缺失；十字接头无损伤。

③ 联轴器外观及安装状态良好；各连接螺栓安装紧固，无漏油。

（6）转向架附件。

① 各传感器、管件、管卡、接地线及线盒等配件齐全，无破损、无松动。

② 半主动控制装置、轮缘润滑装置、撒砂装置、失稳检测装置安装牢固，作用良好。

③ 扫石器安装牢固；挡块及胶皮无丢失和弯曲变形、不超限。

3）高压牵引系统

（1）高压电器。

① 受电弓各部件安装牢固，无丢失、变形、松动，气路无漏泄；各关节转动灵活；弓头弹簧无裂损；弓角、碳滑板符合限度规定；软编线完好；气囊无裂损；升弓控制盒锁闭良好。

② 真空断路器、高压隔离开关各连接点接线牢固、无松动，表面清洁；接地开关动作灵活。

③ 各绝缘子安装牢固、清洁良好，无破损、老化、龟裂，防污闪喷涂到位。

④ 高压设备箱、高压控制箱清洁、密封良好，管路无泄漏，接线、部件牢固、无破损，联锁机构良好。

⑤ 高压电缆，高压连接器、接头，滤波单元，避雷器，高压互感器，网端检测装置，综

合测量仪，谐波滤波电路电阻器箱，MUB，制动变阻器等接线牢固、无破损。

（2）牵引装置。

① 牵引变压器及冷却单元、牵引变流器及冷却单元、牵引辅助变流器、滤波器箱等清洁、接线牢固、功能良好；风扇转动无异响；液位正常，干燥剂不失效。

② 限压电阻器、制动电阻器安装牢固、接线良好。

③ 牵引电机各螺栓无松动，电机安装座、吊杆、板簧无裂纹、无松动；电源线、接地线、传感器及配线无破损、状态良好；注油堵安装良好；冷却风道无破损，安装牢固；排风口良好。

4）辅助电气系统

（1）各电源插座安装牢固、无裂损，插孔无烧损、导通良好。

（2）各配电盘、配电柜、配电箱、接线箱等门、柜体、箱体、保护盖安装牢固，无变形、无损坏，标识牌、线号齐全、清晰；柜内清洁，各电器元件齐全、安装牢固、作用良好、设定值符合规定；接线端子无锈蚀、无变色；电气配线外皮无老化、无破损，连接良好。

（3）中、低压电气连接电缆连接良好，电缆外皮、护套无老化、无烧损；线盒盖安装螺栓齐全、密封良好；线卡齐全、无松动；各接地线连接良好、无破损。

（4）蓄电池液位、电压符合要求，表面清洁；各接线端子紧固无腐蚀、无变色；蓄电池接触器、充电机功能良好，表面清洁，各接线端子紧固无变色；蓄电池箱滑道功能正常，箱体无变形、无腐蚀。

（5）辅助电源装置、辅助整流装置、单/双辅助变流器、单项逆变器、单项逆变电源等电源模块功能良好。

5）供风及制动系统

（1）供风装置。

① 主空压机、辅助空压机运行状态良好，安装牢固，电气连接器连接牢固，油位、油色正常、无漏泄。

② 各风缸、供风管路、各阀、滤尘器等安装牢固，无损伤、无漏泄；橡胶管路无老化、无鼓泡。

（2）制动控制装置。

各部配件齐全、安装牢固、状态良好。

（3）基础制动装置。

① 制动夹钳装置配件齐全、安装牢固、无漏泄。

② 踏面清扫装置、闸片无裂损、安装正确、限度符合规定。

③ 停放制动手缓装置安装牢固、作用良好。

④ 增压缸安装牢固、无变形，悬吊部件无裂纹，管路无漏泄，行程杆符合限度要求。

⑤ 防滑阀状态良好。

6）网络控制系统

（1）自动过分相装置安装牢固、配件齐全、功能良好、限度符合要求。

（2）烟火报警器、主机安装牢固，接线无松动，人机界面显示正常，功能良好。

（3）各监视器、列车总线、车辆总线、各控制单元、各控制模块接线无松动、功能良好。

7）旅客信息系统

（1）车内、外信息显示装置安装牢固，无变形、无破损，显示正常。

（2）影视系统配件齐全、安装牢固、功能良好。

（3）各主机及输入设备配件齐全、安装牢固、功能良好。

（4）广播联络装置配件齐全、安装牢固、功能良好。

（5）FM、GPS天线齐全，安装座安装牢固、无变形、无裂纹。

8）车内环境控制系统

（1）空调装置。

① 空调机组部件安装牢固、壳体无变形；冷凝风机扇叶无接磨、防护网完整，工作无异响；制冷、加热、通风系统工作正常；换热器翅片无倒伏，排水畅通；各传感器安装牢固，各风口格栅无变形、无堵塞。

② 室内采暖装置各电加热器安装牢固、内部清洁、功能良好，各接线端子紧固无变色。

③ 逆变器箱、应急逆变电源、司机室空调电源箱、司机室空调变压器功能良好，表面清洁；各接线端子紧固无变色。

④ 换气装置、压力波装置等安装牢固、功能良好，表面清洁；风道无破损、无脏堵；空气过滤器清洁无杂物。

（2）照明装置。

灯具及配件齐全、安装牢固、灯色一致、作用良好；灯罩清洁、无裂损。

9）给排水及卫生系统

（1）供排水装置。

管系、净水箱无泄漏，注水装置功能良好；防寒层无破损。

（2）饮水设施。

① 电开水炉、饮水机各部配件、标识齐全、作用良好；管系无泄漏，炉体无锈蚀；积水托盘、滤网无堵塞。

② 电气控制柜柜门无变形，锁闭状态良好；柜内接线无松动、锈蚀；各指示灯显示正常。

（3）盥洗设施。

温水器、洗面台、皂液器、衣帽钩、水龙头、纸盒、干手器、垃圾箱、门帘、照面镜等安装牢固、无裂损、配件齐全、作用良好。

（4）厕所。

① 厕所配件齐全、安装牢固、无裂损、作用良好。

② 照面镜无裂损；便器、洗手盆工作良好、无堵塞，滤网无缺失；皂液器功能良好；垃圾箱锁闭良好，活页门状态良好。

③ 紧急呼叫装置性能良好，婴儿护理桌及扶手状态良好。

④ 各电气装置接线良好、无锈蚀；控制柜内各气路、水路管系紧固无泄漏。

（5）集便装置。

污物箱、管系无泄漏；排污阀、冲洗口作用良好，无泄漏；防寒层无破损。

（6）伴热装置。

净水箱、污物箱、管系伴热装置功能正常。

10）车内设施

（1）内装。

① 墙板、顶板、地板无松动、无磨损、无变形；顶板不渗水，地板不积水。

② 窗帘清洁、无破损、伸缩正常，卡扣齐全，功能良好。

（2）内部门。

① 内、外端门安装牢固，玻璃完整、无裂损；门板无变形，功能良好；胶条无脱落、破损；门锁作用良好、状态指示清晰；自动开关门功能正常。

② 卫生间门安装牢固，门板无裂损、无变形，功能良好；胶条无脱落、破损；门锁作用良好、状态指示清晰；残疾人厕所门自动开关门功能正常。

③ 司机室、监控室、乘务员室、多功能室等门安装牢固，门扇无裂损、无变形；玻璃完整、无裂损；胶条无脱落、破损；门锁作用良好，开关门功能正常。

（3）客室设施。

① 座椅配件齐全，固定螺栓无松动；标识齐全、调整功能良好；外壳无变形、裂损；扶手转动良好，无磨损；网兜、坐垫无破损、脏污；脚蹬作用良好、无裂损；活动茶几板、茶几扣、衣帽钩安装状态良好；旋转座椅旋转功能良好。

② 司机座椅各部配件齐全、安装牢固；头枕、扶手无破损、翻转灵活；各项调节功能良好。

③ 行李架无变形、无破损，安装状态良好；大件行李架配件安装牢固。

④ 茶桌、衣帽钩安装牢固、配件齐全、作用良好。

⑤ 餐车、禁烟、儿童购票线等各种标识齐全，安装牢固、清晰。

⑥ 备品柜、储物柜、垃圾箱外观状态良好，锁闭功能正常，活页门作用良好。

⑦ 监控室、乘务员室、多功能室内部配件齐全、安装牢固；工作台面、座椅无破损、状态良好；各显示屏状态良好，各储物柜状态良好，锁闭到位。

（4）厨房设施。

① 制冷、加热等餐饮电气设备齐全、外观良好、功能正常。

② 吧台、酒吧桌、餐桌、座椅、百叶窗、展示柜、清洗池、储物柜等设备安装牢固、无破损、状态良好。

（5）应急备品。

① 应急备品配置齐全。

② 安全锤、灭火器安装牢固、状态良好，铅封未破封。

11）驾驶设施

（1）操纵台面板安装牢固、外观良好；各手柄、按钮、指示灯等设备安装牢固、作用良好；仪表检定不过期。

（2）各显示器显示清晰，各系统当前无故障；后视摄像机安装牢固、外体无变形、破损，镜头清洁。

（3）雨刷器部件齐全、安装牢固、作用良好；前照灯、标志灯外观良好、清洁无裂损、功能正常。

（4）前舱设备齐全、安装牢固、无漏泄，各阀位置正确。

（5）升换弓操作、牵引试验、制动试验、手柄试验、灯试验、集控开关门试验、风笛试验、司机安全警惕装置试验良好。

5.3.5　动车组二级检修流程

（1）检修专职或调度科编制月、周、日二级修计划，报主管所长审核，录入动车组信息系统。

（2）检修专职或调度科负责向调度员提供检修日计划及近期替换车计划。

（3）值班调度员根据近期替换车计划提交换车申请，制作扣修申请单，并向检修班组下发计划。

（4）二级、探伤、LU、轮镟工长分配生产任务。

（5）落实作业标准，完成生产计划。

（6）质检员对检修项目检查后签字确认，技术专职盯控作业。

（7）作业人员填写检修记录，交回技术组存档，并在信息系统中录入信息。

（8）检修专职检查台账填写情况，装订归档。

（9）段、车间检修专职按要求组织对规。

5.3.6　动车组维修现场作业安全控制办法

（1）进入动车所内工作的所有人员必须经过安全培训，直接参与动车组操作与维修、接触网操作与维修及动车所内调车作业的工作人员必须经过专业培训并具备上岗工作资质。

（2）作业人员在进行动车组检修时，应遵守作业指导书和各项安全规定；须穿戴绝缘鞋、防护服和采取其他防护措施。

（3）动车组及其检修场所配备作业防护安全号志，各一体化作业单位作业时挂牌防护。库内同时配备以下安全警示用品："在工作中""禁止登顶""正在供电禁止接近""已断电"等标志牌。

（4）不仅在检修作业现场须使用安全防护号志或标志牌，而且在与本次工作安全有关的系统、设备等关键处所也必须同时使用警示标记。

（5）作业前动车组须施加停放制动，并确保其作用良好，无停放制动或停放制动故障的动车组须按规定采取防溜措施。

（6）库内接触网供断电作业执行《接触网供断电管理制度》。

（7）车顶作业，执行《三层平台作业管理制度》。

（8）车下作业：

① 遵守电能和电磁能环境下、机械能量环境下和其他风险环境下的安全防护规定。

② 作业中重点防止碰伤、砸伤和电机、风机等运转引起的伤害，动车组升弓供电工况下

严禁进入车底作业。

（9）为保护动车组不被划伤和其他损坏，须配备适当的登高作业设备、拆卸安装工具，设置部件存放区域，实行定置管理。

（10）电能和电磁能环境下的安全防护。

（11）检修电气设备时，须使用绝缘工具，须断开相应的断路器、闭锁开关，布置必需的接地连接、短路、放电回路等，防止触电或电击伤害。

（12）检修车下高压设备、变压器、变流器时，禁止升弓。放电完毕，方可进行作业；作业期间，须始终闭合安全接地保护开关。

（13）须采取措施防止电弧的产生。可能产生电弧的几种情况：

① 工具引起的意外短路。

② 更换刀式熔断器时。

③ 系统故障。

④ 使用不正确的测量仪器。

（14）须保证电容器放电时间，确保可能接触的所有电容器已完全放电。

（15）须确保电气接线触点接触良好，并防止短路故障。

（16）检修电子设备或在其附近工作时，须对敏感部件使用特殊防护，并使用静电腕带将身体接地，以防静电损坏线路板、计算机和控制单元等电子设备。

（17）在某些情况下，电磁辐射等级和电场场强会较大，如天线、变流器、主变压器和其他电力设备可能生成巨大的电磁辐射和电场，影响到非常靠近设备的人员。使用电子防护设备帮助身体不受伤害的动车组检修工作人员须确认其使用的电子防护设备不会受到影响。

（18）在动车组上作业前，须确认所有必需的保护性接地连接到位；作业后需通电时，须确认保护性接地已复位（断开）。

（19）检修转向架、制动、受电弓、塞拉门、便器、开闭机构和自动车钩等需要压缩空气的部件时，要注意因为空气压力变化可能引起的意外动作，避免造成人身和设备伤害。

（20）更换供风系统部件时，须排空压缩空气，注意不得喷向身体，并设置防护标志。

（21）更换弹簧等压缩件时，应使用专用工具卸载或控制压缩件的能量。

（22）检修电机、风机、节流阀等旋转和可运动部件时，须确保部件不受他人控制或由于其他原因而运动。

（23）重物提升时（提升 25 kg 及以上的部件），应充分考虑提升的对象、方法、设备及作业场所等要素，严格遵守相关操作规定。

（24）有危害的材料：蓄电池电解液，齿轮、压缩机用油，润滑剂、胶和密封剂，都可能具有腐蚀性或引起皮肤或肺部刺激。须注意确保这些部件的检修工作环境通风良好，并保护好皮肤和眼睛。

（25）有危害的气体：蓄电池箱可能含有爆炸性气体，在蓄电池附近须防止爆炸伤害，禁止明火。

（26）发热部件：电机、齿轮、车轮、制动部件、冷却剂和冷却油在运行期间温度较高，在这些部件附近工作时，须注意防止烫伤。

（27）声音：汽笛鸣笛、压缩空气释放、电机运转的声音较高，在这些环境下工作时，应注意听力保护。

（28）尖锐角边：注意尖锐角边，防止造成绊倒、挤伤事故以及皮肤割伤。

（29）在冰冻雨雪天气作业时必须按照规定着装，确保听觉、视觉不受影响，严禁穿戴连体帽或无听声孔防寒帽，防寒帽听声孔尺寸要符合标准并开放。

（30）人员、机动车辆在工作场所移动时须按规定路线行走，交叉作业时，应有可靠的防护手段，避免造成伤害事故。

复习思考题

1. 何为维修度？动车组维修性结构设计有哪些准则？
2. 动车组常见的故障诊断技术有哪些？
3. 动车组的维修思想有哪些？简述维修的分类。
4. 动车组维修周期是如何确定的？
5. 简述动车组维修制度的特点。
6. 简述动车组常见的检修方式有哪些。
7. 简述动车组一至五级修程的主要任务。
8. 何为检修限度？简述检修限度的种类及其确定原则。
9. 检修基地有哪些功能？
10. 简述动车组基础制动装置的一级修质量标准。
11. 简述动车组二级检修流程。
12. 简述车下作业需遵守的安全控制措施。

Part 6 动车组检修工艺基础

6.1 损伤的形成

动车组出现故障的原因是零部件出现了损伤,动车组检修的中心任务是消除各零部件在运用中的损伤,恢复其技术性能,使动车组保持良好的技术状态。

动车组运用和修理的经验表明,其零部件的损伤现象虽是各种各样,但若从修理的角度加以检查,动车组损伤的形成无非是零件与零件的关系不对,或零件本身有了缺陷,或者两者都有。零件与零件关系不对,包括配合关系、相对位置和协调关系遭到破坏;零件的缺陷包括尺寸、形状的变化,表面质量变坏以及材质变坏等。

动车组零部件损伤形式主要有磨损、变形、腐蚀、断裂、电气损伤。产生原因各种各样,按其性质可分为两类:

1. 自然损伤

动车组零部件即使经过长期正确使用,也会出现由于正常磨损、腐蚀、疲劳和变形等原因而逐渐产生的损伤,称之为自然损伤。

1) 磨 损

动配合零件的表面在正常工作过程中会逐渐产生磨损,即所谓正常磨损。所以在动车组的长期运用中,即使正确地进行操作和保养,但动车组零件间的正常配合特性仍然会遭到破坏。正常磨损是随着动车组运用时间而缓慢增加的,它是动车组技术状态不断变坏的一个主要原因,是不可避免的,但可以设法减轻。

2) 腐 蚀

因零部件不可避免地要接触各种腐蚀介质,因此腐蚀也是不可避免的,但同样可以设法减轻。

3) 疲 劳

动车组零部件所受载荷均为交变载荷,往往由于某些原因产生疲劳裂纹,导致零件表面剥落或整个断裂。

4) 变 形

材料长期承受载荷,会产生缓慢的塑性变形,其结果使零件伸长、缩短、弯曲或扭曲。

变形超过一定限度时，零件与零件的相互关系即遭到破坏。由于设计、制造和运用等原因，零件的变形也很难避免。

2. 责任原因

1）设计方面

结构设计不合理、计算错误、材料和热处理选用不当等，都会造成零部件的破坏。

2）工艺方面

在制造和修理时不严格遵守工艺规程，没有达到所要求的技术要求，造成零部件的破坏。

3）运用方面

质量再好的产品如不正确操作、维护、保养，也会很快发生损坏。

损伤的形成

6.2 分解及清洗

6.2.1 分　解

所谓分解是把零部件从动车组上拆卸下来。分解是检修过程的第一道工序，也叫解体。

1. 分解的要求

（1）分解前必须清楚动车组及其零部件的构造和工作原理，主要是结构特点、连接、配合关系。

（2）做好分解场地的选择、清理；拆卸、断电、擦拭、放油；对电气、易氧化、易腐蚀的零件进行保护等各项分解前准备工作。

（3）使用正确的分解方法，保证人身和设备安全。

（4）对轴孔装配件应坚持拆与装所用力相同原则，主要防止零件碰伤、拉毛、甚至损坏。热装零件需用加热来拆卸。

（5）拆卸应为装配创造条件，做好必要的记录和标记，避免误装。细长零件要悬挂存放，防止弯曲变形。精密零件要单独存放，注意做好对精密结合件的防护，以免损坏。对不能互换的零件要成组存放或打标记。

2. 常用拆卸方法

（1）击卸法：利用锤子或其他重物在零件上敲击，使零件卸下。

（2）拉拔法：对精度较高不允许敲击的零件采用此法。

（3）顶压法：利用机械和液压压力机或千斤顶等工具和设备进行拆卸。适用形状简单的过盈配合件。

（4）温差法：对尺寸较大、配合过盈量较大或无法用顶压等方法拆卸时，采用此法。

（5）破坏法：若必须拆卸焊接、铆接等固定连接件，或为保存主件而破坏副件，可采用锯、钻、割等方法。

3. 分解注意事项

（1）严格遵守工艺规程及操作性工艺文件要求。

（2）动车组部分零部件的配合精度要求较高，具有严格的相对位置且不可互换。在分解时必须将其归类，以免检修、组装时出现问题。

（3）有些零部件在运用中发生的运动间隙、相互位置的改变，如轴的横动量、齿轮啮合间隙，只有在组装状态下才能测取，解体后已无法检查、测量。因此，解体前必须对这些主要的、必要的参数进行测量、记录，为检修工作提供依据。

（4）一些调整垫片，重新调整选配比较麻烦，如这些垫片无损坏，为了组装调整的方便，分解时可将每组垫片做好标记，分别存放。

6.2.2 清 洗

动车组在运用中，容易被油垢、尘砂等脏物沾污，零件表面还会生成锈蚀。清洗是动车组修理过程中的一个重要环节，因为清洗的质量直接影响着修理质量。清洗不良将给下一步的检修工作带来很大困难，使一些隐蔽的缺陷、损伤不能被发现而造成漏检、漏修，将可能造成严重的后果。因而清洗是检修过程中必不可少的一道重要工序。

1. 清洗的类型

清洗的类型主要包括：

（1）外部清洗：分解前清洗外部的油垢、尘土，以便发现外部的损伤情况。

（2）零、部件清洗：分解后清洗零部件表面的油垢、锈蚀，以便鉴别缺陷，确定修理工作量。

（3）修理过程中的清洗：在修理过程中，根据修理工艺要求而进行的清洗。

（4）组装前的清洗：清除修理过程中所带来的污垢、铁屑等，避免影响组装质量。

2. 零部件主要清洗方法

1）机械清洗

（1）手工清除法。

擦拭，使用刮刀、钢丝刷、扁铲除污，用毛刷除尘。

（2）机械工具清理。

这种方法多用来清除零件表面的积炭、锈蚀、旧漆等。清理时，采用刷子、刮刀、软砂轮和砂纸。各种形状的刷子由钢丝、黄铜丝、毛等制成，由电钻或风钻带动旋转。

（3）压缩空气吹扫。

根据零部件覆盖物性质和厚度来选择压缩空气压力。牵引电机、转向架和车体底架一般采用高压风吹扫。

（4）吸尘器清洗。

吸尘器清洗主要用于电气装置和电路板灰尘清洁。

（5）高压喷射清洗。

将清洗液用高压泵加压从而产生高速射流喷向工作表面，在工件表面产生冲击、冲蚀、疲劳和气蚀等多种机械、化学作用，从而清除工作表面的油脂、油污、旧漆氧化皮等有害成分。

（6）超声波清洗。

这种方法是把电能通过专门的装置转变成声能，并在 28 000 Hz 的振荡频率下传播到清洗液内，产生一种冲击波。这种冲击波能破坏零件表面上的积炭和油膜。

2）物理-化学清洗

这种方法主要是采用各种化学清洗剂，用来软化和溶解金属零、部件表面的污垢，以达到去污的目的。

（1）碱溶液清洗。

碱溶液即氢氧化钠、碳酸钠等水溶液，主要是利用碱溶液对油脂的皂化作用和乳化作用进行除油、除积炭，高温情况下效果更好。

（2）有机溶液清洗。

有机溶剂包括煤油、汽油、丙酮、苯、松香水、三氯乙烯、四氯化碳等。有机溶剂能溶解皂化性油和非皂化性油，从而去除油垢。多用于碱溶液清洗不干净或零件怕受潮、受腐蚀而不能用碱溶液清洗的场合。一般来说，采用有机溶剂清洗效果良好，但溶剂消耗量大，很不经济，同时还有防毒、防火等问题。

（3）水基清洗。

水基清洗剂以表面活性剂为主要成分，同时添加各种添加剂如助剂、稳定剂、缓蚀剂、增溶剂、消泡剂、防霉剂、防冻剂等。表面活性剂具有浮化、湿润、增溶、渗透、分散、防腐、络合等特性，在清洗液中起主要作用。表面活性剂是一种两亲分子，当这种两亲分子附着于油-金属界面时，其亲油端容易吸附在油污表面，并伸向油污内部，而极性亲水端则吸附在金属表面，在油-金属界面间形成一层紧密的定向排列的表面活性剂分子膜。这种膜能减弱油-金属界面的附着力，增加金属零件的湿润性。在水溶液浸泡、撞击零件的过程中，表面活性剂分子在水分子的吸引下，油污从金属零件表面脱离，起到清洗零件的目的。当这种两亲分子附着于油-水界面时，其亲水端向水中伸入，形成一层膜，降低油-水的界面张力。当溶液中的表面活性剂分子达到一定浓度时，就会使油污在溶液中形成稳定的微小油污颗粒，形成溶解了油污的乳化液，达到清洗零件油污的目的。水基清洗可在常温下使用，也可加热使用，可煮洗也可喷洗。

（4）气相清洗。

即蒸汽除油，主要用于去除油垢。利用加热清洗液产生的蒸汽，在工件表面形成气相区，对黏附在其表面的油脂进行蒸汽溶解、冲洗，当蒸汽被冷凝时，连同油脂、污垢一起落回清洗槽内。然后再加热为蒸汽，如此往复循环作用，直至工件被清洗干净。

6.3 检　验

所谓检验就是对被检验的零部件，通过各种检查、测量和试验方法，鉴定其技术状态。因此，正确地检查零部件的缺陷和故障性质、程度和位置，是动车组进行检修的前提。

6.3.1 常用的检验方法

1. 感觉检验

1）视觉检验

用眼肉或用放大镜检查零、部件的表面状态，如零部件形状、颜色、撞痕、伤痕、腐蚀、焊接部位裂纹状态等。

2）听觉检验

听设备本身发出的声音或用检查锤敲打被检查部位，来判断设备及零部件内部有无缺陷，连接是否紧密。

3）触摸检验

用手触摸设备，检查其发热状态。

上述检验方法是最简单的方法，使用比较广泛，但精准度较差，要求检验人员具有丰富的实践经验。

2. 量规仪器检验法

1）测量尺寸

测量设备部件之间的距离、安装高度、间隙、厚度等或测量零件的尺寸和形状。

2）测量电压、电流

对设备或电路施加电压，测量电压、电流值或波形是否正常。

3）涂色渗透检查

涂色渗透检查是无损检测的一种方法，它是一种表面检测方法，主要用来探测诸如肉眼无法识别的裂纹之类的表面损伤。涂色探伤的基本原理：用着色剂涂在材料的表面，着色剂渗入受损部位，放置一段时间后将表面的着色剂冲洗掉，在已经清洗干净的表面涂上显影剂，损伤部位由于着色剂渗入其中而看得一清二楚，从而达到检验缺陷的目的。

4）超声波探伤

超声波通过两种介质的接触界面时，会发生折射和反射现象。如果零件内部有缺陷，那么肯定存在着空隙和材料的接触界面，超声波遇到这些界面就会大部分被反射回来。利用超声波的这些特点就可确定零件内部缺陷的位置和大小。

5）X射线探伤

射线探伤就是利用放射线对金属有相当的穿透能力，来检查零件内部的缺陷。用X射线检查零件时，如果光路上有裂纹、气孔等，那么在缺陷部位射线的透射率就高，透过的射线就强。若用透视法，那么在荧光屏上就会有比较明亮的部分，即可判断缺陷的位置和大小。也可用照相法把影像记录下来。

6）绝缘试验

通常所说的绝缘试验，主要指绝缘体的电性能试验。可分为绝缘耐压试验和绝缘特性试验。绝缘耐压试验是指测定绝缘设备在不同电压下，如工频交流、直流、雷电冲击和操作冲击电压下，能耐受的最大电压。试验结果不外乎耐受和击穿两种可能性，因而称为破坏性试验。这种试验结果的可信度高，但要冒一定风险，而且多次做这种试验，可能会由于累积效应而对设备造成一定损害。绝缘特性试验是在较低电压下进行的，一般不会因累积效应而造成设备损害，也不会有破坏的风险，所以又称非破坏性试验。绝缘特性试验不仅在绝缘设备出厂前做，在运行中还会定期做。比较历次试验数据，判断绝缘情况的演变，或根据规程标准，判断绝缘合格或不合格。因此，这种试验又称预防性试验，其试验结论不很明确。为了提高可信度，不仅要比较历次试验记录，还要从不同的试验结果，如绝缘电阻、介质损耗因数、电压分布、局部放电、油的气相色谱分析等，对照分析来做出结论。

7）测量应变

使用应变仪测量零部件所受应力、变形，校验强度、刚度。

3．试验台检验

1）水压试验

水压试验是对容器类零部件，施加最高压力以上的水压，并持续一定时间以检查强度、刚度及密封性。

2）旋转试验

旋转试验是检查旋转体的周向均匀性，避免产生不平衡离心力。它可分为静态和动态试验。

3）振动解析试验

通过分析振动次数和频率，判断劣化、磨损状态。

6.3.2　动车组的状态监测与故障诊断

状态监测与故障诊断是指在不解体的情况下，用仪器、仪表获取有关参数和信息。从而达到掌握动车组技术状态的目的。

1．状态监测与故障诊断的内容

1）信号检测

选择合理的监测部位和相应的传感器，对运行中的动车组进行准确的测试，获取大量的状态信号。状态信号是动车组各种运行信号的载体，反映其是否存在故障。数据采集的准确与否、数量是否足够，是故障判断的关键。

2）特征提取

动车组在运行过程中，传感器所提取的各种信号十分繁杂。为了提高故障诊断的准确性，要采取信号处理技术，去除各种干扰，提取有用的故障信号。

3）状态识别

对提取的故障信号进行分析、比较、识别，进行故障早期诊断及判明故障位置和故障原因。

2. 故障信息获取方法

1）振动检测

动车组在运行中会产生机械振动，振动是反映其工作状态的一个重要信息。振动检测以动车组振动作为信息源，通过振动参数的变化特征来判断动车组的运行状态。

2）声学检测

以机械噪声、声阻、超声、声波、声发射为检测目标，通过分析信号强度与频率变化特征来判断动车组的运行状态。

3）油液检测

润滑油或冷却液中存在磨损后的残余物，它们的形状、大小、数量、粒度分布及元素组成反映动车组的完好状态。可以通过检测油品的理化性能、铁谱分析、光谱分析等方法来判断零部件的性能好坏。

4）温度检测

利用动车组在运行中的温度、温差、热图像等参数的变化特征来判断其运行状态。

5）电气参数检测

对于各种电气设备，可以通过电流、电压、电阻、功率、电磁特性、绝缘特性等电气参数的变化特征来判别其运行状态。

6）表面状态检测

通过对表面层显微组织、残余应力、裂纹变形、斑点、凹坑、色泽等进行检查，研究变化特征，判断故障及形成原因。

7）强度检测

通过检测各种强度指标，判断动车组运行状态。

8）无损检测

利用射线、超声、磁粉、渗透、电涡流等无损检测方法，进行压延、铸锻件及焊缝缺陷检查和表面镀层、管壁厚度的测定。

9）光学检测

以亮度、光谱和各种射线效应为检测目标。

10）压力检测

测量动车组的气体、液体压力参数的变化特征来判断其运行状态。

3. 动车组状态检测与故障诊断系统的作用

动车组状态检测与故障诊断系统对于保证其安全运行起着十分重要的作用。系统运用各种检测、测量、监视、分析和判断方法，结合动车组历史和现状，考虑环境因素，根据所检测的信息特征对动车组运行状态进行评估，判定发生故障的部位，分析故障形成原因并预报故障发展趋势，以便及时处理。状态检测与故障诊断是防止故障发生的有效措施，也是设备进行预知检修管理的重要依据。动车组状态检测与故障诊断技术主要包括状态检测、故障检测与诊断及通信网络。

1) 状态检测

为了保证高速安全运行，防止列车冒进和追尾等重大事故，动车组采用列车自动控制系统，包括列车自动防护、列车自动驾驶和列车自动监控 3 部分，其中列车自动控制系统负责操作防护的所有工作，诸如线路空闲、列车间隔、超速防护、操作安全等的监视。列车自动驾驶负责牵引和动力制动的所有控制及停站操作，包括对列车的区间速度调节。列车自动监控负责运行监督，对列车自动控制系统发出运行时刻指令，监督运行并对偏差做出反应。

2) 故障检测与诊断

故障诊断是通过正确地故障识别（检查和检测），找出故障的准确位置，把需要修复或更换的零部件识别出来，从而大大缩短维修过程，减少维修时间。

动车组应用的诊断方式有 3 种：人工诊断、自动测试设备和机内测试设备的诊断。重点在机内测试，也就是说，尽量完善动车组的车载监测诊断系统，使之在动车组高速运行时发现和传输故障信息。自动监测设备诊断一般在列车库停和动车段检修时使用，如车轮超声波探伤、车轮磨损及外形检测等。

3) 通信网络

动车组的控制命令、运行监控、故障监测与诊断的信息都是通过列车通信网络传送的。各个计算机控制的部件互相联网，通过网络通信来交换信息。如通过网络传递牵引或制动信息，以保证各单元协调统一的工作；各动车和拖车的工作状态也通过网络传送到主控车，用以状态监测和故障诊断。

6.4　常用的修复工艺

在动车组的修理中，零部件的修复工作占有很重要的地位。合理地选择和运用修复技术是保持和提高铁路运输能力的重要因素。

目前常用的修复工艺有机械加工修复法、焊修法、电镀法、金属喷涂法、压力加工法、黏结法等。

6.4.1　机械加工修复法

动车组在运用中，磨损将改变零件原有的尺寸和形状。从而破坏零部件间正常的配合，影响动车组性能。

对于零件的修复有两种方法一种是将磨损零件完全恢复到原来的尺寸和形状；另一种是在不影响机构正常工作的前提下，改变零件的原有尺寸，以便恢复其原有的配合性能。

机械加工不仅作为一个单独的修理方法，而且也应用在其他修理方法的工艺过程中。如电镀、焊修后，为保证一定的尺寸精度和表面粗糙度，还需要进行机械加工。

1. 修理尺寸法

1）定 义

修理尺寸法是对配合件中的一个零件进行机械加工，使其恢复正确的几何形状，而更换另一个零件，以达到原有的配合要求。配合件的尺寸与原来的尺寸不同，这个新尺寸称为修理尺寸。

2）特 点

修理尺寸法适合于修复磨损的配合件，选择配合件中价值高、结构复杂、尺寸较大的零件作为加工对象，对另一个零件进行更换，可以完全恢复配合的正常工作能力。同时，修理工作也比较简单。但此方法限制了零件的互换性，使备品生产复杂化。零件尺寸变化较大时，缩短了零件的使用寿命。

2. 钳工修补法

1）键槽修复

将旧槽用焊的方法用金属填满，重新开槽。在轴和轮毂的配合中，当二者当中的槽仅磨损其一时，可把磨损的键槽加宽，配制阶梯键；当两槽均磨损时，将键槽扩大原尺寸的10%～15%，配制大尺寸键；当键槽磨损大于15%时，可在原槽位置旋转90°或180°方向重新开槽。

2）螺孔修复

将损坏的螺纹钻去，攻出新螺纹；如损坏的螺纹不允许扩大，则用螺塞将其封堵，再攻出新螺纹。

3）铸铁裂纹修补

在裂纹上覆盖钢板，钢板两端用螺钉连接，并钻止裂孔。

3. 修配法

1）局部更换法

零件局部损坏时，把损坏的部分去除，在不影响使用的前提下，采用可靠的连接方式用新的部分补上。

2）换位法

对称配合的零件，如一边磨损较大，另一边较小。如结构允许，一边磨损超限后将两边对换继续使用。

3）附加零件法

将零件的磨损工作表面加工掉，根据原尺寸需要，修配一个附加零件。

4）金属紧固件法

如零件损坏且不易焊接，则采用金属板加固并连接的方式进行修复。

4. 精加工修复法

1）铰　孔

利用铰刀修复精度要求较高、粗糙度要求较小的配合孔。

2）珩　磨

用由 4～6 根细磨粒的砂条组成的珩磨头对内孔表面进行既旋转又上下运动的加工，在磨去一层金属的同时，内孔表面留下网纹状的加工痕迹。

3）研　磨

用铸铁制成研具和研磨剂从工件表面磨去一层极薄的金属，从而达到高精度小粗糙度的一种光整加工。

4）刮　削

用刮刀从金属表面刮去一层极薄的金属。刮削在机加工后进行，可达到较高精度和较小的粗糙度。

6.4.2　压力加工修复法

利用大部分金属的可塑性，在外界压力的作用下，使金属发生不可逆转的塑性变形，达到使零件非工作部分的金属向磨损表面转移，以补偿磨损的金属，从而恢复零件的工作能力。

1. 压力加工修复法的特点

（1）加工对象为零件，其已具有既定的几何形状和尺寸，并具有一定的金属组织和机械性能。

（2）压力加工后，零件一般只做最后的加工。

（3）机械加工余量力求最小，以提高压力加工修复法的经济效果。

2. 压力加工修复法分类

1）冷态校正

用压力机或手锤对零件变形处施加外力，使其恢复原有形状。

2）热态校正

将零件弯曲部分的最高点迅速加热到 450 ℃ 及以上，然后迅速冷却，由于被加热部分的金属膨胀，塑性随温度升高而增加，又因受周围冷金属的阻碍，不能随温度升高而伸展。当冷却时，收缩量与温度降低幅度成正比，收缩力很大，造成收缩量大于膨胀量的情况，从而校正了零件的变形。

6.4.3 金属喷涂法

金属喷涂法是用压缩空气或其他形式的动力，将熔化了的金属吹散为细小的金属微粒，此种微粒以极高的速度喷在经过专门处理过的待修零件表面上，形成覆盖层。

金属喷涂法有如下特点：

（1）适应性强，可喷涂的材料很多。
（2）喷涂温度低，零件热应力小，变形小。
（3）工艺简单，生产效率高。
（4）喷涂层与基体结合强度低，不适合压延、滚动和冲击零件的修复。
（5）喷涂层由细小的微粒组成，具有多孔性，储油能力强，但降低了抗腐蚀性。

6.4.4 焊修法

焊修就是用焊补、堆焊、喷焊和钎焊等方法来修复零件。焊修在修理中应用比较广泛，它有如下特点：

（1）能修复多种缺陷，如断裂、裂纹、凹坑、磨损等。
（2）可以焊修各种金属制成的零件。
（3）堆焊的焊层与基体金属结合良好，焊层的硬度和强度可以控制。
（4）可以节约大量金属，焊修成本较低。
（5）焊修设备简单，并可移动到任意场所进行工作。
（6）焊修技术水平要求较高，才可保证焊修质量。
（7）焊修时产生的高温会影响基体金属性能。
（8）焊修时零件的局部过热会产生很大的内应力，造成零件变形甚至破裂。

焊修法

6.4.5 电 镀

电镀是在电解的条件下，使电镀液中的金属离子沉积到电极上的零件表面，形成一层紧密而光滑的金属结晶镀层。

由于金属的电镀层都是在低温（100 ℃左右）的电解条件下获得的，因此对基体金属的物理机械性质影响很小。电镀不仅能恢复磨损零件表面的尺寸，还能改善零件表面的性质，提高耐磨性、防腐性，形成装饰性镀层和要求的某种特殊性能的镀层。但电镀需有特殊设备，镀层厚度有一定的限制。

目前，常用的修复零件磨损的电镀法有镀铬、镀铁、镀铜等。

6.4.6 刷　镀

利用电化学原理,在金属表面局部有选择性地快速沉积金属镀层,从而恢复零件尺寸,保护零件和改变零件表面性能。

刷镀在低温下进行,基体金属性能几乎不受影响。镀层与基体结合强度高于常规的电镀和金属喷涂;对于难以焊接的金属以及淬硬、渗碳等处理层也可以刷镀;刷镀设备轻便简单,工艺灵活;镀层厚度可控制在 ± 0.01 mm,适用于修复精密零件。

6.4.7 气相沉积技术

从气相物质中析出固相并沉积在基材表面上。根据使用的原则不同分为气相沉积和物理气相沉积。

气相沉积能够在基材表面形成硬质耐磨层、软质减磨层、防腐层及其他功能性镀层。获得的镀层致密均匀,提高材料表面机械物理性能的效果明显。

6.4.8 黏结修复法

黏结修复法是利用黏合剂将金属或非金属材料牢固地黏合在一起或填补裂纹等缺陷,以达到修复零件的目的。

黏结修复法能使黏合剂之间具有较好的连接强度、平整度和粗糙度,而且没有应力集中现象。在用来填补裂纹时,有耐水、耐油和较高的密封性;并有抗振、抗冲击、绝缘及耐酸碱腐蚀等性能。此外,工艺过程比较简单,成本较低。但黏结修复后工作温度较低(仅为 250 ℃左右),表面处理不好,黏结强度不够,因而黏结质量与使用寿命都比较差。

6.4.9 小　结

以上是动车组零部件常用的修复方法,在采用何种修复工艺时主要考虑以下几个方面。

1. 工艺的合理性

所谓工艺合理性,就是使零件的工作性能得到有效恢复。在工作过程中零件的工作性能的破坏主要有尺寸、几何形状、表面质量和材料性质等的改变。恢复工艺也就是恢复上述的一些变化,因此,在选择工艺时,要综合考虑零件和恢复工艺两方面的因素。

2. 经济合算

在满足恢复工作性能的条件下,选择修复成本低、使用寿命长的恢复工艺。

3. 符合生产条件

不脱离实际,使该工艺易于在本厂、段进行。

复习思考题

1. 动车组零部件损伤形式主要有哪些？简述各种损伤的产生原因。
2. 零部件表面摩擦有哪些？简述各类摩擦对零部件磨损的影响。
3. 试分析零部件的磨损形式以及磨损规律。
4. 简述影响腐蚀的因素。
5. 简述疲劳破坏的产生过程，并分析疲劳断面的组成。
6. 分析弹性变形和塑性变形的区别及影响因素。
7. 简述动车组常用的分解方法。
8. 简述动车组零部件清洗要求及方法。
9. 动车组零部件常用的检验方法有哪些？
10. 动车组状态监测与故障诊断系统有哪些故障信息获取方法？
11. 简述动车组零部件目前常用的修复工艺。

Part 7 动车组主要部件检修

动车组一级和二级检修是在编组状态下不解体对动车组各部分进行外观、安装状态及机械性能检查，若发现有缺陷的情况下要进行维修或更换。动车组的三级、四级、五级检修称为动车组的高级检修，其中，三级检修主要是转向架分解检修，对制动、牵引、空调等系统进行状态检查和功能测试；四级检修主要针对动车组各系统的分解检修，主要包括转向架、制动系统的分解检修，电机、电器的性能测试及更换，车内设施的检修等；五级检修是对整车全面分解检修，较大范围地更新零部件，根据需要对动车组进行现代化升级和改造，主要包括动车组分解、清洗、检查、修复、更换、车体重新油漆等。

动车组主要由车体、转向架、车端连接装置、制动系统、牵引系统、辅助系统、列车网络控制及信息系统等组成，本章主要介绍 CRH_5 型动车组各组成的高级检修。

7.1 动车组车体检修

动车组车体主要由底侧墙、车顶、端墙、车体附件（前罩开闭装置、车下设备舱）等组成。其三级修的主要内容为目视检查并清洁车体外部，车体无损伤、变形和裂纹；排水堵状态良好并排空车体型腔积水，当排出积水量大于 500 mL 时，检查车体型腔，有漏点时修复；车体滑块、箱形螺母、预埋丝套、铆螺母及自带螺纹的结构在配合螺栓拆卸时，需目视检查其内螺纹表面无损伤或滑扣，丝套无明显拔出痕迹；目视检查下车部件安装座处滑槽无变形和破损。四/五级修内容为清洁并检查车顶主断路器安装座上双头螺柱外露表面。

7.1.1 车门检修

动车组车门主要有客室侧门、客室端门、司机室端门、摆门、餐车上货门、司机登车门、监控室门以及吧间门/储藏室门等。

1. 客室侧门

1) 三级修

（1）清洁门板内外表面及门框，门板外表面划伤长度超过 150 mm 时须找补油漆。门板内表面划痕长度大于 300 mm，宽度大于 3 mm 且深度大于 1 mm 时须修复；内、外表面存在面积超过（50×50）mm² ，且深度超过 1 mm 的磕碰、凹陷时须修复。

（2）门玻璃划痕长度大于 100 mm 或有 8 个以上尺寸大于 10 mm，且深度大于 1 mm 时须修复或更新。玻璃有裂纹时须更新。玻璃更新时，周边的玻璃胶垫、密封垫须更新。

（3）防尘胶条破损时修复或更新，防挤压功能正常，门板周边的外密封胶条存在长度大于 30 mm 且深度大于 1 mm 的龟裂或龟裂幅度扩展大于 40 mm 时更新。破损超过 8 处或单个破损处的面积大于 200 mm² 时更新。

（4）检查紧急装置、"车门关闭并锁定""踏板关闭""车门关闭 98%"限位开关、车门指示灯、滑动式踏板、伸缩式踏板、车门指示灯功能均应正常。

（5）检查内、外紧急解锁功能、障碍物探测功能、隔离装置的机械功能和电气功能、本地操作面板各项功能正常。

（6）门扇支撑架滚轮、棘爪杆支撑滚轮须保证门开关功能正常。气动锁锁闭后，棘爪杆支撑滚轮能在下导轨凹槽位置转动灵活。

（7）目视可操作范围内的电气连接器、端子排、线插及风管接头连接可靠，无松动。线束无破损。

（8）清洁 X13、X14 连接器。

（9）检查并清洁自动脚踏的内部空间，检查下部脚踏弹簧的定位螺母和螺杆的距离满足要求，螺杆的距离调节为（56.5±2）mm，紧固力矩 60 N·m。

（10）清洁并润滑门板与门框间密封橡胶（注意：防夹手橡胶只清洁不润滑）。

（11）清洁并润滑驱动主轴、导杆、驱动单元上导轨的弯曲部分、锁壳机构内的所有弹簧和旋转插销、卡钩、锁定装置的锁缘、压力锁内的所有弹簧、压缩部分及滚轮和杆之间的部分、门扇下导轨的弯曲部分、翻板和平行杆间连接上的轴承。

（12）门架上螺钉完整、紧固，用（10±0.7）N·m 的力矩紧固 M8×20 螺钉，用（20±1）N·m 的力矩紧固 M8×30 螺钉。

（13）驱动单元、滑动式踏板、压力锁、锁壳机构、锁定装置、滚轮摇臂、遮光板和门扇支撑架上螺钉完整、紧固，防松标记完好；下导轨安装螺栓牢固；目视检查携门架摇臂套筒无裂纹。

（14）自动踏板功能正常，气弹簧作用良好。

（15）门上方白色接地线磨损时进行修复。

（16）自动翻板上盖无松动，松动时紧固安装螺栓。

（17）重新涂打自动翻板上盖锁红绿标记。

（18）外紧急装置红色把手、门框及开门按钮周边漆面破损时补漆。

（19）门锁 S9 支架安装紧固件与门支架导线距离不得小于 5 mm。

（20）驱动连杆紧固件防松标记无缺失，无错位。

（21）携门架上的橡胶缓冲块有裂纹和变形时更新。

2）四级修

（1）清洁高站台自动踏板内部空间，润滑滑道，调整齿条啮合程度、松紧度满足踏板伸缩功能正常。

（2）门板外表面重新喷漆。

（3）内表面油漆破损面积大于 250 mm²、长度大于 150 mm 时须补漆处理。

（4）辅助锁气缸分解检修，清洁并重新润滑，密封件、卡簧更新。

3）五级修

（1）客室侧门及附件（除门框）下车分解检修。

（2）门框与车体之间的密封胶表面破损面积大于 150 mm² 或伤痕长度大于 100 mm 时修复。

（3）滑动小车从驱动机构上拆卸进行检修，有损伤时更新。丝杠螺母更新。

（4）门控器连接插头 X1～X5 连接器安装方式须为上部安装。

（5）携门架上的橡胶缓冲器更新。

（6）上导轨中的滚轮更新。

（7）高站台自动踏板 X23 和 X24 连接器、脚踏毛刷、气弹簧更新。

（8）安装架上的气动控制单元软管、去耦合电磁铁、主锁上解锁电机的 S14 限位开关、S12 限位开关、门控器的非易失性随机存储器（NOVRAM）更新。

（9）滚轮摇臂上的滚轮和轴套更新。

（10）门板密封胶条和防夹手胶条（包括敏感边缘）更新。

（11）解锁电机、主锁锁舌、主锁止销、开关门按钮更新。

（12）下部脚踏和高站台自动踏板分解检修。下部脚踏的线束保护板有损坏时更新。滑动台阶的间隔橡胶更新。

（13）门板内表面、紧急解锁拉手表面重新喷漆。

（14）门系统重新安装调试，门架上 M8×20 螺钉紧固力矩（10±0.7）N·m，M8×30 螺钉紧固力矩（20±1）N·m，清洁并润滑门系统和脚踏。

（15）客室侧门安装时不需要进行二次调整的紧固件无松动，防松标记清晰完好。

（16）客室侧门进行水密试验、门机构功能试验、踏板功能试验。

2. 客室电动端门

1）三级修

（1）机构安装螺栓、可见的门板固定螺栓安装牢固，无缺失。

（2）清洁门板两侧表面、门把手内侧、门前下滑道、齿形带。齿形带和齿轮啮合状态良好，无跳齿现象。

（3）电缆及连接器表面无破损，电缆固定牢靠，连接器配合紧密。

（4）门开关按钮功能正常。

（5）驱动滑轮和滑轮组件运行无卡滞。

（6）下部导轨安装位置无窜动，不影响门正常运行。

（7）门控单元、步进电机、车门开启微型开关组件和车门关闭微型开关组件功能正常。

（8）电缆支架端头和各关节无断裂。

（9）功能检查：障碍物检测系统正常运行，电动关门力小于 170 N。门扇运动平稳、顺畅，手动开关门力不大于 100 N。门开关到位，定位可靠。门须有效锁闭，解锁和锁闭顺畅。

2）四级修

（1）玻璃表面有长度超过 120 mm 且深度超过 1 mm 的划痕时须更新。更新时，玻璃周边的衬垫和垫块须同时更新。

（2）门及门框密封胶条表面破损面积大于 150 mm² 或伤痕长度大于 100 mm 时更新。

3）五级修

（1）客室电动端门下车分解检修。

（2）清洁下部导轨、防火框。

（3）机构安装螺栓、门板固定螺栓损坏时更新。

（4）驱动滑轮和滑轮组件运行无卡滞，功能正常。

（5）更新门及门框的密封胶条。

（6）更新开门按钮及胶贴。

（7）更新齿形带、限位开关、拖链及拖链线、防火密封条、按钮连接用接插件、缓冲橡胶帽、标识牌。

（8）电缆及连接器表面无破损，电缆固定牢固，连接器配合紧密。

（9）下部导轨安装位置无窜动，不影响门正常运行。

（10）门控单元、步进电机、车门开启微型开关组件和车门关闭微型开关组件功能正常。

（11）电缆支架端头和各关节无断裂。

（12）防火框表面镀层不良时修复，更新损坏的紧固件。

（13）安装调试，功能正常（其中障碍物检测系统正常运行，电动关门力小于 150 N）。

3．司机室端门

1）三级修

（1）门锁功能正常，门锁无松动。

（2）门折页、锁口板损坏时更新。

（3）玻璃无裂纹。

2）四级修

（1）清洁门板两侧表面。

（2）门玻璃周边的胶条及门框密封条表面破损面积大于 150 mm² 或伤痕长度大于 100 mm 时更新。

（3）门挡无松动，胶皮无破损。

3）五级修

（1）司机室端门下车分解检修。

（2）门玻璃破损时更新。

（3）更新门玻璃周边的胶条。

（4）更新门挡及胶皮。

4．摆　门

1）三级修

（1）玻璃无裂纹。

（2）门锁功能正常，门锁无松动。

2）四级修

（1）清洁门板两侧表面。

（2）门玻璃周边的胶条及门框密封条表面破损面积大于 150 mm^2 或伤痕长度大于 100 mm 时更新。

（3）通风格栅安装牢固，格栅断格时修复。

3）五级修

（1）摆门下车分解检修。

（2）更新毛条、胶条及门挡。

（3）型材板材修复或更新。

（4）门轴功能不良时更新。

5. 餐车上货门

1）三级修

（1）门扇、衬垫、框架组件、撞板、铰链及上、下锁组件的插销无损坏。

（2）门板外表面划伤长度超过 150 mm 时须找补油漆。门板内表面划痕长度大于 300 mm，宽度大于 3 mm 且深度大于 1 mm 时修复。内、外表面存在面积超过（50×50）mm^2，且深度超过 1 mm 的磕碰、凹陷时须修复。

（3）门板及门框周边的外密封胶条存在长度大于 30 mm 且深度大于 1 mm 的龟裂或龟裂幅度扩展大于 40 mm 时更新。破损超过 8 处或单个破损处的面积大于 200 mm^2 时更新。

（4）门的开关动作和指示灯功能正常。

（5）操作手柄、锁定装置、微型开关及上、下部锁组件功能正常。

2）四级修

（1）餐车上货门下车分解检修。

（2）四周密封胶条更新。

（3）门板表面重新喷漆。

（4）重新安装调试，门开关动作正常，密封良好，指示灯功能正常。

3）五级修

（1）罩板及转向臂表面重新喷漆。

（2）限位开关及限位开关自带的线缆连接器及插针更新。

（3）折页轴承更新。

（4）所有锁部件分解检修，弹簧部件及锁舌更新。

（5）各部件的密封垫圈更新。

（6）弹簧部件更新，锁闭系统传动机构进行调整和维护。

（7）锁孔部位的钥匙盖更新。

（8）所有开关标识更新。

6. 司机登车门

1）三级修

（1）门扇、衬垫、框架组件、撞板、铰链及上、中、下锁组件的插销无损坏。

（2）罩板安装用紧固件无松动、脱落、丢失。

（3）门板外表面划伤长度超过 150 mm 时须找补油漆。门板内表面划痕长度大于 300 mm，宽度大于 3 mm 且深度大于 1 mm 时修复。内、外表面存在面积超过 (50×50) mm^2，且深度超过 1 mm 的磕碰、凹陷时须修复。

（4）门板周边的外密封胶条存在长度大于 30 mm 且深度大于 1 mm 的龟裂或龟裂幅度扩展大于 40 mm 时更新。破损超过 8 处或单个破损处的面积大于 200 mm^2 时更新。

（5）锁止挡锁闭情况下锁舌无松动，锁舌与止挡间的间距小于 1 mm。

（6）门开关动作正常，密封良好。指示灯功能正常。

（7）内部和外部操作手柄、锁定装置、微型开关及上、中、下部锁组件功能正常。

2）四级修

（1）司机登车门下车分解检修。

（2）四周密封胶条更新。

（3）门板表面重新喷漆。

（4）重新安装调试，门开关动作正常，密封良好，指示灯功能正常。

3）五级修

（1）罩板及转向臂表面重新喷漆。

（2）限位开关及限位开关自带的线缆连接器及插针更新。

（3）折页轴承更新。

（4）所有锁部件分解检修，弹簧部件及锁舌更新。

（5）各部件的密封垫圈更新。

（6）弹簧部件更新，锁闭系统传动机构进行调整和维护，功能正常。

（7）锁孔部位的钥匙盖更新。

（8）各种开关标识更新。

7. 监控室门

1）三级修

（1）导轨安装牢固，折页无损坏，滑轮运行无卡滞。

（2）门锁功能正常，门锁无松动。

（3）玻璃无裂纹。

2）四级修

（1）清洁门板两侧表面及上部导轨。

（2）门玻璃周边的胶条及门框密封条表面破损面积大于 150 mm^2 或伤痕长度大于 100 mm 时更新。

（3）通风格栅安装牢固，格栅断格时修复。

（4）把手等部件齐全。

3）五级修

（1）监控室门下车分解检修。

（2）门框密封条更新。

8. 吧间门/储藏室门

（1）清洁吧间门和储藏室门。

（2）吧间门和储藏室门开闭正常，门锁和铰链功能正常。

（3）吧间门通风格栅安装牢固，镜子无破损。

7.1.2 车窗检修

1. 客室侧窗

1）三/四级修

（1）玻璃表面有裂纹时更新。

（2）窗周边密封胶表面破损面积大于 150 mm² 或伤痕长度大于 100 mm 时更新。

2）五级修

（1）客室侧窗下车分解检修。

（2）玻璃表面划痕或破损长度大于 100 mm 或有 8 个以上长度大于 10 mm，且深度大于 1 mm 时修复或更新。

（3）客室侧窗丝网印划伤标准如下：

① 大窗划痕长度大于 100 mm 或有 8 个以上长度大于 20 mm，且宽度尺寸大于 2 mm 时修复或更新。

② 小窗划痕长度大于 100 mm 或有 5 个以上长度大于 20 mm，且宽度尺寸大于 2 mm 时修复或更新。

（4）窗外、窗内密封胶及胶条更新。

（5）车窗检修后进行气密试验合格（抽样试验，1 个每列）。

2. 司机室侧窗

1）三/四级修

（1）玻璃表面有裂纹时更新。

（2）铝护罩无破损。窗折页功能正常，窗开关正常、无卡滞。窗把手、紧急拉手无破损，气弹簧功能正常。

（3）侧窗密封胶条、紧急解锁胶条边缘破损大于 50 mm² 或龟裂时更新。

（4）接地电缆在车窗处固定牢靠，损坏时修复或更新。

（5）丝网印范围内玻璃夹层外观缺陷，包括气泡、雪花状缺陷不予处理。

（6）接地线有缺失、破损、断裂时更新。局部硬伤不损伤线芯时可修复，接地线断线超过 10%时更新。

（7）锁座外露面锈蚀严重处需除锈处理。

2）五级修

（1）司机室侧窗下车分解检修。

（2）窗框漆面破损时修补，开裂时更新窗框。

（3）平衡缆线在车窗处固定牢固，表皮破损或露线时修复或更新。

（4）有 8 条以上长度大于 10 mm 且宽度大于 2 mm 的玻璃伤痕时修复或更新。

（5）紧急框把手盖变形或破损面积大于 1/3 时修补或更新。

（6）检查把手机构安装组成、折页组成功能正常。

（7）车窗所有胶条、侧窗把手、齿轮、齿条和拆卸紧固件更新。

（8）逃生窗红色拉手重新喷漆。

（9）重新安装调试，侧窗开关功能正常。

3. 司机室前窗

1）三/四级修

（1）清洁挡风玻璃。

（2）挡风玻璃外框油漆脱落时须补漆。

（3）遮阳窗帘无破损，功能正常。

（4）挡风玻璃外框与玻璃板间密封处无损坏、裂纹。

（5）挡风玻璃外框和车体间密封处无损坏、裂纹。

（6）挡风玻璃电加热系统功能正常。

（7）挡风玻璃夹层出现起雾、雪花等现象不超过黑色印记不需处理，超过黑色印记则更新；挡风玻璃防爆膜出现起层、发白等现象均需更新。

（8）出现下列情况之一时需更换：

① 玻璃有裂纹。

② 玻璃可视区域内（见图 7.1）有 1 条以上长度大于 100 mm 且宽度大于 5 mm 的伤痕。

③ 玻璃可视区域内有 8 条以上长度大于 10 mm 且宽度大于 5 mm 的伤痕。

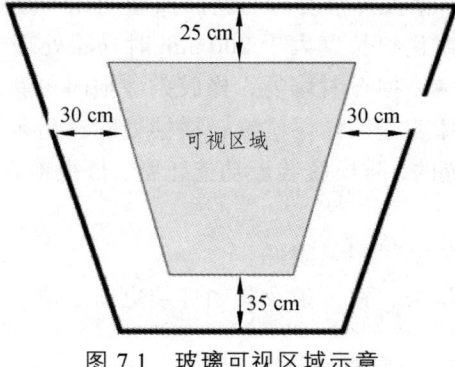

图 7.1 玻璃可视区域示意

2）五级修

挡风玻璃外框和车体间的密封胶更新。

7.1.3 裙板、底板及设备舱检修

1. 裙 板

1）三级修

（1）裙板下车清洁，状态检修。裙板无破损、断裂，密封胶条、过滤器卡簧片、锁组成、安全吊带、锁轴座、裙板轴组成、裙板格栅等附件作用良好，无缺失、破损、断裂、锈蚀；过滤器两侧表层网同一网孔出现2处及以上断裂时更新。

（2）外表面油漆破损，露出底漆处补漆；未露出底漆、面积大于400 mm^2 时补漆。

（3）合页及锁闭机构功能正常。

（4）四角螺纹锁防松标记清晰，碰锁回弹正常。

（5）制动缓解显示器观察窗玻璃裂纹或影响观察功能时更新（适用于CRH$_{5G}$型动车组）。

2）四级修

（1）裙板下车清洁，分解检修。

（2）所有密封胶条、开口销及拆卸的紧固件更新。

（3）安全吊带、过滤器中芯层网更新；制动模块、风源、变压器、变流器处对应裙板锁芯更新。

（4）外表面重新喷漆，恢复标记。

（5）紧固件紧固后涂打防松标记。

3）五级修

裙板折页轴更新。

2. 底 板

1）三级修

（1）底板下车清洁，状态检修，底板、连接骨架及接地线紧固件无松动。

（2）底板露出内部夹芯时修复（修复后与新品质量变化不超过6%），断裂时更新。油漆表面破损面积大于100 mm^2 或伤痕长度大于200 mm时补漆处理。

（3）底板通风口处通风格栅损坏时修复，橡胶条破损时更新。

（4）铰链组成表面起皮掉漆处须涂层修复；锈蚀处除锈后须涂层修复。

（5）底板带有防松脱装置的，防松脱装置功能正常，目视检查防松脱座和插销无裂纹（适用于CRH$_{5G}$型动车组）。

（6）拆卸底板时更新安装底板用紧固件。

（7）牵引电机底板密封胶条、铝压条及紧固件须更新。清洁并调修牵引电机底板，底板油漆破损时进行补漆处理。

2）四级修

（1）底板下车清洁并分解检修。

（2）目视检查支撑组成各焊缝无损伤。带有T形螺栓支撑组成的T形螺栓更新。

（3）重新组装时，所有紧固件及橡胶垫更新，紧固件紧固后涂打防松标记。

3）五级修

（1）底板重新喷漆。

（2）铰链变形时校正，销轴孔变大时更新。

（3）所有密封胶条更新。

（4）牵引电机底板铆钉更新。

3．铸铝横梁

1）三/四级修

（1）目视检查铸铝横梁，无裂纹。

（2）横梁组成、弧形支撑、结构支撑与车体连接的螺栓出现镀锌层完全脱落时更新。

（3）铸铝横梁抗石击涂料出现凹坑、破损、裂纹时，检查本体状态并重新喷涂。

（4）横梁关键部位无破损、变形（见图7.2和图7.3）；其他部位破损面积小于100 mm²时须将尖角打磨圆滑，重新涂漆。

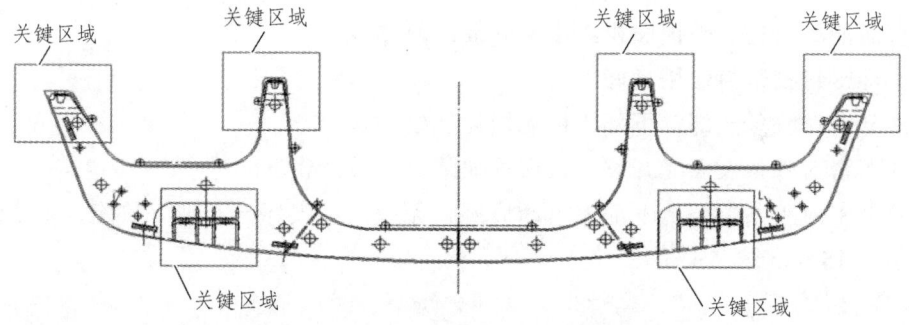

图7.2　电机横梁关键区域示意

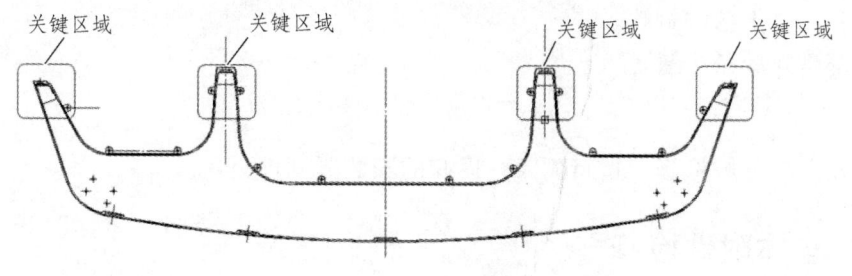

图7.3　其他横梁关键区域示意

2）五级修

（1）铸铝横梁下车分解检修。

（2）横梁关键部位去除外表面油漆，渗透探伤检查，有裂纹时更新（见图7.2和图7.3）。

（3）横梁组成与车体连接的紧固件更新。

（4）带有抗石击涂料的铸铝横梁重新喷涂。

4. 通过台下部裙板结构

1）三/四级修

（1）目视检查通过台下部裙板结构，损伤时修复，变形时调修。铆钉状态完好，铆钉缺失或不良时重新铆接。

（2）内、外端面有破损、变形、裂纹时修复。油漆破损时补漆。

（3）通过台下部裙板下盖板破损时修复、变形时调修、脱漆处补漆。

2）五级修

（1）通过台下部裙板结构下车分解检修。

（2）内、外表面重新喷漆。

（3）铆钉更新。

7.1.4 端墙盖板检修

1）三级修

（1）清洁外表面。

（2）表面油漆鼓包、破损面积大于 400 mm² 时修复。

（3）上部密封胶密封作用良好。

（4）外部密封胶条上部、下部压板无损坏、松动。

（5）外部密封胶条表面无开裂、破损等缺陷，插接严密。

（6）外部密封胶条上部、下部无窜动痕迹，无脱出、损坏、开裂等缺陷，下部结束处须超出压板 10～15 mm。

2）四级修

（1）目视检查胶条压板安装丝套和安装座无损坏和松动。

（2）重新涂打上部密封胶。

（3）外部密封胶条更新。

3）五级修

端墙盖板下车分解检修，重新喷漆；拆卸的安装紧固件更新。

7.1.5 车体附件检修

车体附件的检修请参阅二维码内容。

车体附件检修

7.2 动车组转向架检修

转向架是动车组车辆系统中最重要的组成部件之一，分为动力转向架（简称 M 转向架）和非动力转向架（简称 T 转向架）。动力转向架有牵引电机和驱动装置，而非动力转向架没有。转向架除了承担车体的全部质量外，更重要的是承担动车组的高速运行任务。转向架主要由构架、轮对轴箱、牵引装置、基础制动装置、二系悬挂装置、驱动装置部分组成。CRH$_5$型动车组转向架如图 7.4 所示。

图 7.4 CRH$_5$ 型动车组转向架

7.2.1 动车组转向架检修总体要求

在动车组三级、四级、五级检修中，均需要对转向架进行解体检修。CRH$_5$型动车组转向架检修的总体要求如下。

1. 三级修

（1）清洗转向架及相关部件表面。清洗前，转向架各管路进气口、各线缆插头、螺纹孔、各接线箱、制动指示器（仅适用于 CRH$_{5A}$ 型动车组）等部位须防护。

（2）转向架分解为枕梁组成、构架组成、轮对轴箱组成、轴箱弹簧组成、上拉杆组成、下拉杆组成、空气弹簧、抗侧滚扭杆组成、牵引装置、横向橡胶止挡、齿轮箱吊杆组成、减振器、基础制动装置、扫石器组成等部件。

（3）目视检查转向架与车体连接用圆柱螺母螺纹孔，状态良好时可继续使用，螺纹孔损坏时更新该圆柱螺母。所有拆卸的紧固件更新（转向架与车体连接用圆柱螺母除外）。未拆卸的紧固件（不含系统自带件），按 90% 额定力矩校验后涂打防松标记（不含双头螺柱栽丝端），松动时更新紧固件。转向架重新组装后未出厂运营前，装配的新紧固件（含楔形防松垫圈，不含系统自带件）可重复使用 3 次，所有弹性垫圈仅可使用 1 次。

（4）转向架各部位安装螺纹孔内清洗后用风枪吹净。所有螺纹孔及各部件装配用金属表面清理后超过 8 h 未组装时须进行防锈处理，重新装配时须保证各部件（安装螺纹孔及金属裸露配合部位）干燥清洁。

(5)检查转向架所有外露螺纹孔，配合部位螺纹有损伤或滑扣时，累计不许超过2扣，且不许连续。存在缺扣、毛刺等缺陷的螺纹孔须修复。外观检查双头螺柱配合部位无毛刺、损伤等缺陷。

(6)转向架各部件油漆破损部位须补漆。

2. 四级修

转向架增加分解差压阀、高度阀、砂箱组成等部件。

3. 五级修

转向架与车体连接用圆柱螺母更新。

7.2.2 动车组转向架检修工艺流程

转向架检修时将更换的转向架分解为转向架构架、轮对、牵引电机等零部件，进行各自的检查和修缮后，再重新组装成完整的转向架。主要的检修工艺流程为更换转向架→转向架分解→清洗→部件检查及修复→转向架组装→转向架试验。

1. 更换转向架

动车组进入转向架调换线后，进行更换转向架，具体步骤如下：

1）周围连接切断作业

(1)使用扳手，取下转向架的BC、TC用空气软管。

(2)使用电动冲击套筒扳手，取下MM航空插头。取下导线夹紧皮带的安装螺栓，拔掉MM航空插头。

(3)使用扳手，取下轴温度计及速度发电机相关的航空插头。取下压紧电线的螺栓，拔掉航空插头。

(4)使用空气冲击套筒、钳子，将单连杆临时固定（车体侧）。卸掉安装螺栓的防松铁丝，松开安装螺栓、临时固定单连杆。

(5)使用一字螺丝刀卸下MM风道的下座。

(6)使用手电筒、电动冲击套筒扳手、钢丝刷卸下接地线、进行检查。取下接地线安装螺栓，检查接地线端子无伤痕、裂缝、破损。

(7)使用检查手锤、手电筒、套筒扳手检查LV本体。取下LV调整箱的盖子，确认LV本体无漏油，安装LV调整箱的盖子。

(8)使用扳手、套筒扳手取下LV调整棒下部。拔掉LV调整棒下部的开口销子，松开螺母、周围连接切断，螺钉插回原先的孔。

(9)使用冲击扳手取下抗蛇行减振器。松开铁丝，安装抗蛇行减振器专用工具，卸下车体及转向架的安装螺栓。

(10)使用套筒扳手、特殊工具取下横向减振器的转向架侧的安装螺栓。

（11）使用套筒扳手、錾子、手锤取下转向架排障器、确认排障器的状态。

2）更换转向架作业

（1）对准车体支撑装置（更换转向架装置）的位置。

（2）进行更换转向架作业。取下单连杆的下部螺栓，放出空气弹簧的空气，确认周围连接切断。

（3）挑出未修的转向架、送出。

（4）使用检查手锤、手电筒、錾子、电动冲击套筒扳手、手锤更换横向减振器。取下车体侧的减振器安装螺栓，取下横向减振器。将检修完的减振器安装在车体侧。拧紧车体侧的安装螺栓。确认力矩 196 N·m。

（5）使用检查手锤、手电筒检查清扫转向架上部车体侧(包括各航空插头)。检查安装螺栓无松动，各导线无损伤，空气软管无损伤。清扫车体侧航空插头、连接器类和车体侧空气弹簧嵌合部、涂抹润滑油脂。

（6）搬入完成的转向架，与车体连接。

（7）解除车体支撑装置（更换转向架装置）。

3）车体和转向架的周围连接作业

（1）使用空气冲击套筒、扭力扳手、检查手锤、钳子将单连杆与中心销子连接。在螺栓上涂抹力矩安定剂，拧紧安装螺栓，拧紧力矩为 980 N·m，用铁丝绑紧。

（2）使用扭力扳手将横向减振器与转向架连接。在螺栓上涂抹力矩安定剂，拧紧转向架侧的螺栓，拧紧力矩为 196 N·m。

（3）使用扳手将 BC、TC 用软管与转向架连接。确认密封垫插入状态，将软管安装在转向架上。

（4）使用电动冲击套筒安装 MM 航空插头。连接航空插头，安装导线夹紧皮带。

（5）MM 风道周围连接。安装 MM 风道下座。

（6）使用检查手锤、手电筒、电动冲击套筒安装轴温度计、速度计及发电机相关的航空插头。连接航空插头，安装导线夹子。

（7）使用检查手锤、手电筒、电动冲击套筒安装接地线。

（8）使用扳手、钳子安装 LV 调整棒下部。将 LV 调整棒下部对准转向架侧安装部，用螺母拧紧弹簧座，将开口销放入带槽螺母中。

（9）使用空气冲击套筒、扳手、力矩扳手安装横向减振器。在螺栓上涂抹力矩安定剂，拧紧螺栓，拧紧力矩为 343 N·m，用铁丝绑紧。

（10）空气弹簧、LV 漏气确认，确认无漏气。

（11）使用套筒扳手、錾子、手锤安装转向架排障器。

（12）使用检查手锤、手电筒确认各部安装状态。

4）调整作业

（1）使用扳手、特殊工具确认 LV 调整棒的尺寸。操作空气弹簧的截断阀放掉空气，空气弹簧泄气状态下将截断阀复位，用专用量具测量车体下部和转向架框架基准面的距离。标准值(330+ t)±3 mm, t 为空气弹簧调整板的厚度。范围外的情况下松开 LV 调整棒上下的拧紧螺母进行调整；调整结束后、拧紧 LV 调整棒的上下的拧紧螺母。

（2）使用抑制弹簧工具、特殊工具测量轴弹簧衬圈的空隙、并调整。基准值 88~91 mm，同一转向架在 2 mm 以内。范围外的情况下进行调整：卸掉轴弹簧上部橡胶盖，从轴弹簧上部放入弹簧抑制用工具，在侧弹簧和轴箱之间放入调整台，通过操作液压千斤顶增减调整板（垫圈）、确保上述规程尺寸。调整板插入厚度限度 21 mm 以内。安装轴弹簧上部橡胶盖。

（3）使用检查手锤、手电筒确认各导线的安装无松弛。

（4）确认齿轮箱的油量范围，油面计的刻度 0~−1。

（5）使用高度测量器测量密着连接器、辅助排障器的高度。密着连接器基准值为 $1\,000^{+10}_{-15}$ mm，前后差 20 mm 以内。辅助排障器基准值为轨道面上（30±10）mm。

5）试运行

转向架检查中的新转向架，在干线上行驶，确认无异常。

2. 转向架分解

动车组三级修将转向架分解为牵引电机组成、轮对轴箱组成、轴箱弹簧组成、空气弹簧组成、轮对提吊、速度传感器、排障装置、垂向减振器、增压缸、牵引拉杆组成、差压阀等部件。然后再对各部件分解检修。抗蛇行减振器托架（转向架侧）、横向减振器托架、调整棒托、各管路及配线等部件不分解进行状态检修。

转向架分解流程如下：

1）准 备

（1）确认作业条件：准备作业指导书，确认转向架已风干，需要拆解部位的防护用的包装物已拆掉。

（2）领取工具、材料：根据材料、工具清单，到材料配送中心领取材料、工具，清点配件数量，并确认状态。

2）转向架二系分解

（1）操作转向架举升机将转向架举升至适当高度。

（2）将二系垂向减振器从构架安装销上拆下。

（3）拆卸抗蛇行减振器、垫板。

（4）拆卸空气弹簧上部与枕梁连接安装螺栓。

（5）将构架与车体接地线拆下。

（6）拆卸二系横向减振器枕梁端安装螺栓，再将减振器压缩。

（7）拆卸高度阀杆球接头与高度阀连接螺母、与构架（电吊架）支座连接螺母，将高度阀杆拆下。

（8）将高度阀杆上的 紧固螺母松开，然后对高度阀杆进行分解，将球接头、柱头螺栓、套筒螺母、紧固件拆下。

（9）将转向架举升机举升至最高位置，拆卸中心销压板安装螺栓，将中心销压板拆下，再将两个方形键、一个圆形键拆下。

（10）使用螺栓依次穿入中心销与牵引梁分离工装、中心销安装孔后，将中心销与牵引梁分离工装安装至中心销上，对螺栓进行预紧，直至中心销与牵引梁分离。

（11）将C形支架下部M24×90安装螺栓拆下。

3）枕梁与构架分离

（1）操作转向架举升机将转向架调整至适当高度，确认枕梁组成与构架组成之间的所有连接全部拆开，在牵引梁与牵引拉杆之间垫木块。

（2）使用自立式起重机、吊带将枕梁吊起一段距离，观察空气弹簧与枕梁是否分离，若未分离，在外侧向内推动空气弹簧，直至空气弹簧上盖板与枕梁组成之间出现缝隙，再使用一字螺丝刀轻轻撬动，使空气弹簧与枕梁组成完全分离，将枕梁吊离转向架，放置在存放工装上，并在枕梁组成空气弹簧进气口处安装防护盖，在空气弹簧进气口处安装防护帽。

（3）拆卸空气弹簧与构架安装螺栓，使用自力式起重机、吊带、空气弹簧吊运工装将空气弹簧吊离构架，取下空气弹簧调整垫。

（4）拆卸二系垂向减振器构架端安装螺栓，将二系垂向减振器拆下。

4）压力前零部件分解

（1）操作转向架举升机将转向架调整至适当高度，拆卸撒砂装置安装螺栓，将撒砂装置拆卸下来。再拆卸加热器及管卡安装螺栓，将撒砂加热器从支座上拆下。

（2）将01/08车转向架感应接收器支座上预紧的管卡拆下，再拆卸感应接收器支座的安装螺栓，将感应接收器支座拆下。

（3）拆卸轮缘润滑装置支座安装螺栓，将轮缘润滑装置拆下。

（4）拆卸轴端保护接地线与构架连接安装螺栓，将保护接地线从构架上拆下。

（5）使用劈销器及尖嘴钳子将动车夹钳单元外侧闸片下部开口销闭合，将钎子插入开口销端部孔内，使用安装锤敲击钎子，将开口销拆下。使用一字螺丝刀撬开卡簧，将闸片拆下。

（6）拆卸C形支架上部安装螺栓，并用工装穿入C形支架上部两个螺纹孔，防止与构架分离。

（7）拆卸拖车轴温传感器管卡安装螺栓，将管卡及橡胶衬套拆下。

（8）将轴温传感器与轴箱安装处腻子清除干净，将轴温传感器安装螺栓拆下，按住传感器探头边旋转边将探针拉出，将传感器拆下，再使用气泡袋、尼龙扎带对传感器探头进行包缠。

（9）拆卸加速度传感器安装螺栓，将加速度传感器拆下。

5）转向架加压分解

（1）使用拉带将轴箱转臂捆绑在构架上，确保转向架推送过程中轴箱转臂不与构架分离。

（2）将转向架固定在转向架分解压力机上，在空气弹簧安装座上放置加压工装，操作转向架分解压力机对转向架加压。当动车转向架被压缩至一系拉杆工装松动、拖车转向架一系垂向减振器被压缩至车体落成后的高度时停止加压。

（3）拆卸动车转向架一系拉杆构架端与轴箱端安装螺栓，将一系拉杆拆下。

（4）拆卸拖车转向架一系垂向减振器下部安装螺栓，将一系支座拆下。拆卸一系垂向减振器上部安装螺栓，将一系垂向减振器拆下。

（5）拆卸转臂连接块安装螺栓，将转臂连接块拆下。

（6）拆卸转臂安全挡安装螺栓，将转臂安全挡拆下。

6）构架组成与轮对分离

（1）操作转向架分解压力机将压力卸下，撤除加压工装，将转向架推送至转向架举升机上。使用转臂支撑工装和C形支架支撑工装分别对轴箱转臂和齿轮箱C形支架进行支撑，撤除转臂与构架支撑的拉带和连接C形支架与构架的工装。确认构架组成与轮对之间的所有连接全部拆开，操作空中过轨车将构架吊起。

① 使用尼龙扎带在一系钢弹簧组成内侧弹簧上挂设带二维码的铭牌，外侧弹簧上挂设手写铭牌，明确车组号、车辆号、转向架位数及所在位置等信息，将一系调整垫、弹簧挡板、一系钢弹簧组成和叠层弹簧拆下。

② 当一系调整垫与构架难以分离时，可在止挡销拆卸后再分离。

③ 在轴箱转臂与C形支架上安装扶轮后，将轮对推送至下一工序。

④ 对于动车转向架，构架与轮对分离时可使用撬棍增加C形支架与构架安装座之间的间隙，使构架与轮对更容易分离。

⑤ 构架与轮对分离后，检查C形支架键槽上是否有连接键，若有连接键，将连接键拆下，交送至下一工序。

（2）结束检查：作业者分别填写相关作业的检修记录，由作业者分别清理自己的作业区域，作业结束后，按照设备保养相关规定对所用设备进行润滑保养。

3. 清　洗

（1）确认清洗前各部无异状。

（2）由转向架自动清洗装置进行清洗。

清洗转向架及相关部件表面，不得使用腐蚀性和温度超过 60 ℃ 的体清洗，转向架各管路进气口、各线缆插头、螺纹孔等部位防护良好，不得进水。

4. 检查及修复

主要对转向架构架、构架螺纹孔及管线、轮对、轴箱、一系悬挂装置、二系悬挂装置、驱动装置、基础制动装置进行检修。

1）构架检修

（1）三/四级修。

① 洗、干燥构架组成。

② 视检查构架表面无裂纹，目视检查构架组成各外露可视焊缝表面，存在裂纹时焊修，焊修后打磨处理并探伤检查。构架表面存在划伤、磕碰伤缺陷时打磨消除，确保圆滑过渡；构架组成板材及横梁钢管表面缺陷深度超过钢板厚度 10 % 时焊修，焊后打磨处理并探伤检查；其他部位可根据实际情况打磨修复，修复部位须圆滑过渡，修复后不得影响部件的承载强度。

③ 架上的部件装配面底漆脱落或破损时补漆。

④ 架抗击打涂层存在裂纹、损伤时可进行局部修补（抗击打涂层的剐蹭伤深度不大于

3 mm 或未露出金属时，可不进行修复）；损伤累计面积大于等于 50%时，须去除全部涂层后重新喷涂。（仅适用于 CRH$_{5G}$ 型风沙动车组）。

（2）五级修。

① 架组成脱漆（CRH$_{5G}$ 型风沙动车组同时清除抗击打涂层），对所有焊缝磁粉探伤，焊缝发现裂纹等缺陷时焊修，焊修后焊缝表面须打磨处理并探伤检查。

② 架组成探伤合格后，按要求检测构架的关键尺寸。

③ 架重新喷漆，漆膜干膜总厚度为 120～250 μm（CRH$_{5G}$ 型动车组漆膜干膜为 130～250 μm，CRH$_{5G}$ 抗风沙动车组抗击打涂层干膜厚度 1～3 mm）。

2）构架螺纹孔及管线检修

（1）三级修。

① 视检查构架组成上的各圆柱螺母安装孔，配合部位存在缺陷深度不大于 0.8 mm 时打磨去除高点、毛刺，并圆滑过渡。

② 视检查各种连接器插头，锈蚀时清洁处理，破损时更新。

③ 分解状态下，目视检查转向架上的连接管线（电气管线、供风管路）、管卡、接线箱内端子及连接状态。各接线箱箱盖密封垫更新。

④ 除各接线箱灰尘及锈蚀。检查各接线箱螺纹孔，螺纹损坏时，M6 螺纹孔可扩孔至 M8；M8 螺纹损坏时可焊修重新钻孔攻丝或安装螺纹衬套。

⑤ 管接头部位的涂胶状态良好。

⑥ 地线缆表皮破损但未露金属线时可用防水胶带或热缩管修复，露金属线时更新。

⑦ 种电气保护软管（包括波纹管及夹布胶管）出现表面破损但未漏时修复，失去防水功能时更新。

（2）四级修。

分解转向架供风系统中的基础制动配管、砂箱配管（仅适用于 CRH$_{5A}$ 型动车组）以及空气弹簧配管，进行状态检修，确认状态良好并做好保护。基础制动配管、砂箱配管（仅适用于 CRH$_{5A}$ 型动车组）以及空气弹簧配管系统中的供风橡胶软管、螺旋缠带及管接头更新。

（3）五级修。

① 下构架上的抗蛇行减振器座，对其脱漆、所有焊缝磁粉探伤，不合格者修复并探伤检查或更换，合格者重新喷漆。

② 向架上的电气管线、接地线缆、接头及各种连接器插头等部件更新。

3）轮对检修

轮对检修时需对动力轮对组成进行分解，对非动力轮对状态检查，车轴外露金属表面进行磁粉探伤，制动盘、车轮不超限时可不退卸，油漆脱落时补漆。轮对空心车轴和车轮按规定进行超声波探伤检查。

（1）车轮检修。

① 轮辋修按原型或 XP55-28 经济型踏面执行，辋修后车轮直径不小于 830 mm（未经第三方认证的车轮直径不小于 840 mm）。使用对应踏面样板进行检测，踏面区域间隙不大于 0.2 mm，轮缘内侧面间隙不大于 0.5 mm。车轮辋修后补漆。车轮配台标准符合限度表规定，

拖车车轮配合只对同一轴和同一转向架有要求。

② 测量分解检修车轮的轮毂孔直径，须测量 3 个截面，每个截面的测量值为每个截面 3 点（每隔 120°）的平均值，具体测量位置如图 7.5 所示

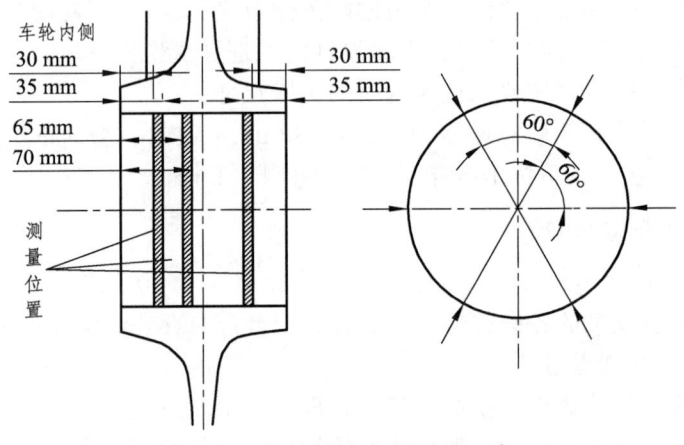

图 7.5　车轮毂孔直径测量示意

③ 解检修的车轮轮毂孔内表面存在局部划伤深度小于 0.15 mm、宽度小于 1 mm，沿轴向距轮毂内、外端面大于 20 mm 时，清除高点、锐棱、毛刺，磁粉探伤及反压试验均合格后可继续使用。

④ 轮辐板、轮毂表面等部位出现锈蚀、磕碰伤、划伤等缺陷深度不大于 1 mm 时可打磨修复，并保证修复部位圆滑过渡。

⑤ 解检修车轮的注油孔螺堵及垫圈更新。

（2）车轴检修。

① 三/四级修。

a. 车轴油漆脱落时补漆，动力车轴轴身表面清除油漆。

b. 表面抗击打涂层状态检查，动力车轴区域 2（见图 7.9）处涂层全部去除后重新喷涂；涂层边缘 R 角开裂、空鼓或裂纹累计大于等于 3 处时须将该段抗击打涂层全部去除后重新喷涂；涂层裂纹小于 3 处时局部修补；涂层剐蹭伤深度不大于 3 mm 或不露金属时，可不进行修复。（仅适用于 CRH_{5G} 型抗风沙动车组）车轴禁止焊修。

c. 动力车轴外露表面磁粉探伤检查，各部位均不许有横向裂纹、横向发纹和纵向裂纹。轴身表面存在纵向发纹时允许用砂纸打磨消除，打磨深度不大于 0.3 mm，车轴各圆弧部位不许有裂纹和发纹。磁粉探伤后退磁处理，剩磁量不超过 5 Gs。

d. 车轴轮座及盘座表面修复后不许存在深度大于 0.1 mm 的纵向拉伤或划伤缺陷，轮座超限时可机加工等级修复，加工后轮座直径不小于 ϕ189.240，轮座直径相对基本尺寸 192 mm 每降 0.5 mm 为一个等级，尺寸公差为（+0.240，+0.265）mm。车轴中间制动盘座直径为 $196_{+0.200}^{+0.285}$ mm，两侧制动盘座直径为 $194_{+0.200}^{+0.285}$ mm，制动盘压装时进行选配。

e. 测量动力车轴齿轮箱轴承安装座直径为 $195_{+0.020}^{+0.079}$ mm；圆锥轴承锁紧环安装座直径为 $194_{+0.514}^{+0.579}$）mm；圆柱轴承锁紧环安装座直径为 $194_{+0.504}^{+0.579}$ mm。装配时须选配齿轮箱轴承及锁紧环。

f. 车轴防尘板座配合部位无横向划痕,纵向划痕等缺陷深度小于 0.2 mm 时,或凹痕、擦伤总面积不大于 40 mm² 且深度不大于 0.1 mm 时,打磨去除高点、毛刺,并圆滑过渡。防尘板座非配合部位存在锈蚀等缺陷,深度不大于 0.5 mm 时,可打磨修复。

g. 轴颈检查要求各种检验量具与车轴至少同温保持 8 h。清洁轴颈、防尘板座。轴颈、防尘板座的直径分别为 $130_{+0.025}^{+0.068}$ mm 和 $160_{+0.100}^{+0.174}$ mm,轴颈圆柱度不大于 0.015 mm(轴颈须按四面十六点的方法进行测量,轴颈检测位置为距轴肩距离 50 mm、80 mm、130 mm、170 mm 处,防尘板座须按单面十字两点的方法进行测量)。轴承压装时须选配,轴承内圈与轴颈配合过盈量须满足 0.038~0.093 mm,轴承后挡与车轴防尘板座配合过盈量须满足 0.026~0.121 mm 的要求。

h. 用 180#以上砂纸清除轴颈表面上的凹痕和粗糙区,禁用金属锉刀或尖锐工具修理轴颈的配合表面。轴颈与轴承间隔环接触区域(距车轴轴颈外端面 75~105 mm 的区域内)发生磨损时,磨损部位的轴颈直径最小值不小于 130.01 mm 时可继续使用。轴颈距车轴外端面不大于 10 mm 区域内发生磕碰伤时,可根据实际情况打磨修复,修复部位须圆滑过渡。

i. 用通规、止规检测轴端的 3 个螺纹孔,要求通规通过,止规在 3 扣内止住。螺纹有损伤或滑扣时,累积不超过 2 扣,且不得连续,并清除毛刺。螺纹完整且螺纹塞规检测合格的情况下,螺纹表面允许存在鱼鳞状,表面毛刺须清除。

j. 车轴上的圆弧过渡及轴身处存在锈蚀、擦伤、磕碰伤等缺陷时,可手工或打磨机局部打磨修复,最大深度不大于 1.5 mm,修复面积不大于 1 000 mm²,且打磨宽度须大于打磨深度的 2 倍,修复部位须圆滑过渡。局部打磨修复后,须按规定检测,满足表 7.1 和表 7.2 要求。修复表面粗糙度须满足图纸要求。修复后的车轴整体磁粉探伤,探伤合格后可继续使用,超限时更换车轴。

(i)非动力车轴。

非动力车轴轴身分为 2 个区域,如图 7.6 和图 7.7 所示。每个区域修复后车轴的尺寸须满足表 7.1 要求。

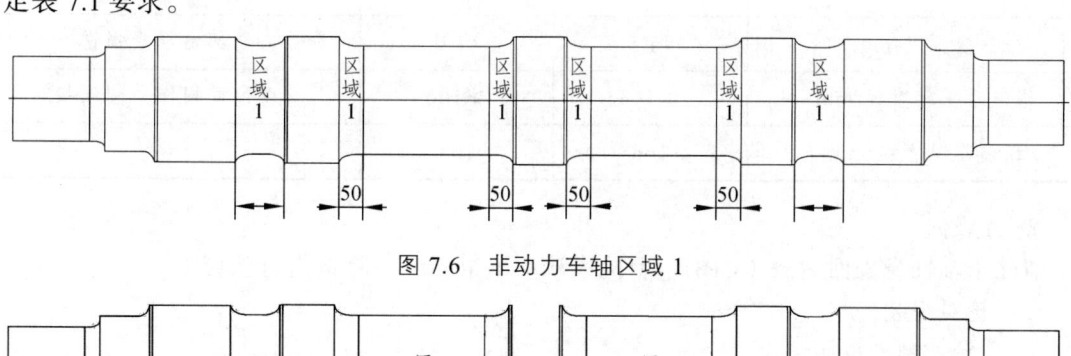

图 7.6 非动力车轴区域 1

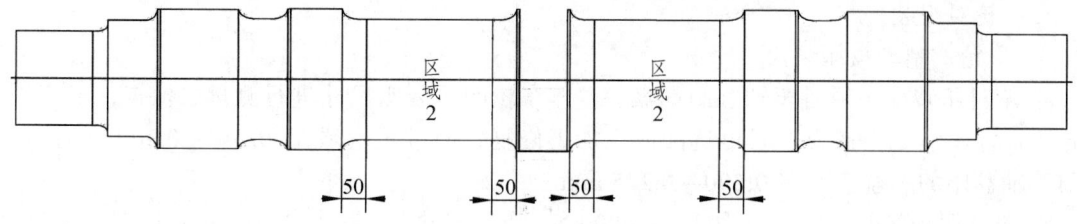

图 7.7 非动力车轴区域 2

表 7.1 非动力车轴修复标准

	区域 1	区域 2	备注
修复深度/mm	<1.0	<1.5	局部腐蚀或损伤
修复后车轴直径/mm	≥164	≥163	腐蚀或损伤呈圆周状
新造车轴直径/mm	166	166	

（ⅱ）动力车轴。

动力车轴轴身分为 2 个区域，如图 7.8 和图 7.9 所示。每个区域修复后车轴的尺寸须满足表 7.2 要求。

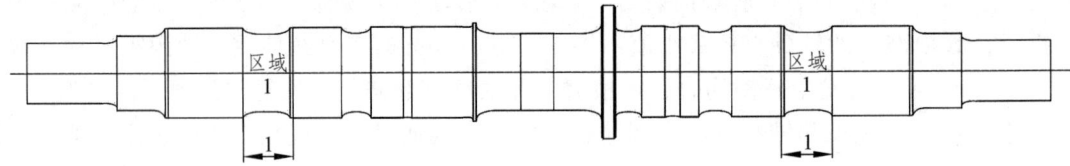

图 7.8 动力车轴区域 1

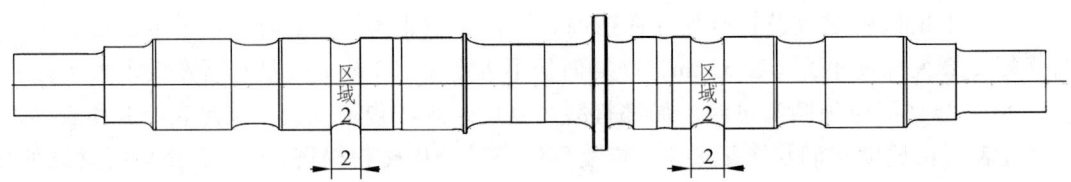

图 7.9 动力车轴区域 2

表 7.2 动力车轴修复标准

	区域 1	区域 2	备注
修复深度/mm	<1.5	<1.0	局部腐蚀或损伤
修复后车轴直径/mm	≥163	≥166	腐蚀或损伤呈圆周状
新造车轴直径/mm	166	168	

② 五级修

清除车轴轴身表面油漆（CRH$_{5G}$ 型抗风沙动车组同时清除抗击打涂层）。

（3）轮对组装。

① 车轮、制动盘压装。

a. 轮对压装前，须对车轴、制动盘、整体车轮的压装座尺寸进行测量、检查，车轮与车轴轮座尺寸不满足新造要求时可选配或机加工修复，但过盈量须在 0.240～0.300 mm；制动盘与车轴盘座的过盈量须在 0.200～0.285 mm。

b. 压装制动盘时，压装力为 225～400 kN；压装车轮时，压装力为 680～1 110 kN。压装时，车轮剩余不平衡须相对于轮对旋转轴处于同一径面和同一侧。制动盘的剩余不平衡须与车轮的不平衡处于同一平面上，且两者作用方向相反，如图7.10所示。

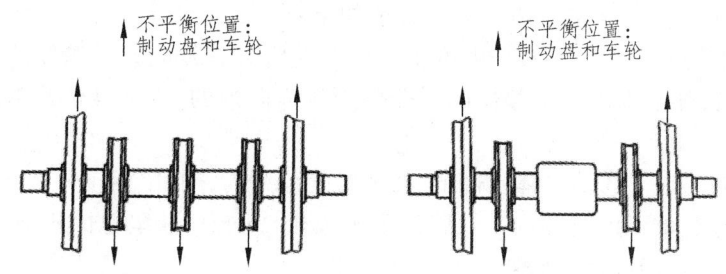

图7.10 车轮及制动盘静不平衡位置示意

c. 压装后，压装曲线图须符合 EN 13260 附件 A 标准的规定（须有规则地连续渐进提高压装力，但对于制动盘/车轮毂上的压力拆卸槽处的正常载荷损失，以及最后 50 kN 的 25 mm 中的最大下降要例外处理），否则须退卸，重新压装，并进行反压试验，此时反压测试压力为装配过程中应用最终压力的 120%。

d. 制动盘压装时，须与车轴制动盘座尺寸进行选配，满足规定要求；过盈量为 0.200 ~ 0.225 mm 时，须 100% 进行反压测试，反压测试压力不小于 270 kN。

e. 制动盘压装后检测盘位及端跳满足限度表规定。

f. 非动力轮对分解时同样按上述方案检修及组装。

② 轮对测试。

a. 车轮内侧距、轮位差、轮辋宽度须符合限度表规定。车轮内侧距须测量 3 个位置（每隔 120°），每个位置的测量值均须满足限度表要求。车轮位置尺寸须测量 3 个位置（每隔 120°），两侧车轮位置尺寸差值的最大值须满足限度表要求。

b. 轮对须进行电阻、跳动检测及动平衡检测，电阻测量值不大于 0.01 Ω，车轮内侧面端面跳动量不大于 0.3 mm，车轮踏面径向跳动量不大于 0.2 mm，动不平衡量不大于 30 g·m。

③ 轮对防腐。

a. 轮对补漆时漆膜干膜总厚度为 120 ~ 250 μm。（CRH_{5G} 型动车组漆膜干膜总厚度为 130 ~ 250 μm；车轴抗击打涂层干膜厚度 3 ~ 5 mm）。

b. 制动盘外露摩擦表面及车轮轮辋内、外侧面须防腐。车轮、制动盘与车轴配合的凸悬部位涂抹密封胶。车轴内孔内表面擦拭干净后喷涂适量防锈油。

④ 检修标记。

轮对检修完成后，须按规定刻打检修标记，并按规定在车轮辐板上用油漆移植轮对标记。

4）轴箱检修

（1）轴箱轴承检修。

轴箱轴承运用（120±12）万千米时大修，大修后运用（120±12）万千米报废。

（2）轴箱装置检修。

① 三级修。

a. 清洁轴箱体，油漆破损时补漆，结合部除锈，非加工表面磕碰伤深度小于 3 mm 且磕碰伤面积小于 100 mm² 时，去除高点、锐棱、毛刺并保证圆滑过渡时可继续使用。轴箱体螺纹孔内无毛刺、污垢及乱扣。

b. 清除轴箱体内孔的浮锈，锈蚀检查要求如下：

（i）轴箱体内孔承载区上部 180°弧度范围内不允许存在缺陷；轴箱体的中间前盖侧距端面 0～8 mm 轴向长度范围内，轴箱体的后盖侧距端面向内的 18～24 mm 轴向长度范围内不允许存在缺陷。

（ii）内孔非承载区①③轴箱体下部的 180°弧度范围内，缺陷深度不大于 1 mm；非承载区②轴箱体下部的 180°弧度范围内，缺陷深度不大于 2 mm；缺陷总面积不大于 9000 mm²。轴箱体内部区域示意如图 7.11 所示。

（iii）内孔承载区④⑤轴箱体下部的 180°弧度范围内，缺陷深度不大于 1.5 mm，各区域缺陷面积不大于 4 500 mm²。

（iv）轴箱内孔直径测量时需避开锈蚀区域，锈蚀缺陷导致内孔直径无法测量的大面积锈蚀轴箱更换。

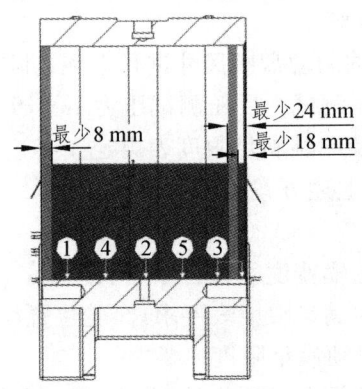

图 7.11　轴箱体内部区域示意

c. 测量轴箱体内孔尺寸（见图 7.11），各种检验量具与轴箱体至少同温保持 8 h。

（i）检查轴箱体两个内孔承载区的尺寸为 $\phi 230 \sim \phi 230.046$（每个轴箱体内孔承载区须测量两个截面，每个截面测量 3 个位置，测量数值的平均值须在此限度内）。

（ii）轴箱体两个内孔承载区的圆柱度均不大于 0.060 mm。超限时可加修，加修后直径允许在 $\phi 230 \sim \phi 230.115$。

（iii）轴箱体内孔与后盖和中间前盖配合部位的尺寸为 $\phi 231 \sim \phi 231.115$（见图 7.11 中涂色区域，每个配合部位须至少测量一个截面，每个截面十字交叉测量两组数据，测量数值的平均值须在此限度内）。

（iv）清洁后的轴箱体内涂防锈油。

（v）检查轴箱侧上拉杆衬套，表面清洁后涂防锈油。

（vi）目视检查轴箱后盖不许有裂纹、变形（不许焊修）；后盖 O 形圈槽损坏时更换后盖；清除后盖与轴箱体及轴承外圈配合面的锈蚀。

（vii）目视检查中间前盖、前盖不许有裂纹、变形（不许焊修）；清除各装配面的氧化物；组装时涂抹抗咬合剂。非加工表面磕碰伤深度小于 3 mm 且磕碰伤面积小于 100 mm² 时，去除高点、锐棱、毛刺并保证圆滑过渡时可继续使用。

（viii）目视检查轴承压板，有裂纹时更换，存在划伤、磕碰等缺陷时打磨处理；压板中心孔螺纹损坏时更换；用通规、止规检测其余螺纹孔，要求通规通过，止规在 3 扣内止住。螺纹有损伤或滑扣时，累积不超过 2 扣，且不得连续，并清除毛刺。压板螺纹孔禁止焊修。

（ix）拆卸的紧固件（轴箱体上安装后盖的双头螺柱除外）和 O 形圈更新。

② 四级修。

a. 每列车随机抽取 2 个轴箱体，脱漆后磁粉探伤检查轴箱体与上拉杆、下拉杆连接处以及安装弹簧承载受力部位，存在缺陷时对该列车所有轴箱体探伤，存在裂纹时修复或更换。

b. 轴箱体上安装后盖的双头螺柱更新。

③ 五级修。

轴箱体全部脱漆后磁粉探伤检查轴箱体与上拉杆、下拉杆连接处以及安装弹簧承载受力部位，存在裂纹时更换。

（3）轴箱组成组装。

① 用四面十六点的方法测量轴承内圈内径、外圈外径尺寸，用单面十字两点的方法测量轴承后挡内径尺寸。新造轴承内圈内径为 $130_{-0.033}^{-0.002}$ mm，轴承外圈外径为 $230_{-0.128}^{+0.008}$ mm，轴承后挡内径为 $160_{+0.043}^{+0.093}$ mm；检修轴承内圈内径为 $130_{-0.025}^{+0.005}$ mm，轴承外圈外径为 $230_{-0.12}^{-0.04}$ mm，轴承后挡内径尺寸为 $160_{+0.053}^{+0.108}$ mm。每个截面的直径为该截面测量数据的平均值。

② 轮对轴箱装置组装环境温度 21_{-5}^{+9} ℃、湿度不大于 60%、降尘量不大于 120 mg/m²；所有组装零部件温差大于 5 ℃ 时在组装前须同温 8 h，温差小于 5 ℃ 时同温时间为 4 h。按规定组装轴箱体组成。轴承压入力为 274.4~313.6 kN，轴承安装后须保证游隙值为 0.05~0.40 mm。组装完成后，防尘板与车轴配合的锥形倒角部位涂抹密封胶。

5）一系悬挂装置检修

（1）上拉杆组成。

① 三级修。

a. 拆下上拉杆组成。上拉杆杆体磨损等缺陷深度大于 1 mm 或杆体存在裂纹时更换，小于该限度时去除锐角后补漆。上拉杆油漆破损时补漆。

b. 上拉杆安装销无弯曲、配合部位螺纹无损坏。安装螺母及垫片更新。

c. 拆下上拉杆座组成。上拉杆座组成油漆破损时补漆，金属节点内孔及孔的两个端面除锈并涂防锈油。

d. 上拉杆座组成安装紧固件更新。弹性套更新。

② 四/五级修。

a. 上拉杆脱漆、渗透探伤，不合格者更换，合格者重新喷漆。

b. 上拉杆安装销更新。

（2）下拉杆组成。

① 拆下下拉杆组成。检查垫圈配合面无损伤。

② 目视检查下拉杆。下拉杆棱边处存在击伤时，同一棱边击伤小于 2 处，击伤深度小于 4 mm 且击伤处面积小于 50 mm²；杆体表面存在击伤时，同一部位击伤小于 3 处，击伤深度

小于 3 mm 且击伤处面积小于 50 mm²，对击伤部位打磨去除高点、锐棱、毛刺，圆滑过渡，击伤超过上述标准时更换。下拉杆装配面无磕碰伤缺陷。

③ 下拉杆横向垫、下拉杆弹性节点、双层弹性节点及紧固件更新。

④ 组装下拉杆组成，组装后检查油漆状态，破损时补漆。

（3）一系垂向减振器。

一系垂向减振器运用（120±12）万千米时分解检修，检修后运用（120±12）万千米更新。分解检修具体要求如下：

① 活塞杆密封圈、O 形圈、导向环、防尘圈、活塞杆、补偿气囊、液压油、产品铭牌、储油缸更新，检查活塞单元、压力缸、连接头等其他减振器零部件状态良好，重新组装一系垂向减振器。

② 对减振器进行阻尼特性试验。示功图曲线须圆滑，无脉冲波动。实测所得阻尼力符合表 7.3 要求。减振器无漏油现象。

表 7.3 各减振器阻尼力范围

减振器类型	名义速度（m/s）	名义拉伸\压缩阻尼力（N）
一系垂向减振器	0.1	1 504 ~ 2 035
二系垂向减振器	0.1	1 700 ~ 2 300
二系垂向减振器（T2/TB05 车）	0.1	1 504 ~ 2 082
二系横向减振器	0.1	1 870 ~ 2 530
二系横向减振器（T2/TB05 车）	0.1	1 360 ~ 1 840
抗蛇行减振器	0.025	6 800 ~ 10 761

③ 测试合格后，将减振器水平放置 24 h，无漏油现象。

④ 一系减振器弹性垫及安装紧固件更新。目视检查减振器安装板，锈蚀时除锈，油漆破损时补漆。

（4）垂向止挡。

装有垂向止挡时，检修要求如下：

① 分解检查垂向上止挡并探伤检查，锈蚀时镀锌处理。紧固件及防松片更新。

② 下止挡螺栓及垫片更新。

（5）轴箱弹簧组成。

① 三级修。

a. 拆卸并清洁轴箱弹簧组成。

b. 目视检查轴箱弹簧，油漆破损时补漆，外露表面存在裂纹或折损时须更换。

c. 轴箱弹簧钢条直径磨耗、腐蚀减少量不大于 5%，有效圈与端部支撑圈接触处磨耗减少量不大于 1 mm，超限时报废处理。

d. 检修后弹簧表面不许有有害伤痕、氧化等缺陷，在弹簧磨耗、腐蚀量范围内表面局部划伤、磕碰深度不超过 1 mm 时可打磨圆滑处理，允许局部存在凸凹点，不许有明显锐棱；弹簧支承端圈逐渐减薄部分应清除毛刺，不许有锐棱。

e. 弹簧无载荷状态垂直放置在水平面上，绕直角轴旋转弹簧，在弹簧的两个端面上测量其垂直度偏差不大于 0.015 H_0（H_0 为弹簧自由高度）。

f. 校验外侧弹簧组成。对外侧弹簧组成施加载荷 P=27 470 N（T2 车 P=23 130 N），弹簧组成的高度（H）为 275.5～277.5 mm。不符时在弹簧下定位板处增加调整垫片，内、外圈弹簧增加的垫片厚度均不大于 10 mm。按上述方法仍无法满足外侧弹簧组成的定载荷试验高度（H）要求时更换弹簧组成。

g. 校验内侧弹簧组成。对内侧弹簧组成施加载荷 P=32 430 N（T2 车 P=27 170 N），弹簧组成高度（H）为 266.5～268.5 mm。不符时在弹簧下定位板处增加调整垫片，内、外圈弹簧增加的垫片厚度均不大于 10 mm。按上述方法仍无法满足内侧弹簧组成的定载荷试验高度（H）要求时更换弹簧组成。

h. 弹簧组成内外圈弹簧任一零件不满足要求时，剩余合格零件可进行选配。

i. 目视检查弹簧上、下定位板，变形时打磨或调修，油漆破损时补漆。目视检查一系悬挂弹性垫，有下列情况之一者更新：

（i）橡胶与金属件结合面之间产生开裂时。

（ii）橡胶表面产生溶胶现象且有明显块状橡胶脱出时。

（iii）存在异常变形或老化裂纹等缺陷时。

（iv）橡胶表面裂纹深度大于 2 mm 时。

（v）绝缘电阻值小于 50 MΩ 时。

j. 组装一系悬挂装置时，确保同一轴端内、外侧弹簧组成外圈弹簧的圆柱度偏差最大方向（锌带标记处）沿转向架纵向背离车轴安装，同一弹簧组的内、外圈弹簧的圆柱度偏差最大方向（锌带标记处）处于同一方向。

② 四级修。

一系悬挂弹性垫更新。

③ 五级修。

轴箱弹簧组成更新。

6）二系悬挂装置检修

（1）空气弹簧装置。

转向架落成时，空气弹簧生产日期须不大于 6 年；生产日期小于 4 年时状态检修；生产日期大于 4 年小于 6 年时进行分解检修。

状态检修和分解检修时要求如下：

① 拆下空气弹簧，清除空气弹簧外部污垢，上下盖板可视部位表面锈蚀时除锈并补漆。更新空气弹簧与枕梁及构架连接的紧固件。

② 空气弹簧检修时不许接触酸、碱、油及其他有机溶剂，并须距热源 1 m 以上。

③ 外观检查各零部件，按表 7.4～表 7.6 要求进行检修。

表 7.4 胶囊检修及更换标准

序号	名称	故障描述	检修和更换标准
1	鼓包	橡胶（特别是外层橡胶）和帘线之间剥离。使用初期易发生 1 mm 厚度橡胶的凸起，成为拳状，继续使用可能导致破裂	更换
2	裂纹	胶囊（特别是外层橡胶）产生的剥离状裂纹。多发生在橡胶囊厚度不均的位置、外层橡胶的重叠部	1. 深度大于 2 mm 或长度大于 50 mm。 2. 帘线外露
3	磨损	胶囊外层橡胶与下座、上盖的摩擦耗损	1. 深度大于 2 mm 或长度大于 50 mm 2. 帘线外露
4	外伤	外层橡胶因异物打击、摩擦或其他原因产生的伤痕	1. 深度大于 2 mm 或长度大于 50 mm 2. 帘线外露
5	龟裂	表面发生龟裂裂纹	帘线外露
6	穿孔	因制造缺陷胶囊表面存在穿孔	存在穿孔
7	补丁	外层橡胶表面修补	更换
8	空气泄漏	产生泄漏	转向架组装后，按转向架静压试验时的相关要求进行气密性试验，泄漏超出标准时更换

表 7.5 橡胶堆检修及更换标准

序号	名称	故障描述	检修和更换标准
1	脱胶	橡胶与金属件黏着面剥离	1. 橡胶与金属分离深度大于 20 mm，脱胶长度超过 1/4 圆周时更换。 2. 脱胶未超限时，对脱胶部位进行黏接处理
2	外伤	橡胶龟裂、划伤、裂纹等	1. 工作面处橡胶外伤深度大于 2 mm 或长度大于 20 mm 时更换。 2. 非工作面处橡胶外伤深度大于 20 mm 或长度超过 1/4 圆周时更换

表 7.6 金属件等检修及更换标准

部件	名称	故障描述	检修和更换标准
上盖	变形	上盖板发生弯曲等异常变形	1. 不能保证与胶囊密封、不能修复时更换。 2. 上盖板的平面度大于 3 mm 时修复或更换
扣环	变形	扣环发生弯曲等异常变形	不能保证与胶囊密封、不能修复时更换
底板	变形	底板发生弯曲等异常变形	底板平面度大于 2 mm 时修复或更换
O 形密封圈	—	—	上进气口处的 O 形密封圈更新

④ 转向架落成后须进行气密性试验,技术条件见附录 A。
⑤ 分解检修时除按照上述要求检修外,各零部件的检修和更换标准还须符合表 7.7 和表 7.8 的规定。

表 7.7 橡胶堆检修及更换标准

名称	故障描述	检修和更换标准
定载荷高度	橡胶堆使用后高度超限。	垂向加载至 105.9 kN,测量空气弹簧无气状态下高度为 296~303 mm,超限时更换橡胶堆。橡胶及金属黏接面不得出现鼓包等异常变形

表 7.8 金属件等检修及更换标准

部件	名称	故障描述	检修和更换标准
摩擦块	磨损	摩擦块与上盖板发生严重磨损	摩擦块磨损厚度大于 1.5 mm 时修复或更换
下座	变形	下座发生椭圆等异常变形	与胶囊或橡胶堆密封不良时修复或更新

(2)空气弹簧连接控制装置。
① 三级修。
a. 清除高度阀、差压阀外部污垢,表面无影响功能的损伤。
b. 检测高度阀、差压阀功能,不符合要求时检修或更换,功能检测可结合转向架静压试验或单车落成时进行。
c. 高度阀功能测试:高度阀的杠杆发生偏离时能够实现充气或排气。
d. 差压阀功能测试:启动压力为 75~110 kPa,当两个附加空气室之间的压力差大于上述数值时阀门开始工作。
e. 目视检查高度阀杆组成,螺纹有乱扣、脱扣等缺陷时更新高度阀杆组成。更新高度阀调整杆左右旋六角螺母、垫圈及高度阀杆组成构架端安装紧固件(双头螺柱除外)。
② 四级修。
a. 高度阀分解检修。
(i)分解并清洁高度阀各零部件。
(ii)高度阀外露金属表面局部锈蚀时须除锈,外露金属表面锈蚀超过外露金属件总面积的 60%时,相应金属件更新。
(iii)高度阀内部的所有橡胶密封件、弹簧等必换件更新,到限零部件更新。
(iv)零部件发生损伤且导致高度阀无法满足功能测试要求时,损伤零部件更新。
(v)高度阀检修过程中,不许接触酸、碱等腐蚀性化学试剂。
(vi)检查高度阀螺纹连接处,螺纹无损坏。
(vii)检修完成后并满足如下功能要求:
气密性试验要求:当气压为 0.8 MPa 时,30 s 内泄漏量不大于 5 kPa。
功能测试试验:当高度阀进气关闭时,手柄的位置须在 -2.5~+2.5。
b. 差压阀分解检修。
(i)分解并清洁差压阀各零部件。

（ii）差压阀外露金属表面局部锈蚀时除锈，外露金属表面锈蚀面积超过外露金属件总面积的60%时，相应金属件更新。

（iii）差压阀内部的所有橡胶密封件、滤网等必换件更新，到限零部件更新。

（iv）零部件发生损伤且导致差压阀无法满足功能测试要求时，损伤零部件更新。

（v）检查差压阀螺纹连接处，螺纹无损坏。

（vi）组装完成后进行气密性试验和功能测试试验。

c. 高度阀杆组成及安装紧固件更新（构架上双头螺柱除外）。

③ 五级修。

a. 高度阀、高度阀杆组成及安装紧固件更新。

b. 差压阀检修同四级修要求。

（3）二系油压减振器。

二系油压减振器（120±12）万千米及（240±24）万千米时分解检修，运用（480±48）万千米更新。分解检修具体要求如下：

① 活塞杆密封圈、O形圈、导向环、防尘圈、补偿气囊、液压油、防尘波纹管更新，检查活塞单元、活塞杆、底阀单元、压力缸等其他减振器零部件状态良好，重新组装减振器。运用（240±24）万千米的减振器需更新橡胶节点。

② 对减振器进行阻尼特性试验。示功图曲线须圆滑，无脉冲波动，无漏油现象。实测所得阻尼力符合表7.3要求。

③ 测试合格后，将减振器水平放置24 h，无漏油现象。

④ 减振器安装紧固件更新（双头螺柱四级修时更新）。

（4）横向橡胶止挡。

① 三级修。

拆下横向橡胶止挡，紧固件更新。橡胶件表面无穿孔、鼓包、变形等缺陷；橡胶与金属件结合部位无脱胶、膨胀等缺陷；橡胶件表面单个微小裂纹长度超过1/4圆周、深度大于0.5 mm或宽度大于0.5 mm时更新。

② 四/五级修。

横向橡胶止挡更新。

（5）抗侧滚扭杆组成。

① 三级修。

a. 目视检查扭杆，无裂纹、变形等缺陷；腐蚀或磕碰伤深度不大于0.5 mm时用120#以上砂纸打磨并补漆。

b. 目视检查连杆、扭臂，无裂纹、变形等缺陷；腐蚀或磕碰伤深度不大于2 mm时用120#以上砂纸打磨并补漆。

c. 目视检查弹性节点，有下列情况之一者更新：

（i）橡胶与金属件结合面之间产生开裂时。

（ii）橡胶表面产生溶胶现象且有明显块状橡胶脱出时。

（iii）橡胶存在贯通裂纹或损伤时。

（ⅳ）橡胶表面裂纹深度大于 3 mm 时。

d. 目视检查带整体防尘盖的球形节点及芯轴，外观状态良好，无裂纹、变形等缺陷，转动功能正常。拆卸的紧固件更新。

② 四级修。

带整体防尘盖的球形节点、弹性节点及安装紧固件更新。

③ 五级修。

抗侧滚扭杆组成（扭杆、扭臂）、连杆打砂脱漆、磁粉探伤，不合格者更换，合格者重新喷漆。

（6）枕梁。

① 三级修。

a. 清洁、检查枕梁外部，表面锈蚀时除锈并补漆。

b. 目视检查枕梁牵引中心销状态良好，无裂纹、变形等缺陷，存在划痕不超过 3 处且每处划痕深度不大于 0.5 mm，长度不大于 30 mm 时，用 180# 以上砂纸去除高点、锐棱、毛刺后可继续使用。划痕超过上述标准时将中心销切除并更新。

c. 用通规、止规检测枕梁牵引中心销的 3 个螺纹孔，要求通规通过，止规在 3.5 扣内止住。螺纹有损伤或滑扣时，累积不得超过 2 扣，且不得连续，清除毛刺，检测合格后可继续使用；不合格时安装螺纹衬套或将故障中心销切除并更新。

d. 抗蛇行减振器座不拆解，须清洁并除污除锈，油漆破损时补漆。

e. 枕梁与空气弹簧在转向架落成后整体进行气密性试验，技术要求见附录 A。

② 四级修。

抗蛇行减振器座须下车脱漆、磁粉探伤，不合格者更换，合格者重新喷漆。

③ 五级修。

a. 清洗、干燥枕梁。枕梁打砂脱漆、所有焊缝磁粉探伤，焊缝发现裂纹等缺陷时焊修，焊修后焊缝表面须打磨处理并探伤检查。

b. 枕梁探伤合格后，按图 7.12 和表 7.9 的要求检测枕梁的关键尺寸，各尺寸须符合表中要求。

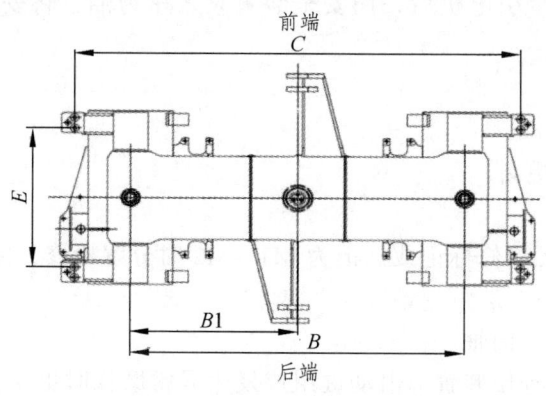

图 7.12　枕梁尺寸检测示意

表 7.9 枕梁尺寸及公差

符号	尺寸 mm		
	名义	最小	最大
B	2 000	1 999	2 001
B1	1 000	998.5	1 001.5
C	2 675	2 672	2 678
E	939	938	939.6

枕梁探伤合格后进行灌注压力试验，在枕梁气室内灌注涂料后，调节压力至 1.2～1.5 MPa，保压 10 min 内压力下降不大于 0.06 MPa。对枕梁内部空气弹簧附加空气室进行防腐处理，合格后重新喷漆。

7）驱动装置检修

（1）安全装置。

① 三/四级修。

a. 目视检查安全装置各部件,安全装置表面和盖板磕碰伤深度为 2～3 mm 且不影响安全装置装配和功能时可用细砂纸修整后继续使用。

b. 安全装置剪切次数达到 10 次，即剪切标识全部被打上钢印时，进行压力曲线测试，合格后重新计算剪切次数。

c. 检查并润滑安全装置轴承。

d. 检查波形簧波峰波谷的长度在 4～5 mm。

e. 清洁各螺孔、打压孔。检查各螺孔状态良好。

f. 检查膨胀套与锥形套的摩擦面，存在损伤或突起时修复或更新。

g. 更新剪切管、打压口丝堵、润滑油口丝堵、O 形圈等零件。

h. 润滑油油位正常。

i. 安全装置安装到牵引电机后，向安全装置泵入压力油，将安全装置的压力值设定为 62.5 MPa。

② 五级修。

a. 进行压力曲线测试。

b. 波形簧、球轴承更新。

（2）万向轴。

拆卸下来的万向轴无检修标记或标记为 M1、M2 时分解检修，标记为 M3 时更新。分解检修具体要求如下：

① 目视检查、清洁万向轴。

② 拆卸并检查长度补偿装置，滑动键组成发生异常磨耗时更换万向轴。

③ 拆卸万向轴单元包。全部轴承衬套、单元包十字轴更新。

④ 测量弯曲度值、弯矩值及径跳值符合表 7.10 要求。

表 7.10　万向轴检测项点要求

检测项点	径跳值/mm	电机侧弯矩/(N·m)	齿轮箱侧弯矩/(N·m)	弯曲度值/mm
检修标准	0.3 mm	20~25	20~25	0.18 mm

⑤ 进行动平衡测试及配平。动平衡标准应满足 DIN ISO 1940/1 标准中的 G 16 等级要求。

⑥ 检修完成后补漆，重新润滑单元包和长度补偿装置。

⑦ 检修完成后，按规定在万向轴两端法兰刻打检修标识，并对万向轴配重块的数量进行标记（用白色信号笔进行标记），标记具体位置及标记方法如图 7.13 所示，标记为阿拉伯数字，字高 30 mm。

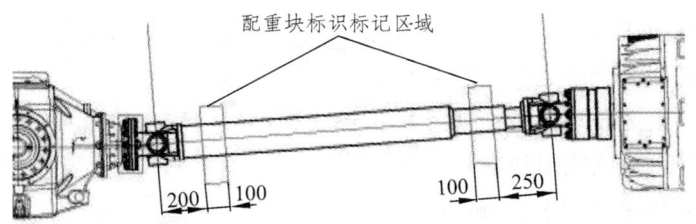

图 7.13　万向轴配重块标记区域示意

⑧ 安装万向轴的紧固件更新（双头螺柱四级修时更新）。

（3）齿轮箱组成。

① 三级修。

a. 清洗、分解齿轮箱组成。

b. 目视检查大、小齿轮，存在变形、缺损、异常磨耗、裂纹等缺陷时更换。目视检查大、小齿轮的啮合面，存在剥离等缺陷时更换。

c. 齿轮箱内所有轴承、所有密封圈、后盖油槽及后盖线缆支架更新。检查小齿轮轴承内环、轴承外环宽度为（18±0.5）mm，平行度为 0.02 mm。

d. 小齿轮轴侧挡环存在相对转动的摩擦痕迹时更换。

e. 齿轮箱排气阀组成、油位帽处垫圈、齿轮箱内所有紧固件更新。

f. 分解齿轮箱吊杆组成，杆体无变形等缺陷，两端的吊杆弹性衬套组成和关节轴承更新，安全挡、安装紧固件及开口销更新。

g. 吊杆心轴两端存在因安全挡摩擦引起的磨耗痕迹且深度大于 1 mm 时更新。

h. 按照相关图纸及新造要求组装齿轮箱，组装过程中检测大齿轮组装到车轴上的同轴度小于 0.03 mm；小齿轮组成轴向间隙为 0.09~0.17 mm，圆锥滚子轴承轴向间隙为 0.07~0.15 mm。组装完成后在不加载及无润滑的条件下按规定检查并记录啮合印记及啮合间隙。

i. 齿轮箱进行跑合试验：须在轴箱组装完成且齿轮箱内注油后，使用专用的跑合试验设备进行。试验过程中，指定点检测出的温升不超过室温 75 ℃，无异响、漏油现象。试验完成后须排油，排油堵不许有铁屑、异物。

② 四级修。

拆下油位视窗，清洗视窗玻璃，存在裂纹时更新；橡胶件及安装紧固件更新。

③ 五级修。

a. 大、小齿轮磁粉探伤，不合格者更换。

b. 齿轮箱局部脱漆后磁粉探伤检查关键部位，存在裂纹时更换，合格者补漆。

c. 圆锥轴承侧间隔环、小齿轮轴承内环、轴承外环、小齿轮侧挡环及吊杆心轴更新。

d. 齿轮箱吊杆打砂脱漆、磁粉探伤，不合格者更换，合格者重新喷漆。

8）牵引装置

（1）三级修。

① 分解牵引装置。所有紧固件更新。

② 目视检查牵引梁衬套、牵引拉杆节点，有下列情况之一者更新：

a. 橡胶与金属件结合面之间产生开裂时。

b. 橡胶表面产生溶胶现象且有明显块状橡胶脱出时。

c. 橡胶存在贯通裂纹或损伤时。

d. 橡胶表面裂纹深度大于 3 mm 时。

③ 目视检查牵引梁、牵引拉杆，有裂纹时更换，磕碰伤深度不大于 2 mm，表面锈蚀时除锈并补漆。

④ 牵引梁抗击打涂层存在裂纹、损伤时可进行局部修补（抗击打涂层剐蹭伤深度不大于 3 mm 或不露金属时，可不进行修复），累计损伤面积大于等于 50%时，须将涂层全部去除后重新喷涂。（仅适用于 CRH_{5G} 型抗风沙动车组）

⑤ 目视检查牵引梁锥形衬套，锥形衬套内、外侧表面无裂纹，存在划痕不超过 3 处且每处划痕深度不超过 0.5 mm、长度不超过 30 mm 时，用 180#以上砂纸去除高点、锐棱、毛刺后可继续使用，划痕超过上述标准时更换。

（2）四/五级修。

① 牵引梁衬套、牵引拉杆节点更新。

② 牵引拉杆脱漆、磁粉探伤；牵引梁脱漆（CRH_{5G} 型抗风沙动车组同时去除抗击打涂层）、渗透探伤。不合格者更换，合格者重新喷漆。

9）基础制动装置

（1）制动横梁组成。

① 三级修。

a. 拆卸制动横梁、横梁上的管路、制动夹钳等部件。目视检查管路状态并做好保护。

b. 清洁制动横梁。目视检查制动横梁组成表面无裂纹，目视检查各外露焊缝表面存在裂纹等缺陷时焊修，焊修后打磨处理并探伤检查。制动梁支撑腿存在击伤时，击伤深度小于 3 mm，对击伤部位打磨去除高点、锐棱、毛刺，圆滑过渡，击伤超过上述标准时修复或更换。

c. 目视检查横梁上部弹垫，有下列情况之一者更新：

（i）橡胶与金属件结合面之间产生开裂时。

（ⅱ）橡胶表面产生溶胶现象且有明显块状橡胶脱出时。

（ⅲ）橡胶存在贯通裂纹或损伤时。

（ⅳ）橡胶表面裂纹深度大于 3 mm 时。

d. 目视检查带整体防尘盖的球形节点及心轴，外观状态良好，无裂纹、变形等缺陷，转动功能正常。拆卸的紧固件更新。

e. 制动支撑衬套内径不大于 22.68 mm，超限时更新。紧固套、弹性衬套锈蚀时镀锌处理。

f. 制动横梁油漆损坏时清洁后补漆。

g. 清洁并目视检查各管接头，无伤痕、变形、腐蚀等缺陷。螺旋缠带损坏时更新。

h. 转向架落成后制动管路须进行气密性试验，技术条件见附录 A。

② 四级修。

横梁上部弹垫、带整体防尘盖的球形节点更新。

③ 五级修。

a. 制动横梁打砂脱漆、整体磁粉探伤，焊缝发现裂纹等缺陷时焊修，焊修后焊缝表面须打磨处理并探伤检查。探伤合格后重新喷漆。

b. 球形节点心轴、支撑衬套、紧固套、弹性衬套更新。

（2）制动盘。

① 制动盘盘毂、摩擦环和散热筋等表面清洁，去除杂物和表面污垢。

② 制动盘摩擦环与盘毂连接处紧固件使用 90 N·m 力矩校核，松动时须更新盘毂上所有紧固件；紧固件校核无松动后须外观检查，可视部位有裂纹、损坏等缺陷的紧固件（包括螺栓、防松螺母和弹性垫）时须更新该位置单套紧固件；更新时紧固件拧紧力矩为（110±5.5）N·m。

③ 制动盘退卸时，更新制动盘的注油孔螺堵及垫圈。

④ 盘毂不许有轴向移动或锈蚀。目视检查盘毂表面、盘毂与摩擦环连接处可视部位不许有裂纹。盘毂击打损伤深度不得超过 1 mm，且同侧损伤缺陷在圆周方向的投影间距大于 50 mm。

⑤ 测量需退卸重装制动盘的盘毂孔直径，选取并测量距两侧端面距离 30~35 mm 的两个截面，每个截面的测量值为每个截面 3 点（每隔 120°）的平均值，中间制动盘每个截面平均值须满足 $196_{0}^{+0.085}$ mm，两侧制动盘每个截面平均值满足 $194_{0}^{+0.085}$ mm。

⑥ 目视检查制动盘散热筋体及根部可视部位不许有裂纹。

（3）制动夹钳单元。

① 制动闸片。

a. 清洁闸片，闸片厚度符合运用要求。

b. 闸片摩擦表面的掉块在摩擦表面的投影面积不大于 10 mm×10 mm，深度不大于 5 mm；闸片立面和边缘的凹坑和缺口面积不大于 10 mm×5 mm，深度不大于 3 mm。

c. 同一制动盘两侧任一闸片不满足第 a、b 条标准时，两侧闸片需同时更换为同型号新品或选配（将剩余合格闸片按选配原则配对，用于安装在同一制动盘两侧）闸片。闸片选配原则如下：

（i）同一闸片的最薄处和最厚处的厚度差小于等于 1.5 mm。

（ii）装在同一制动夹钳单元两侧的闸片，最薄处的厚度差小于等于 1.5 mm。

② 制动夹钳装置。

三级修：

a.清洁制动夹钳装置，目视检查制动夹钳装置的机械部件，无裂纹、变形或腐蚀等缺陷；紧固件无松动、缺失或失效；波纹管无破裂，制动缸体与波纹管连接处无损伤，缸体无影响功能的变形，呼吸堵无损坏、丢失；制动缸复位螺母处防尘橡胶套外露部位无裂纹；与停放制动缓解装置连接的开口螺钉无变形、裂纹和损坏等缺陷；波纹管保护阀（仅适用于 CRH_{5G} 型动车组）无松动、缺失。

b. 清洁、检查闸片托，外观状态良好、无影响功能的损坏，连接件无松动、缺失或失效。检查闸片托销轴衬套、螺栓衬套安装状态，销轴衬套窜出量大于等于 1.45 mm、螺栓衬套窜出量大于等于 1.05 mm 时须更新闸片托。闸片托非加工面外观损伤判定标准如下：

（i）与销栓配合的支撑座及加强筋表面击打损伤深度不大于 1 mm。

（ii）在其余的铸造表面上：当壁厚不大于 5 mm 时，损伤深度不大于 1 mm；当 5 mm < 壁厚≤10 mm 时，损伤深度不大于 1.5 mm；当 10 mm < 壁厚≤15 mm 时，损伤深度不大于 2 mm；当壁厚 > 15 mm 时，损伤深度不大于 3 mm。

（iii）损伤深度不超标的前提下，单个损伤面积不大于 70 mm^2，且损伤总面积不超过所在表面面积的 1/8，目视检查损伤部位周围无裂纹。

c. 腐蚀、堵塞或功能损坏的杠杆螺栓注油堵须更新；对杠杆螺栓进行注油操作（仅适用于 CRH_{5G} 型动车组）。

d. 制动夹钳装置的销轴处须活动自如，有卡滞时润滑销轴滑动面。

e. 杠杆螺栓护套存在缺失时补装，存在影响功能的损坏时更新。

f. 制动夹钳装置下车时，检查吊耳螺栓、横穿螺栓，无锈蚀、裂纹、损坏等缺陷；对螺栓杆部进行磨耗检查，吊耳螺栓杆部直径大于 21.28 mm、横穿螺栓杆部（不含螺栓中段直径变小部分及螺栓头处凹槽、注油槽）直径大于 24.38 mm；制动夹钳装置的安装螺母和垫片更新。制动夹钳装置安装紧固力矩为夹钳吊耳连接处 70_0^{+30} N·m，夹钳支座连接处 110_0^{+30} N·m。

四级修：

a. 分解检修制动夹钳装置，清洗各零部件，外露表面整洁、无锈蚀，油漆表面露出本色、有光泽。

b. 夹钳机构分解检修：

（i）橡胶件、标准紧固件和锁定弹簧等必换件更新。

（ii）清洁、检查、测量夹钳机构的其他零部件，存在尺寸超限、裂纹、变形或腐蚀等缺陷时更新。

（iii）对横穿螺栓、吊耳螺栓及杠杆螺栓磁粉探伤检查，有裂纹时更新。

（iv）销轴磨耗量（在直径最小处测量）、衬套磨耗量（在孔的最大直径处测量）大于 0.5 mm

时须更新；锁闩磨耗深度大于 0.6 mm 时更新。

（v）闸片托燕尾槽磨耗极限尺寸为 57 mm，闸片托与闸片端部接触面的磨损大于 1 mm 时更新。

c. 制动缸的部件检修：

（i）制动缸分解检修，制动缸内所有橡胶件、标准紧固件等必换件更新。

（ii）清洁、检查、测量制动缸的其他零部件，存在尺寸超限、裂纹、变形或腐蚀等缺陷时更新。

d. 在制动夹钳装置组装过程中，各转动部位须补充润滑脂，检修完毕的制动夹钳装置销轴处活动自如。

e. 对有喷漆要求的零部件，油漆脱落时补漆或重新喷漆。

f. 制动夹钳装置检修组装完成后，进行外观尺寸检查、强度试验、泄漏试验、间隙调整试验、复位机构试验。带停放制动的制动夹钳装置还须进行弹簧停放制动力试验、制动行程试验、最小缓解压力试验、辅助缓解机构试验。

五级修：

a. 夹钳机构分解检修：

（i）尼龙件、锁闩、衬套等必换件更新。

（ii）对纵向杆、闸片托螺栓、制动缸固定螺栓进行磁粉探伤检查，有裂纹时更新。

（iii）对吊架、制动杠杆及吊杆铸件（图纸要求的高应力区域）表面磁粉/渗透探伤检查，探伤不合格的零件更新。

b. 制动缸的回程螺母、压块表面存在影响功能和强度的划痕或轻微损坏时修复，无法修复时更新。

（4）停放制动缓解装置。

① 清洁停放制动缓解装置，拉动手动缓解拉手，润滑拉绳伸出外露部位。

② 目视检查停放制动缓解装置，不许有影响功能的损伤；闸线外层护套破损小于 3 处且破损未伤及线缆时，允许使用热缩管进行修复。锁紧螺母无松动，松动时紧固（M18 锁紧螺母力矩为 25 N·m，M6 锁紧螺母力矩为 8 N·m）。

③ 手制动拉绳拉动灵活，无卡滞现象；外露部分钢丝绳无断股。

（5）制动指示器。

① 三级修

a. 清洁制动指示器（B12 和 H21）透明玻璃外的灰尘。

b. 视窗存在老化龟裂，有影响透明度的划痕、破损，以及外壳存在裂纹、开胶和变形等影响功能的缺陷时修复或更新。

c. 施加制动和缓解，制动指示器功能正常。

② 四/五级修。

a. 制动指示器（B12 和 H21）分解检修。清除制动指示器内、外部灰尘和污垢，清洁内部各零件。

b. 止推环、O形圈、K形圈、金属滤网、弹簧垫圈和密封件等必换件更新。

c. 检查气缸活塞导向装置的直径和表面质量等级,不符合要求者更新。

d. 防尘堵无堵塞。

e. 清洁、检查、测量其他零部件,存在裂纹、变形、腐蚀或螺纹变形等缺陷或检测结果不合格者更新。

f. 组装完成后,进行气密性试验及功能测试试验。

10)监测装置

(1)三级修。

① 集成传感器的配套元件更新,集成传感器及配套元件如图7.14所示。

② 目视检查列车超速防护装置(ATP)、列车运行控制记录装置(LKJ)速度传感器的动型板,无裂纹、变形等缺陷;检查移动销配合区域,存在变形、异常磨损时更换。

③ 集成传感器进行绝缘试验:AC 500 V,绝缘电阻大于10 MΩ。分别检测传感器速度通道和温度通道,功能不良时更换:检测速度传感器点1和点3之间、点2和点10之间输出的方波信号,输入电压DC 14 V,输出电流(7±0.7)mA(低位)、(14±1.4)mA(高位);检测温度通道时须测量常温时两个温度传感器(PT-1000)的阻值(电阻值实测公差为±5%)。温度传感器(PT-1000)在不同温度时的阻值见表7.11。

表7.11 PT-1000在不同温度时的阻值

温度/°C	阻值/Ω	温度/°C	阻值/Ω	温度/°C	阻值/Ω	温度/°C	阻值/Ω	温度/°C	阻值/Ω
1	1003.85	11	1042.35	21	1080.85	31	1119.35	41	1157.85
2	1007.70	12	1046.20	22	1084.70	32	1123.20	42	1161.70
3	1011.55	13	1050.05	23	1088.55	33	1127.05	43	1165.55
4	1015.40	14	1053.90	24	1092.40	34	1130.90	44	1169.40
5	1019.25	15	1057.75	25	1096.25	35	1134.75	45	1173.25
6	1023.10	16	1061.60	26	1100.10	36	1138.60	46	1177.10
7	1026.95	17	1065.45	27	1103.95	37	1142.45	47	1180.95
8	1030.80	18	1069.30	28	1107.80	38	1146.30	48	1184.80
9	1034.65	19	1073.15	29	1111.65	39	1150.15	49	1188.65
10	1038.50	20	1077.00	30	1115.50	40	1154.00	50	1192.50

④ 温度传感器(PT-1000)功能正常。

⑤ 拆卸轴端密封堵,密封堵的O形密封圈及安装紧固件更新。

⑥ 列车超速防护装置(ATP)/列车运行控制记录装置(LKJ)速度传感器安装紧固件更新(双头螺柱除外)。

⑦ 齿轮箱振动温度传感器进行灵敏度标定，更新波纹管，进行绝缘试验（AC 500 V，绝缘电阻大于 10 MΩ）、振动测试、温度测试。

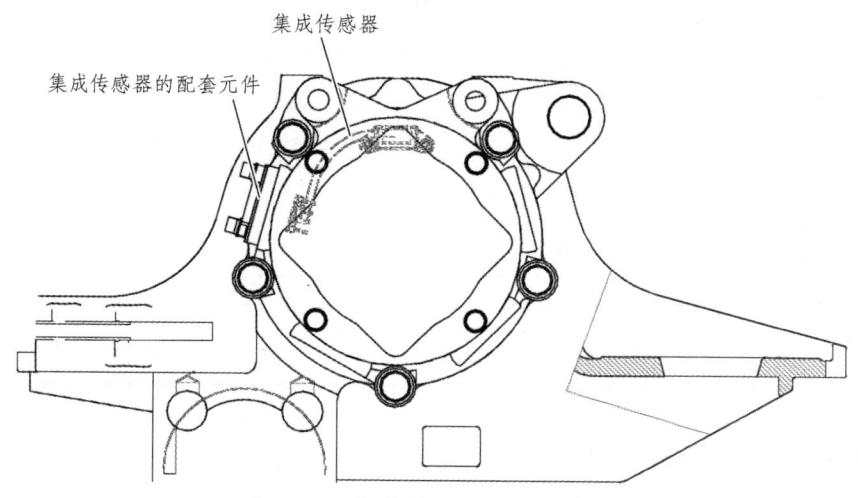

图 7.14 集成传感器及配套元件

（2）四级修。

集成传感器、温度传感器（PT-1000）及列车超速防护装置(ATP)/列车运行控制记录装置(LKJ)速度传感器安装双头螺柱更新。

（3）五级修。

齿轮箱振动温度传感器更新。

11）附属装置

附属装置检修参见二维码内容。

附属装置检修

5. 转向架组装

转向架按相关规定进行组装，关键部位紧固件力矩要求详见附录 B。

6. 转向架试验

1）电气系统试验

转向架组装时须进行测定其通用布线的绝缘和介电强度参数的电气系统试验。

（1）通用布线、绝缘和介电强度试验参数。

① 系统接线分析：连续性试验以小于 DC 10 V 的低电压进行。其稳定电流为 1.5 A，连接电阻必须低于 10 Ω。

② 绝缘：试验时给系统施加 DC 750 V 电压，绝缘电阻不小于 10 MΩ。

③ 介电强度：在 DC 750 V 电压下，最低保持时间=300 ms×被试的电缆数。首先对于所有相互封闭的电缆，对每个单独电缆进行试验，然后对接地侧电缆进行试验，在 DC 750 V 电压下保持时间 300 ms。其对地漏电流须小于 2 mA。

（2）测试系统参数设定，见表 7.12。

表 7.12 测试系统参数设定表

系统参数	设定数值
最大连接电阻/Ω	<10
连续性试验的稳定电流/A	1.5
绝缘和介电强度/V	DC 750
绝缘阻抗的最小值/MΩ	>10
最大允许对地泄漏电流/mA	2
对每个电缆的最小施加激励时间/ms	150
对每个电缆的最大施加激励时间/ms	300（介电强度试验时间）

2）静载荷试验和气密性试验

转向架落成后进行静载荷试验和气密性试验，气密性试验包括空气制动系统、空气弹簧气密性试验。具体详见附录 A。

3）制动夹钳单元动作试验

转向架落成后对制动夹钳单元（C01、C05）进行动作试验。

（1）对制动夹钳单元（C01）和停放制动夹钳单元（C05）施加制动和缓解，制动时制动闸片均须抱紧制动盘，缓解时制动闸片从制动盘上完全离开。

（2）对停放制动缓解装置功能进行检测。拉动缓解手柄缓解停放制动，确保制动闸片从制动盘上完全离开；施加停放制动，制动闸片完全抱紧制动盘。

（3）在缓解状态下，一侧制动闸片压在制动盘上时，测量另一侧闸片与制动盘间的间隙分别为 3～6 mm（夹钳型号为 Ⅱ 76287/1 PWA、Ⅱ 76286/1 PWA、Ⅱ 86411/1 PW、Ⅱ 87432/1 PW）、2～4 mm（夹钳型号为 Ⅱ 76287/1 PW、Ⅱ 76286/1 PW）。

7.3 制动系统检修

动车组制动系统是动车组的重要组成部分之一，利用它可以使动车组在运行中更加安全和平稳。制动系统结构复杂，在运用中可能会发生各种故障，因此，对动车组制动系统的检修，是必须掌握的重要内容。

制动系统包括风源装置、制动控制装置、空气管路及附件，总体检修要求如下：

1. 三/四级修

（1）吊装设备投影区域以外的制动系统零部件：紧固件松动、防松标记错位、不清或缺失时须重新紧固；黏接不良者须重新黏接；目视检查拆卸紧固件后预埋丝套内螺纹表面无损伤或滑扣，丝套无明显拔出痕迹。管路吊板、设备支架出现裂纹的补修或更新，出现变形影响安装的调修或更新，表面油漆破损、露出底漆处补漆。漆面存在电解情况的，先打磨电解处再进行补漆。

（2）制动系统用带护套接地线的护套损坏时修复，金属线芯损坏时更新；编织电缆接地线断股超过10%时更新。接地标识丢失、破损者更新。

2. 五级修

检查制动系统内所有不下车件的紧固状态：紧固件松动、防松标记错位、不清或缺失时须重新紧固；黏接不良者须重新黏接。所有未下车框架、支架等清洁，出现裂纹的补修或更新，出现变形影响安装的调修或更新；表面油漆破损、露出底漆处补漆；漆面存在电解情况的，先打磨电解处再进行补漆。

7.3.1 风源装置检修

1. 主供风单元

（1）三级修。

主供风单元下车分解检修，重新安装时吊装紧固件和开口销更新。

（2）四/五级修。

从主供风单元上拆下压缩机、干燥器、精细滤油器，清洁、分解检修。

1）电 机

（1）三级修。

电机运行正常。

（2）四级修。

从主供风单元上拆下电动压缩机单元的电机，清洁、外观检查和功能检测，损坏或检测结果不合格者进行分解检修。

（3）五级修。

清洁、外观检查、分解检修压缩机单元的电机，轴承、轴封更新。

2）主压缩机

（1）三级修。

① 主供风单元压缩机内部安全阀进行功能测试，开启压力 1 455～1 650 kPa，关闭压力不小于 1 350 kPa，拆卸时更新密封圈。不合格的安全阀更新。

② 压缩机油控单元的滤油芯筒更新，同时更新压缩机油，加注压缩机油至视窗中位与最大标记线之间，排油堵更新。

③ 压缩机干式空气滤清器滤芯更新，清洁滤清器外壳内部的灰尘，清洁滤芯和罩盖密封环的接触面，目视检查各部件，损坏时更新。

④ 压缩机气体除油元件更新。

⑤ 清洁压缩机散热器。

⑥ 清洁压缩机回油管道上的过滤器及其内部金属丝滤网，回油管路喷嘴须通畅，堵塞时清洁或更新，更新止推环。

⑦ 压缩机在工作压力（总风压力保持在 900～1 000 kPa）下强泵运转，用专用温度测量仪监测压缩机的内部工作温度，压缩机油温继电器动作（关断）温度为 106～118 ℃。油温超过极限温度 118 ℃时，如油温继电器仍未动作（关断）时，须强制关断主供风单元电源，更新温度继电器。

（2）四级修。

① 清洁并检查压缩机外壳、最低压力阀、吸油管、螺旋塞、密封环和螺母等零部件，存在裂纹、变形、腐蚀或螺纹变形等缺陷者更新。

② 压缩机回油管道上过滤器金属滤网、喷嘴、止推环和密封圈更新。清洁、外观检查吸油管道上的止回阀，分解检修或更新。外观检查吸油管道上的其他零部件、管接件、紧固件和管路，存在裂纹、变形、腐蚀或螺纹变形等缺陷时更新。

③ 清洁、外观检查真空指示器，存在裂纹、变形、腐蚀或螺纹变形等缺陷时更新。

④ 清洁、外观检查油标尺、减压接头、密封环等件，存在裂纹、变形、腐蚀或螺纹变形等缺陷时更新。

⑤ 外观检查空气管路等其他零件，存在破损、裂纹、变形或腐蚀等缺陷时更新。

⑥ 电动压缩机单元其他零部件须清洁、外观检查，损坏者修复或更新。

⑦ 压缩机检修组装后进行气密性试验和功能检测。

（3）五级修。

① 对转子进行拆解并清洁，轴承、轴封更新，检查转子的形线、端面不许有严重磨损，组装并校准，对转子进行测试。

② 清洁并检查压缩机外壳、最低压力阀、吸油管、螺旋塞、密封环和螺母等件，存在裂纹、变形、腐蚀或螺纹损伤等缺陷者更新。0.27 MPa 压力开关更新。

③ 拆解部位的密封件及必换紧固件更新，联轴器星形弹性体更新。

④ 检查计时器，损坏时更新。

⑤ 112 ℃ 温度开关及温度熔断器更新（熔断器仅 CRH_{5G} 型动车组适用）。

3）干燥器

（1）三级修。

① 干燥器拆下并分解检修。

② 清洁、外观检查干燥器滤网，卡西环生锈时更新。

③ 干燥剂和 O 形密封环更新。

④ 干燥器气密性检查和功能检测。干燥器运转时，左右干燥塔转换工作的时间为 2 min，排气口须有再生空气排放噪声，能够听到程序转换机构的转换接通声音，活塞阀的电热芯须变热。关闭压缩机后，压力指针须停留在最后一次的位置上，无干燥器程序转换机构的转换声音和排气口处再生空气排放的噪声。

（2）四级修。

① 清洁、外观检查滤网、止推环、卡西环、缸体、压缩弹簧和紧固件等其他零件，存在裂纹、变形、腐蚀或螺纹变形等缺陷者更新，卡西环生锈时更新。

② 活塞阀分解检修，压缩弹簧、K 形圈及 O 形圈更新，检查其余部件，存在磨耗超限、

裂纹、变形、腐蚀或螺纹损伤等缺陷时更新。

③ 电路板更新,对转换器(电磁阀)进行功能检测,不合格者更新。

④ 活塞阀温控开关更新。

(3) 五级修。

所有橡胶密封件、卡西环、止推环及紧固件等必换件更新。

4) 精细滤油器

(1) 三级修。

① 通过手动排泄阀对主供风单元干燥器出口处精细滤油器进行排气,同时排出残留的压缩机油。

② 精细滤油器的滤芯和 O 形圈更新。

③ 组装后结合整机进行气密性试验。

(2) 四级修。

① 精细滤油器拆下并分解检修。

② 清洁、外观检查螺纹杆、手动排泄阀等其他零件,存在裂纹、变形、腐蚀或螺纹变形等缺陷时更新。

(3) 五级修。

手动排泄阀更新。

5) 安全阀

安全阀进行功能测试,开启压力 1 164～1 320 kPa,关闭压力不小于 1 080 kPa,拆卸时更新密封圈。不合格的安全阀更新。

6) 连接件

(1) 三级修。

目视检查主供风单元压缩机弹性支座和电机弹性支座,无破损、裂纹和气孔;紧固件无松动、缺失或失效。

(2) 四级修。

清洁、外观检查保险绳、销栓和固定压缩机单元、干燥器、精细滤油器的紧固件等,存在裂纹、变形、腐蚀或螺纹变形等缺陷时更新。

(3) 五级修。

① 主供风单元吊装用紧固件更新,保险绳开口销更新。

② 主供风单元压缩机弹性支座和电机弹性支座更新。

7) 软 管

(1) 三级修。

外观检查主供风单元上的橡胶软管,表面无龟裂、鼓泡,存在露出内编织线的破损时更新;橡胶软管组成不许与其他零部件相抗磨,不许打死褶。

(2) 四/五级修。

主供风单元上的所有软管更新。

8）其他管路

（1）三/四级修。

外观检查空气管路，存在破损、裂纹、变形或腐蚀等缺陷时更新。

（2）五级修。

外观检查并检测压缩机组进气管路，损坏或检测不合格时更新。

9）组装试验

（1）三级修。

① 主供风单元进行地面测试，电机及联轴节、空气滤清器和双塔空气干燥器单元运行正常，无异响。

② 安装上车的主供风单元进行 30 min 的试运转。启动主供风单元约 1 s，压缩机转动方向正确，运行无异响，干燥器运行正常。主供风单元排油堵、安全阀等部位无漏油。

（2）四/五级修。

主供风单元组装完成后，进行尺寸检查、气密性试验和功能试验。

7.3.2 辅助供风单元检修

1. 三级修

（1）外观检查辅助供风单元各部件。

（2）拆下辅助供风单元压力开关，清洁、外观检查，功能测试，压力开关的关闭压力为（270±50）kPa。损坏或测试不合格者更新。

（3）更新干式空气滤清器的滤芯。清洁、外观检查干式空气滤清器的外壳及内部其他零件，存在裂纹、变形、腐蚀等缺陷时更新。

（4）辅助供风单元安全阀进行气密性检查和功能测试，开启压力为 $900_{\ 0}^{+200}$ kPa。

（5）清洁压缩机气缸上的散热筋。

（6）压缩机油更新。

（7）目视检查辅助供风单元的安装状态，吊装紧固件存在裂纹、变形、腐蚀或螺纹变形等缺陷时更新。重新紧固后涂打防松标记。

2. 四级修

（1）辅助供风单元下车分解检修。

（2）清洁、外观检查空气干燥器外壳及内部其他零件，存在裂纹、变形、腐蚀等缺陷时更新。

（3）对辅助供风单元风缸、管路及管路附件（管卡、管接件等）、框架和紧固件进行清洁和外观检查，存在裂纹、变形、腐蚀和螺纹变形等缺陷时更新。更新橡胶件和所有软管。

（4）空气干燥器的过滤芯筒和密封件更新。

（5）辅助供风单元吊装用紧固件更新。

（6）对空气压缩机组进行功能测试，不合格者须分解检修或更新。

（7）辅助供风单元检修组装后功能测试正常。

3. 五级修

清洁、分解检修空气压缩机组，密封环、卡环、轴封、O形圈、密封垫、弹垫、轴承、活塞、排油堵尼龙密封圈及端盖密封垫更新。

7.3.3 气动主断供风单元检修

1. 三级修

（1）目视检查供风单元的吊装紧固件，存在裂纹、变形、腐蚀或螺纹变形等缺陷时更新。重新紧固后涂打防松标记。

（2）拆下供风单元压力开关，清洁、外观检查、功能测试，压力开关的动作值为 550～700 kPa，公差范围为 ±20 kPa。测试不合格者调节或更新、损坏者更新。

（3）位于车上的滤尘器滤芯更新，滤尘器壳体存在影响功能的损坏时更新滤尘器。

（4）供风单元安全阀进行气密性试验和功能测试。安全阀开启压力为 810～990 kPa。

（5）清洁压缩机表面，并进行空压机启停功能测试。

（6）止回阀进行功能测试，不良者更换。

（7）压缩机减振垫更新。压缩机进气口过滤器滤芯更新，过滤器损坏时更新。

2. 四/五级修

（1）气动主断供风单元下车分解检修。

（2）清洁、分解检修止回阀，检修完成后进行气密性试验及功能测试。

（3）检查气动主断供风单元的吊装用紧固件，存在裂纹、变形、腐蚀或螺纹变形等损伤缺陷时更新。

（4）清洁、分解检修空压机组，检修完成后进行相关功能测试。

（5）对气动主断供风单元上的风缸、管路及管路附件（管卡、管接件等）、框架和紧固件进行清洁和外观检查，存在裂纹、变形、腐蚀和螺纹变形等缺陷时更新；更新橡胶件和所有软管。

7.4 车端连接装置检修

车端连接装置是指连接两车辆或两列车间的所有机械、空气和电气装置，主要包括车钩缓冲装置、风挡和空气与电气连接装置。车端连接装置为车辆组成部件中一个必不可少的重要装置，从某种意义上来说，正是车端连接装置的存在才将列车中的各个车辆连接组成了真正意义上的列车。而车端连接装置的性能直接影响动车组的运行品质和运行安全。

7.4.1 车钩缓冲装置检修

车钩缓冲装置是动车组最基本也是最重要的部件之一，主要用来连接两列车或两车辆，使之彼此保持一定的距离，并且传递和缓和动车组在运行过程中及调车过程中产生的纵向力和冲击力。CRH$_{5A}$型动车组有 2 套前端车钩缓冲装置（采用全自动车钩缓冲装置）、7 套中间车钩缓冲装置（采用半永久性车钩缓冲装置）、1套过渡车钩。

1. 自动车钩缓冲装置

CRH$_{5A}$型动车组自动车钩缓冲装置引自瑞典丹纳公司10号自动车钩系统（见图7.15），该型车钩是丹纳公司为高速动车组开发的自动车钩。装设在动车组司机室前端，具有自动及手动连挂、分解功能，正常工况下可实现动车组重联编组作业。

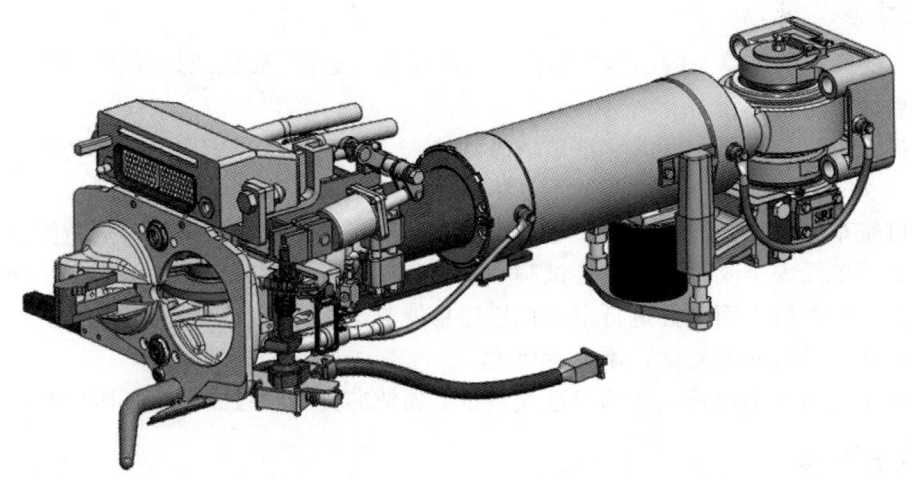

图7.15　CRH$_{5A}$型动车组10号自动车钩缓冲装置

10号自动车钩缓冲装置主要由钩头、钩体与缓冲器、电气连接器、风管连接器、尾部橡胶弹性轴承、中心调整装置、钩头电加热装置等组成，其三级修的内容如下：

（1）清洁车钩，表面未经防锈处理的车钩零件须涂防护层，车钩钩体、缓冲器及连挂表面锈蚀时除锈、补漆。

（2）车钩各零件无松动、缺失。

（3）机械钩头、钩板、弹簧状态良好，无损坏。

（4）机械车钩磨耗采用主校准量规测量：刻度标志在"IN"（内）位置，表示联挂机构处于公差范围内；刻度标志在"OUT"（外）位置，表示联挂机构超出公差范围，须对机械车钩进行大修，磨损的零件更新。

（5）手动解钩装置和缩回机构功能正常。

（6）垂向和横向摩擦板无裂纹、损坏。

（7）机构指示阀和电气车钩激活器功能正常。

（8）触点（插针和插孔）无损坏、缺失。

（9）清洁触点（插针和插孔）上的污物。

（10）车钩须润滑。

（11）电气钩到配电柜的配线须校线。

（12）带护套接地线的护套损坏时修复，金属线芯损坏时更新；编织电缆接地线断股超过10%时更新。

（13）防护罩无破损（适用于CRH$_{5G}$型动车组）。

四级修的内容如下：

（1）自动车钩下车分解检修。

（2）清洗各模块单元。

（3）机械钩头、钩板、连挂杆、卡环及安装座等机械连接部件须退漆并磁粉探伤，检测后重新喷漆。

（4）车钩外露的橡胶件及所有拆卸的紧固件更新，螺栓螺母防松板更新。

（5）重新确认维修完成后的不同车钩模块，对所有的模块重新进行润滑并装配出自动车钩总成。

（6）自动车钩安装用紧固件更新。

（7）整钩检修完成后进行气密性检测，0.8~1.0 MPa 压力保压 3 min，压降不大于 0.02 MPa。

五级修内容为：

（1）注油嘴更新，接地线破损时更新。

（2）弹簧销、开口销更新。

1）机械钩头检修

（1）四级修。

① 机械钩头模块分解检修，机械钩头、钩板、连挂杆各部件磨耗符合限度要求。钩头须防锈处理并润滑。

② 机械指示阀（MIV）或二位五通气控阀功能正常。

③ 解钩手柄模块分解检修，涂润滑脂。

④ 车钩气缸模块分解检修，气缸活塞单元须清洗并润滑，气缸橡胶件无破损，气缸装配后进行气密性检测。

（2）五级修。

①检测二位三通阀或二位五通阀，损坏时更新。

②气缸活塞密封圈更新。

2）缓冲器组成检修

（1）三级修。

① 缓冲器无轴向松弛。

② 缓冲器连接卡环无松弛、损坏。

③ 锁紧环状态良好，与缓冲器套筒的外径平齐（适用于 985 型）。

④ 端螺母状态良好，无损坏（适用于 MJGH-D 型）。

（2）四级修。

① 清洁各部件，并重新喷漆。

② 摩擦衬套和橡胶件更新。

③ 重新润滑环簧。

④ 压力检测曲线符合要求。

（3）五级修。

① 锁紧环更新。

② 液压油更新，重新充注氮气。

3）支撑对中装置组件检修

（1）三级修。

对中支撑功能良好，无损坏、变形和零件缺失。

（2）四/五级修。

① 清洁各部件，并重新喷漆。

② 弹簧状态良好（适用于 MJGH-D 型）。

③ 垂向支撑重新充注氮气，压力达到 2.5 MPa（适用于 985 型）。

④ 对中装置碟簧更新并润滑。

⑤ 非金属摩擦环、衬套和磨耗板更新。

4）安装座组成检修

四/五级修。

① 安装枢轴座模块分解组成分解检修，各部件须清洗，轴承支架安装座及连接头磁粉探伤。

② 球形橡胶轴承、折边衬套、卡簧更新。

5）电气车钩检修

（1）三级修。

电气车钩盖结构及前端密封无损坏。

（2）四/五级修。

① 左右电钩模块分解检修，清洁并检查各部件。

② 各部件完整无破损，电钩后部接线无松动。

③ 插针无损坏，进行绝缘和导通试验，相邻插针之间绝缘电阻阻值不小于 20 MΩ。

④ 前端密封圈更新。

6）电气车钩驱动装置检修

（1）四级修。

① 左右电钩驱动模块分解检修，清洁各部件。

② 润滑驱动气缸，气缸橡胶件无破损，装配后进行气密性检测。

（2）五级修

气缸活塞密封圈更新。

7）气动系统检修

（1）三级修。

① 车钩端面主风管、制动管和解钩阀门密封良好，无损坏、泄漏和零件缺失。

② 自动车钩空气过滤器滤芯更新。

（2）四级修。

气动系统模块分解检修,清洗并检查各个部件,气动系统装配进行气密性检测。

(3)五级修。

各气路软管更新。

8)主风管阀(MRP)、制动管阀(BP)和解钩阀(UC)检修

四/五级修。

① BP 阀模块、MRP 阀模块和 UC 阀模块分解检修,清洗并检查各个部件无缺失、无锈蚀,橡胶件更新。

② BP 阀模块、MRP 阀模块和 UC 阀模块装配后进行气密性检测。

9)加热器组件检修

(1)三级修。

加热带功能正常。

(2)四/五级修。

加热器模块分解检修,各部件功能正常,加热带更新。

2. 半永久车钩缓冲装置

CRH$_{5A}$ 型动车组除了两头车端部采用全自动车钩缓冲装置外,其余车辆连接处均使用两个半永久性车钩连接(见图 7.16),其中一个带有缓冲器(见图 7.17)。相比于自动车钩,半永久车钩连接时需要人工使用工具对其锁定装置进行操作才能完成连接和分解,没有电气、压缩空气自动连接功能。

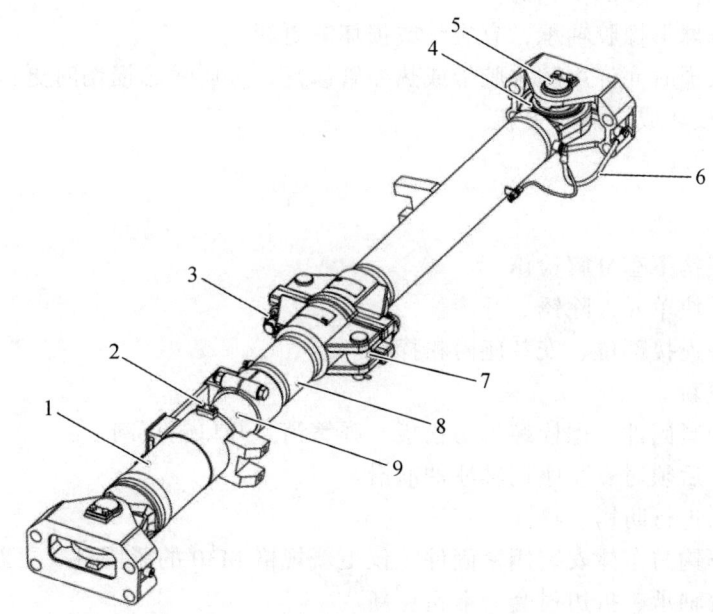

1—缓冲器;2—锁紧螺母;3—槽顶螺母;4—球状橡胶轴承;5—中心销;
6—接地电缆;7—吊环螺钉;8—车钩头;9—液压缓冲器。

图 7.16 CRH$_{5A}$ 型动车组半永久性车钩缓冲装置连挂状态

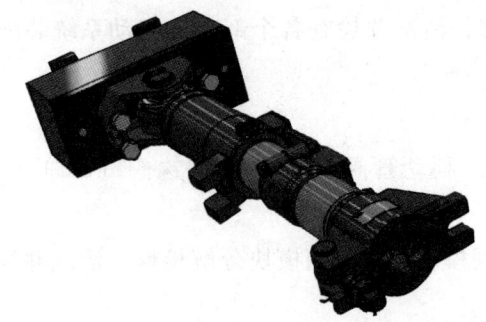

图 7.17 CRH₅ₐ 型动车组带缓冲器的半永久性车钩缓冲装置

1）三/四级修

（1）清洁车钩表面，清理锈蚀零部件，油漆破损部位须补漆。

（2）缓冲管外露部分须涂防护层。

（3）目视检查车钩结构，缓冲器、牵引底座无损伤。车钩头导轨无裂纹，外部损伤凹痕大于 25 mm² 或深度大于 2 mm 时修复，影响功能时更新。

（4）目视检查钩头部分的连接螺栓和连接螺母，紧固不良时更新。不解编检修时，连挂牢固，防松标识清晰无错位；解编检修时，两车连挂按规定力矩进行紧固，并涂打防松标记。钩尾部分的安装螺栓安装牢固，松动时，按规定力矩紧固，并涂打防松标记。

（5）气液缓冲器与钩头上的螺纹紧固标记正确。

（6）目视检查气液缓冲器有液压油泄漏时，须更换带缓冲器的半永久车钩。

（7）钩尾销部件可视部位完好。

（8）目视检查球形橡胶轴承，有裂纹或损坏时更新。

（9）接地线破损时允许用防水胶带或热缩管修复，金属线芯损伤时更新。

（10）油管有损坏或渗漏时更新。

（11）润滑车钩。

2）五级修

（1）半永久车钩下车分解检修。

（2）清洗各模块单元，除锈、补漆。

（3）车钩钩头连接部位、安装座磁粉探伤。

（4）注油嘴更新。

（5）拆卸过的紧固件、螺栓螺母防松板、弹簧销、开口销更新。

（6）车钩组装后须对安装座销轴注油润滑。

（7）车钩表面进行防锈、喷涂。

（8）半永久车钩与车体安装用紧固件（仅更新规格 M30 的紧固件）更新。

（9）球形橡胶轴承、折边衬套、卡簧更新。

（10）分解检修气液缓冲器，缓冲器防尘圈、衬套、锁紧环、各橡胶件更新，液压油更新，重新充注氮气，功能正常。

3. 过渡车钩

当动车组发生故障或其他事故不能自行行驶时，需要机车或其他动车组进行救援，但每种型号动车组的自动车钩结构与机车 15 号车钩或其他类型动车组自动车钩的差异甚大，无法相互连接。因此，必须采用一边能与救援动车组自动车钩连接，一边能与机车或其他实施救援的动车组自动车钩连接的特殊装置进行过渡连接，该装置称为过渡车钩。目前，动车组均配备统型过渡车钩，共包括 4 种模块（见图 7.18）：模块 1（880 mm 钩高的 10 型过渡钩模块）、模块 2（柴田式过渡钩模块）、模块 3（1 025 mm/1 000 mm 钩高的 10 型过渡钩模块，包括单管和双管结构）和模块 4（机车过渡钩模块）。CRH$_{5A}$ 型动车组过渡车钩安置在 06 车上备用。

 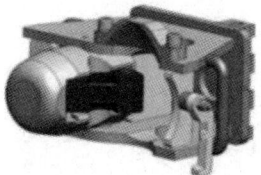   

（a）模块 1　　　（b）模块 2　　　（c）模块 3　　　（d）模块 4

图 7.18　统型过渡车钩模块外形

1）三级修

（1）过渡车钩部件齐全，功能正常，油漆破损部位须补漆。
（2）清理锈蚀部位，并涂防护层。
（3）钩锁连接器、关节式连接器联挂机构功能正常。
（4）高度调整装置配件齐全，功能正常。
（5）过渡车钩须润滑。
（6）风管表面无龟裂和裂纹。
（7）现车配备车下过渡车钩箱时，取消过渡车钩箱及滑道。
（8）小推车部件齐全，功能正常，小推车无影响功能的变形，连接部位焊缝无裂纹，连接螺栓无松动。

2）四级修

过渡车钩风管更新。

3）五级修

（1）过渡车钩下车分解检修并清洁。
（2）拆卸的紧固件更新。
（3）整钩检修完成后进行气密性检测，0.8～1.0 MPa 压力保压 3 min，压降不大于 0.02 MPa。
（4）联挂功能正常。

7.4.2 风挡检修

风挡是车辆之间的柔性运动部件,可在车与车之间实现相对运动并提供给旅客安全舒适的通道。CRH$_{5A}$型动车组的风挡采用的是双层折棚式风挡(见图 7.19),该风挡具有良好的伸缩性、气密性和水密性。双层折棚式风挡主要由双层折棚、渡板、踏板以及左右磨耗板几部分组成。其四级修为状态检修,五级修为下车分解检修。

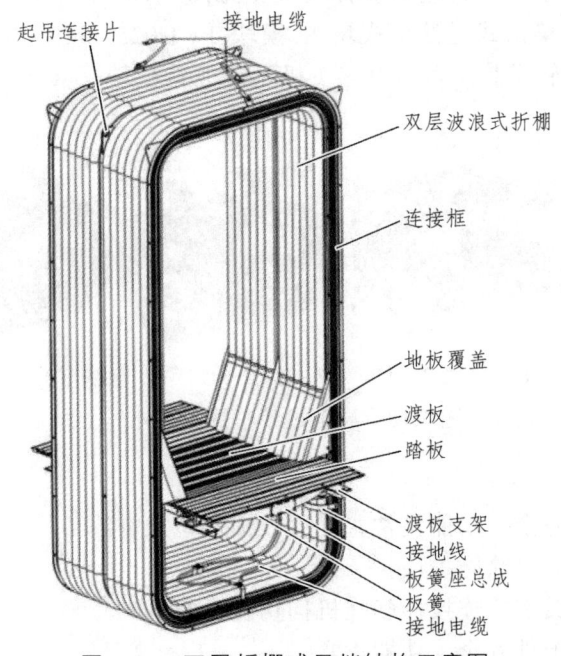

图 7.19 双层折棚式风挡结构示意图

1. 双层折棚

1)三/四级修

(1)清除双层折棚内外表面灰尘;清除风挡内污水和杂物;双层折棚破损时修补或更新(不包含裙边)。

(2)锁定钩功能正常,损坏时更新。

(3)可见锁栓和定位孔组件安装牢固,无损坏;可见安装螺钉锈蚀时更新。

(4)滚轮无贯穿性裂纹及影响功能的损伤。

2)五级修

裙边更新。

2. 渡板及踏板

1)三/四级修

(1)清洁渡板表面。

(2)防滑条损坏面积大于 100 mm² 时修补或更新。

（3）渡板变形时调修，裂纹、严重损伤时更新。

（4）渡板恢复安装后，功能正常。

（5）踏板及踏板元件损坏时修复或更新。

（6）螺钉和铰链无损坏。

2）五级修

（1）踏板、踏板元件及紧固件更新。

（2）踏板上面防滑条更新。

（3）渡板上面塑料板、橡胶板更新。渡板端部的铝型材框架更新。

3．其他附件

1）三/四级修

（1）清除板簧表面浮锈，涂抹防锈脂。板簧裂纹、折损时更新。

（2）板簧支座和箱位无松动。

（3）渡板支架螺钉安装牢固。

（4）渡板支架无损坏。

（5）滚轮无贯穿性裂纹及影响功能的损伤。

（6）拖架横梁螺栓安装牢固。

（7）拖架横梁油漆破损时补漆。有影响功能的严重变形或断裂时更新。

2）五级修

耐磨板更新。

7.4.3　风挡支架检修

1．三级修

可见表面油漆鼓包、破损面积大于 400 mm² 时修复。

2．四级修

各零部件无损伤、功能正常。

3．五级修

拆卸的风挡支架橡胶条更新。

7.5　牵引系统检修

CRH$_5$型动车组牵引传动系统采用交直交传动方式，主要由高压电器（受电弓、主断路器、避雷器、电压互感器、电流互感器、高压电缆、高压箱等）、牵引变压器、牵引变流器和牵引电机组成。受电弓通过电网接入 25 kV/50 Hz 的高压交流电，输送给牵引变压器，降压为 1 770 V 的交流电，再输入牵引变流器，逆变成电压和频率可控的三相交流电，输送给牵引电机完成整个列车的牵引传动过程。

7.5.1 高压电器检修

1. 受电弓

受电弓三级修是状态检修；四级修下车部分分解检修，五级修下车全面分解检修。

1）受电弓弓体

（1）三级修。

① 检查上、下臂焊接、升弓机构、弓头支架装配和弓装配、上、下导杆及导流板，变形、损坏或开裂时更新。受电弓弓头组装部位不允许存在电蚀现象。上臂框架左右纵支柱不允许有深度超过 0.5 mm（表面油漆除外）或直径超过 3 mm 的电蚀。其他部位电弧击伤塌边距离安装面必须超过 6 mm 且不允许出现以下任意一种情况：

a. 深度超过 1 mm 且直径超过 3 mm 的电蚀孔洞数量大于 5 个。

b. 1 cm^2 内存在 2 个及以上深度超过 1 mm 且直径超过 3 mm 的电蚀孔洞。

c. 单个电蚀缺陷面积超过 100 mm^2。

d. 有击穿的孔洞。

② 紧固螺栓、连接螺栓及弓头弹簧安装牢固。

③ 阻尼器动作卡滞、漏油时更新。

④ 滚动轴承及升弓装置销轴保持润滑。关节部位动作无卡滞。

⑤ 底架橡胶垫安装水平，无老化、变形。调整弓装配使滑板底面距弓装配的距离为 8～10 mm。

⑥ 在降弓位置，手动按压两侧钢丝绳，张紧程度基本一致，任意 100 mm 以内断丝数超过 2 根或任何一支绳股里发生 2 根以上断丝时报废处理。

⑦ 软连接线断股、断丝超过 10 %时更新，连接螺母紧固，接线端子无烧损、电蚀。

⑧ PU-4 风管、橡胶风管安装良好，无破损、漏气。

⑨ 弓角表面磨耗纵向宽度不超过 5 mm；弓角无裂纹、变形。

⑩ 气囊在无气状态下可见内部帘布层或龟裂超限（气囊龟裂深度超过 1.2 mm 且长度超过 25 mm）时更新。

⑪ 润滑受电弓关节部位。

⑫ 弓头转轴动作须灵活。翼片变形或开裂者更新。

（2）四级修。

① 检查下臂组装的长、短轴及隔套涂层，损坏或脱落者更新。下臂轴承出现腐蚀、转动不灵活时修复或更新。弹簧挡圈和密封圈更新，更新弓头支架装配。

② 底架组装的橡胶堆更新。

③ 钢丝绳、软连接线更新。

④ 弓头横向弹簧和弓头弹簧元件更新。弓头组装中的管轴、弓头塑料支架、柱头和传力柱头更新。

⑤ PU-4 风管、橡胶风管、卡套接头、活接螺母、T 形接头和密封圈更新。

⑥ 上臂组装中的滑动轴套和塑料模更新；升弓装置的滑动轴套、油杯帽、活塞、弹簧更新；上、下导杆的关节轴承更新。关节装配转动不灵活者更新滚针轴承、垫圈。阻尼器卡箍及橡胶伸缩套更新。所有尼龙扎带、所有锁紧螺母更新；绝缘管和密封垫更新。自动降弓装置（ADD）阀膜片更新。

⑦ 受电弓表面重新进行涂装。

（3）五级修。

① 自动降弓装置（ADD）关闭阀及试验阀更新。

② 弓头铝支架、大小翼片更新。

③ 气囊、关节装配更新；上导杆装配更新；阻尼器装配更新。

④ 下臂轴承更新。

2）滑　板

当滑板出现下列情况之一时须更新：

（1）碳滑板的剩余高度小于运用限度。

（2）滑板断裂。

（3）滑板漏气。

（4）贯穿至铝托架的侧面裂纹。

（5）延伸至滑板边缘且宽度大于 0.3 mm 的横向裂纹。

（6）滑板上表面中部/摩擦区有 3 条及以上裂纹。

（7）纵向贯穿性裂纹。

（8）掉块在宽度方向掉块大于 40％。

（9）接头或接缝处漏气。

（10）铝托架存在直径大于 2 mm 的烧损孔洞。

（11）滑板扭曲变形，经调整无法保证水平的。

（12）水平度测量：弓头两个滑板高度差大于 3 mm。

3）阀　板

（1）三级修。

① 安装牢固，气密性良好。

② 清洁空气滤清器，检查密封圈无损坏。

③ 按相关规定校验压力表，校对合格的压力表须贴检定标签。压力开关的设定值为闭合压力（0.28±0.01）MPa；断开压力（0.24±0.02）MPa。

（2）四级修。

① 检查与调整安全阀。安全阀的设定值为（0.45±0.03）MPa。

② 空气滤清器密封圈更新，滤芯更新。

（3）五级修。

① 压力开关更新。

② 精密减压阀更新。

4)三通三锁阀、三通二锁阀

(1)三/四级修。

结合整车试验进行功能测试。

(2)五级修。

① 分解三通三锁阀、三通二锁阀,对内部进行清洁,更新密封件。

② 三通三锁阀、三通二锁阀功能正常。

5)受电弓试验

(1)三级修。

① 在带阻尼器状态下,测量落弓位高度以上 0.5 m、可测量的最高点(最高不超过 1.9 m)和两者中间任一点(建议选靠近中点处)三处的接触压力,测试受电弓向下运动时,力的最大值不大于 85 N,向上运动时,力的最小值不小于 55 N,在同一升弓高度,两值之差均不大于 30 N。

② 升降弓特性:带阻尼器时测量升降弓时间,受电弓从落弓位开始动作至接触到接触网的时间不大于 8 s,且不引起有损害的冲击;受电弓从接触网高度开始动作至落弓位的时间不大于 8 s,且不引起有损害的冲击。

③ 自动降弓装置(ADD)特性检测。受电弓升至 0.4~0.5 m,打开试验阀,受电弓须迅速降下。

④ 减压阀、安全阀性能良好。

(2)四/五级修。

① 尺寸检查,弓头长度:(1 950 ± 10) mm;弓头高度:370^{+5}_{-10} mm;弓头宽度:(580 ± 2) mm;落弓高度:(734 ± 10) mm(绝缘子高度 400 mm),(814 ± 10) mm(绝缘子高度 480 mm);最大升弓高度:$3\,140^{+100}_{-25}$ mm(绝缘子高度 400 mm),$3\,220^{+100}_{-25}$ mm(绝缘子高度 480 mm)。

② 静态压力特性检测:受电弓在额定工作气压下,在其工作高度范围内进行升、降弓试验(不带阻尼器),测试其静态压力,标称静态接触压力 70 N,公差满足图 7.20 所示规定。

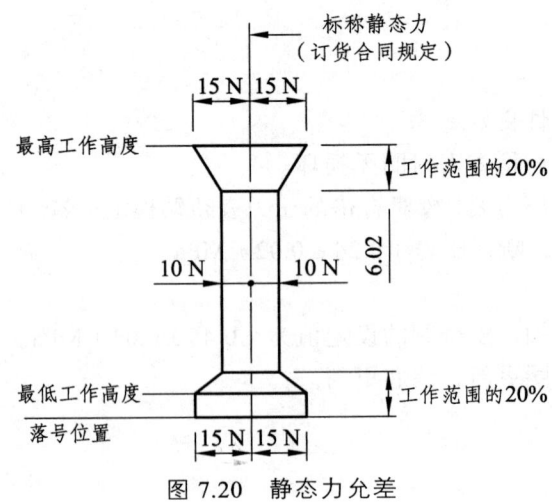

图 7.20 静态力允差

③ 升降弓时间测试：滑板由落弓位至最高工作位时，升弓时间不大于 10 s，降弓时间不大于 6 s。滑板由落弓位至距绝缘子安装平面 2 090 mm 高度时，升弓时间不大于 5.4 s，降弓时间不大于 4 s，且降弓时不许有引起损坏的冲击。

④ 弓头自由度检查：在受电弓工作范围的最高和最低工作高度下，弓头垂向最大移动量为（60±5）mm。

⑤ 落弓位保持力不小于 100 N。

2．主断路器

主断路器三级修时不下车，进行状态检修；四、五级修时下车分解检修。

1）总体要求

（1）主断路器安装紧固件、电气连接件安装牢固，底座密封良好。

（2）主断路器表面、避雷器连接支架无裂纹、破损。

（3）连接母排垫片无破损、扭曲、裂纹。

（4）清洁主断路器表面和接地触点。

（5）接地软连线断股超过 10% 时更新。

（6）陶瓷绝缘子表面光洁，绝缘子与法兰之间出现松动或有电弧烧损时须更新；绝缘子单个缺陷面积不大于 30 mm^2；表面不许有裂纹。累计缺陷面积不大于 3 cm^2 时，可不处理；累计缺损面积大于 3 cm^2 但不大于 25 cm^2 时，须进行历时 1 min 的 56 kV 工频耐电压试验，不合格者更新；累计缺损面积大于 25 cm^2 时更新。硅橡胶绝缘子缺陷部位不超过 5 处，同一叶片缺陷不超过 2 处，同一叶片上有 1 处缺陷时，不大于叶片面积的 10%，有 2 处缺陷时，均不大于叶片面积 5%，半径方向的长度不大于 30 mm，绝缘子本体无缺陷；硅橡胶绝缘子缺口部位不超过 5 处，同一叶片缺口不超过 2 处，同一叶片缺口为 1 处时，沿圆周方向的缺口长度不大于 50 mm，同一叶片有 2 处缺口时，沿圆周方向的单个缺口长度不大于 20 mm，径向缺口长度不大于 10 mm；伞裙根部无裂纹，伞裙从边缘沿径向无贯穿性裂纹，伞裙切向贯穿性裂纹不大于 20 mm。

2）高压电动断路器

（1）三级修。

① 目视检查动作杆上的磨损标记，检查主触点的磨损情况，指针磨损到限时更新上部绝缘子组件。

② 清洁防护罩。

③ 25 kV 接地闸刀开关固定触点和可动闸刀部件无破损。紧固件安装牢固，接地编织线完好，接地螺钉安装牢固。使用操纵杆操作 25 kV 接地闸刀开关，动作良好。清洁可动闸刀和可动零件。

④ 联锁及机械动作正常。

⑤ 吹风干燥功能正常。

（2）四/五级修。

① 将隔离开关从运行位到接地位切换 5 次，触点和闸刀片穿透性良好。

② 拆卸的紧固件更新。

③ 阻尼环、贝氏垫圈、复位弹簧、螺线管的阻尼环、止挡更新。

④ 高压电动断路器和接地闸刀开关试验：

a. 断路器功能试验：断路器供电电源分别调至直流 16.8 V 和 30 V，各操作断路器动作 20 周期，断路器动作须正常，辅助触点通断符合要求。检测断路器闭合时间小于 160 ms，开断时间小于 45 ms，主触头弹跳时间小于 10 ms。检查主触头磨损小于 3 mm。

b. 功能试验：测试接地开关的开断功能。

c. 触点电阻的测量：操作电源使断路器闭合，并在触头之间通过 100～500 A 的某个值的电流，测量触头之间的压降，计算电阻值小于 100 μΩ。

d. 介电试验：主触头之间以及高压对地耐电压 AC64 kV/50 Hz，1 min 无击穿或闪络；低压回路对地耐电压 1 280 V/50 Hz，1 min 无击穿或闪络。

3）高压气动断路器

（1）三级修。

① 接地夹无变形损坏，接地夹弹簧片的间距大于 9.2 mm 时更新接地夹，如图 7.21 所示。接地夹结瘤小于 1 mm 时，用锉刀修平并润滑接地夹；大于 1 mm 时，更新并润滑接地夹。接地触头无变形、损坏，接地触头厚度不小于 9.5 mm；接地触头结瘤小于 1 mm 时，用锉刀修平并涂抹润滑脂；大于 1 mm 时，更新并润滑接地触头。接地软连线表面清洁；将接地手柄置"接地位"，绿色钥匙须灵活转动并可以拔出；将接地手柄置"运行位"，红色钥匙须灵活转动并可以拔出。接地簧片外观无烧损和影响功能的变形，最小间隙为 4.5～8.5 mm（根部）。

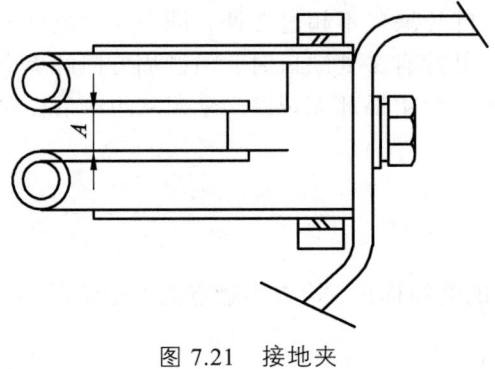

图 7.21 接地夹

② 闭合断路器，检查推杆上的触头磨损指示器显示触头间距在要求范围内，磨损量大于 2.5 mm 时更新上绝缘子单元。

③ 气管无老化现象，管路接头及气动元件无破损漏风现象。节流阀通风顺畅，接通压缩空气能听到下绝缘子内有明显气流声。

④ 电路插座及辅助触点系统各部件表面清洁，不许有裂损、变形。电缆绝缘层无破损或老化。接线端子无松动。

⑤ 排空压力调节器和气缸底部的冷凝水。

（2）四级修。

① 绝缘子金属法兰盘不许有裂纹、锈蚀，螺纹完好，与绝缘体浇筑牢固，不许有裂缝、掉块现象。

② 各零部件无变形、破损，表面漆膜、镀层无脱落，外露金属无锈蚀。

③ 缓冲垫作用良好，缓冲垫破损或压缩变形无弹性时须更新。更新缓冲垫后须进行气密性试验、动作试验、主触头开断时间及辅助触点开断时间检测。

④ 断路器控制顺序正确，辅助触点接触良好，通断正确。辅助触点无烧损现象。凸轮板变形、损坏须更新。

⑤ 节流阀空气出口端与气缸之间压力应保持在 70~80 kPa。电磁阀线圈得电或失电状态无空气泄漏，动作无异常。主断路器出现空气泄漏时，更新有缺陷的气管、接头或气动部件，并重新进行气密性检查。

⑥ 压力开关须在 345~358 kPa 断开，在 390~420 kPa 闭合，确认空气可以从电磁阀排出。压力发生变化时，调节到正常压力或更新压力开关。确认调压阀出口压力在 483~497 kPa，压力发生变化时，调节到正常压力或更新调压阀。

⑦ 拆卸的紧固件更新。

（3）五级修。

① 接地夹挡盖变形、损坏或开裂时须更新。

② 调整推杆上的触头磨损指示器与基准面间距为 3 mm。

③ 清洁储气缸内腔，端盖密封更新。

④ 拆解上绝缘子总成，上绝缘子单元（上绝缘子装配及真空开关管）、软连线及压缩弹簧更新。

⑤ 接地夹及弹性片更新，与接地触头接触表面涂润滑脂。

⑥ 传动气缸缓冲垫组成、活塞密封更新，检查气缸活塞内壁无损坏并涂抹润滑脂，传动气缸活塞动作灵活顺畅，无卡滞。

⑦ 气路系统所有密封件更新。

⑧ 转换阀 O 形密封圈、活塞密封、阀垫及压缩弹簧更新，检查阀体内壁无损坏，阀杆等零件无变形损坏，重新组装转换阀并涂抹润滑脂。

3. 避雷器

1）避雷器下车检修

避雷器螺纹状态良好，影响拆卸时更新避雷器。

2）避雷器外观检查

（1）伞裙表面缺陷：同一避雷器缺陷部位不超过 5 处，同一叶片不超过 2 处。同一叶片上有 1 处缺陷时，不大于叶片面积 10%；有 2 处缺陷时，均不大于叶片面积 5%。半径方向的长度不大于 30 mm。避雷器本体没有缺陷。

（2）伞裙缺损（缺口）：同一避雷器伞裙缺口不超过 5 处，同一叶片不超过 2 处。同一叶片上有 1 处缺口时，沿圆周方向的缺损长度不大于 50 mm。同一叶片上有 2 处缺口时，沿圆周方向的缺损长度均不大于 20 mm。径向缺口长度不大于 10 mm。

（3）伞裙裂纹：伞裙根部无裂纹，伞裙从边缘沿径向无贯穿性裂纹，伞裙切向贯穿性裂纹不大于 20 mm。

（4）伞裙与避雷器本体之间不允许存在缝隙。

3）外观状态良好时检测

（1）直流 1 mA 参考电压试验，参考电压大于 52 kV。

（2）0.75 倍直流参考电压下的漏电流试验，漏电流小于 50 μA。

（3）局部放电试验，局部放电量不大于 10 pC。

（4）密封试验：将避雷器完全浸泡在水中（温度不低于 80 ℃ 热水 2 h 以上或者常温水 24 h 以上），浸泡后取出重新做直流 1 mA 参考电压试验和直流泄漏电流测试。直流参考电压变化小于 5%，漏电流变化小于 20 μA。

（5）持续电流试验，电流值不大于 600 μA，阻性电流值不大于 200 μA。

（6）工频参考电压试验，工频参考电压大于 40 kV。

（7）用直流 2 500 V 兆欧表进行绝缘电阻测试，绝缘电阻值大于 1 000 MΩ。

4）安装后检查和清洁

25 kV 避雷器、避雷器支架和连接母线无裂纹、破损。25 kV 避雷器安装紧固件和电气连接件牢固，无松动。清洁 25 kV 避雷器的表面和接地触点。

4. 电压/电流互感器

1）三级修

（1）清洁电压/电流互感器，表面无烧痕，安装状态良好；电气连接及接地线连接牢固。

（2）电气接口处、高压母排表面须清洁，无裂纹、破损。

（3）接地线断股大于 10%时更新。

（4）标识清晰准确，安装牢固，无破损及丢失。

（5）集成仪表箱的电流互感器橡胶罩表面破损深度不大于 10 mm，集成仪表箱的电压互感器无破损。

（6）分体式电流互感器接线盒内部接线状态正常，接线盒密封圈更新。

2）四级修

清洁并检查分体式电压互感器。去除防污闪涂层，重新喷涂防污闪涂层（硅橡胶绝缘子除外）。

3）五级修

（1）电压/电流互感器下车检修，电压/电流互感器进行例行试验检测，功能正常。

（2）互感器一、二次侧接线钉更新。

5. 高压绝缘子（包括车顶高压绝缘子和分体式电压互感器绝缘子）

1）橡胶或复合材料绝缘子

（1）三/四级修。

① 清洁并目视检查绝缘子。
② 目视检查端部附件，表面锈蚀时处理。支架损坏、变形时修复。紧固件无松动。
③ 伞裙根部不得有裂纹，伞裙从边缘沿径向无贯穿性裂纹，伞裙切向贯穿性裂纹不大于 20 mm。
④ 同一绝缘子伞裙缺损不超过 5 处，同一叶片不超过 2 处。当同一叶片缺口为 1 处时，沿圆周方向的缺损长度须不大于 50 mm；当同一叶片缺口有 2 处时，沿圆周方向的缺损长度均不大于 20 mm。缺损沿着径向长度不大于 10 mm。
⑤ 同一绝缘子缺陷部位不超过 5 处，同一叶片上不超过 2 处；同一叶片上有 1 处缺陷时，须不大于叶片面积 10%；有 2 处缺陷时，均不大于叶片面积 5%；半径方向的长度不大于 30 mm。绝缘子本体无缺陷。
⑥ 绝缘子伞裙缺损和缺陷同时存在时，同一个绝缘子上的缺损和缺陷总数不超过 5 处。
（2）五级修。
高压绝缘子更新。

2）瓷绝缘子
（1）三/四级修。
① 目视检查绝缘子，有裂纹时更新，紧固件无松动，支架损坏、变形时修复。
② 清洁绝缘子。
③ 单个缺陷面积不大于 30 mm^2。
④ 累计缺陷面积不大于 3 cm^2 时，可不处理；累计缺损面积大于 3 cm^2 但不大于 25 cm^2 时，须进行历时 1 min 的 56 kV 工频耐电压试验，不合格者更新；累计缺损面积大于 25 cm^2 时更新。
（2）五级修。
高压绝缘子更新。

6. 高压电缆

1）车端高压跳线
（1）三/四级修。
① 车端 185 mm^2、95 mm^2 截面积高压跳线不许有断裂和切口，保护层破损未伤及绝缘层时修复。
② 185 mm^2、95 mm^2 截面积高压跳线紧固良好，无松动和腐蚀。
③ 高压电缆端子接触面出现凸起熔点或凹坑时更新高压端子；其余表面出现凸起熔点或凹坑时打磨或更新高压端子。
（2）五级修。
车端 185 mm^2 截面积高压跳线更新。

2）25 kV 预装电缆
（1）25 kV 预装电缆可见部分表面清洁，局部硬伤不影响安全使用时允许修复，无法修复或绝缘层老化时更换。25 kV 预装电缆伞裙外观检查，出现开裂、孔洞或电流放电痕迹时更新，伞裙无开胶现象，单个缺陷面积大于 25 mm² 或深度大于 1 mm 时更新伞裙，电缆安装牢固，接地无松动。

（2）高压电缆端子接触面出现凸起熔点或凹坑时更新高压端子；其余表面出现凸起熔点或凹坑时打磨或更新高压端子。

（3）T 形头靴套更新。

7. 高压箱

1）三级修

（1）高压箱安装紧固件紧固良好，高压箱箱体检查门紧固件紧固良好。外门密封胶条破损时更新。

（2）接触器、断路器、牵引控制器（CLT）、高压接触器（KSAZ）无破损，安装牢固。单极高压接触器主触点接触面出现凸起熔点或凹坑时打磨或更新。

（3）端子和配电板无松动、破损、过热。电气连接无松动，紧固良好。电缆破损时修复或更新。

（4）箱体表面底漆破损时补漆。

（5）所有连接器无破损，固定良好，中压连接器内部无烧损痕迹。

（6）密封盖变形或裂纹时更换密封盖。

（7）灭弧罩无破损、裂纹；灭弧罩表面有火斑时须擦净（不许使用包含氟酸盐或氯酸盐化合物的清洗产品）。

（8）清洁接触器、端子和配电板。

（9）清洁本地牵引控制器（CLT）。

2）四级修

高压接触器主触点须打磨或更新，高压接触器辅助触点和延时装置更新。检查并测试高压接触器，功能正常。

3）五级修

（1）高压箱分解检修，外门密封胶条更新。

（2）中压接触器更新。

（3）高压箱中的中、低压电缆更新，高压电缆有破损、断裂和切口时更新。

（4）本地牵引控制器 CLT 更新。

（5）高压接触器主触点更新。灭弧罩更新。

7.5.2 牵引变压器检修

牵引变压器及冷却器三级修不下车检修，四级修时牵引变压器及冷却器下车检修（牵引变压器本体不分解，冷却器分解检修），五级修时牵引变压器分解检修。

1. 总体要求

1）三级修

（1）电缆连接安装牢固，电缆和电火花放电器无破损。

（2）牵引变压器安装紧固件安装牢固，锁紧销损坏时更新。

（3）变压器、接线盒、高压套管、套管盖和冷却器的各接地端子正确接地，与车辆底架连接良好。

（4）护线罩和端子盒上插座无松动。

（5）蝶形阀、止回阀和球阀无漏油、破损，安装牢固，蝶形阀锁定位置正确。

（6）连接器外壳无破损，连接器其他附件无锈蚀、损坏和丢失。电缆状态良好，破损时修复或更新。

（7）清洁所有接地端子及其紧固件。

（8）清洁初级绕组电流传感器；紧固件安装牢固；信号电缆连接无损伤、过热。

（9）测试油流指示器、油位传感器、表盘式温度计功能正常，安装牢固。

（10）牵引变压器底漆破损时补漆，出风口密封胶条更新。

2）四级修

（1）目视检查吊装件，状态不良时更新。橡胶吊装件更新。

（2）连接器内绝缘体无发黑、损坏和裂纹，插针无烧损、锈蚀和镀层脱落现象。

3）五级修

（1）牵引变压器分解检修。

（2）检查波纹管无渗漏，各波纹管应无深度超过 2 mm 的圆滑磕碰，不许有尖锐磕痕。波纹管安装法兰密封垫及紧固件更新。

（3）清洁接地座，所有接地软连接线更新。

（4）测试油位传感器功能正常。表盘式温度计更新。油位传感器安装法兰密封件及紧固件更新。油位计刻度板更新。油位计玻璃管无破损。油位计安装法兰密封件更新。检查温度传感器 PT 100 无破损，在 0 ℃、20 ℃、135 ℃ 时指示误差不大于 3 %。

（5）吊座磁粉探伤检查，有裂纹时修复。

（6）所有电缆扎带更新。

（7）端子箱盖板密封件更新。

（8）蝶形阀、止回阀和球阀更新，蝶形阀、止回阀和球阀的安装法兰密封件及紧固件更新。

（9）吊装件和橡胶吊装件更新。

（10）油流指示器更新。

（11）所有放气塞及管路连接密封件更新。

（12）初级绕组电流传感器接线柱防护罩更新。

2. 高压套管检修

1）三/四级修

（1）高压套管有破损、过热和漏油时更新，各螺母紧固良好。

（2）高压套管垫片破损时更换。

（3）清洁高压套管的表面。

2）五级修

扫描高压套管内部，无缺陷；高压套管安装用密封垫和紧固件更新。

3. DIN 低压和中性点套管检修

1）三/四级修

（1）DIN 低压套管、中性点套管无破损，连接牢固。

（2）清洁 DIN 低压、中性点套管的表面、孔盖及周围区域。

2）五级修

（1）检查低压套管导电杆、旗形端子与导电杆接触面无过热、放电痕迹。

（2）各瓷件不许有超过 3 处（单个面积不大于 30 mm^2）的轻微釉面擦痕、轻微磕碰；不许有裂纹、掉瓷。

（3）导电杆与引线连接紧固件、导电杆与旗形端子连接紧固件、低压套管密封件更新。

4. 空气干燥器检修

1）三/四级修

（1）空气干燥器无破损、裂纹。

（2）清洁空气干燥器的进气口表面。

（3）检查硅胶颜色，硅胶变色达 1/2 时更换；硅胶中有油污时更换。

2）五级修

（1）硅胶更新。

（2）密封垫更新。

5. 过压阀检修

1）三/四级修

（1）过压阀无破损。

（2）清洁过压阀及其周围区域。

（3）清洁开关内的电气触点，触点功能正常。

2）五级修

（1）过压阀内部密封件更新。

（2）触点更新。

（3）过压阀功能性试验，功能正常。

（4）过压阀安装法兰密封件及紧固件更新。

6. 冷却装置检修

1）三级修

（1）冷却器无破损、漏油；冷却风机、电机无破损、异响；冷却风机电机安装牢固无松动。盖板、膨胀油箱、套管连接、阀门法兰、焊接接头无泄漏；油泵无破损、漏油、异响；油路无漏油，紧固件无松动。冷却风机电机接线盒内接线柱和电缆及端子无烧损。冷却器放气塞无松动。

（2）清洁冷却器翅片、进气口和排气口。

（3）油泵电机：清洁油泵电机和电缆；油泵电机及电缆无破损，连接紧固；接通油泵启动接触器，确认油泵电机运行无异响；电机基座固定螺栓无松动。

（4）油位检查：在环境温度下放置24 h以上检查油位。

2）四级修

（1）冷却器风机轴承更新。冷却风机电机进行风机振动试验、转向确认、叶轮动平衡试验、绝缘电阻试验、工频耐压试验、三相电阻试验及电机空载试验，试验结果符合要求。冷却器内部所有橡胶件更新。

（2）拆下油泵电机，轴承更新，清洁油路，油泵电机组件内的所有衬垫更新。油泵电机进行叶轮稳定性检查，振动试验、转向测试、转速测量及空载电流测量，试验结果符合要求。

3）五级修

（1）冷却器吊装座磁粉探伤检查，无裂纹。冷却器内部所有橡胶件及塑料件更新。冷却器放气塞密封件更新。冷却器安装法兰密封件及紧固件更新。

（2）冷却器翅片更新。

（3）油泵接线柱密封件更新。油泵安装法兰密封件及紧固件更新。

7. 牵引变压器试验

1）三级修

（1）保护装置试验：手动操作过压阀微动开关，开关动作正常，无泄漏。读取温度传感器所显示的温度，传感器性能不良时须更换。

（2）油质化验：目视、清洁，无可视污染物。击穿电压大于30 kV/2.5 mm。对采集的油样本进行含水率试验，环境温度下的最大含水量为4×10^{-4}。

2）四级修

（1）油质化验：酸值不大于2.0 mgkOH/g；90 ℃下介电损耗因子不大于0.3。溶解气体分析参照GB/T 7252相关要求。

（2）绕组冷态直流电阻测量：在绕组温度等于油温时测量绕组阻值，使用直流电源作为被测绕组输入稳定的直流电流。在测量绕组温度下测量绕组的电阻换算到150 ℃。

高压：$3.02 \times (1 \pm 10\%)$ Ω；

牵引：$0.05508 \times (1 \pm 10\%)$ Ω。

（3）绝缘电阻测量：用1000 V兆欧表，正极连接到绕组，接地连接到变压器的接地端。变压器和端子不能连接（变压器断开所有连接端子）。在20 ℃下，30 s大于100 MΩ；60 s大于150 MΩ。

（4）电压比测量：原边绕组/每个牵引绕组：$14.124 \times (1 \pm 0.5\%)$。

（5）变压器气密性试验：加压至0.04 MPa，保压12 h，无泄漏。

（6）空载电流和空载损耗试验：31 kV/50 Hz时最大空载电流值小于5 A；25 kV/50 Hz

时最大空载损耗值为 2.5×（1+15%）kW。

3）五级修

（1）工频耐电压试验：依次在被试验的每个绕组间加工频电压，其他所有绕组与油箱一同接地。电压等级如下：原边 10.4 kV，牵引 10.4 kV；频率 50 Hz、持续时间 1 min，无击穿或闪络。在高压绕组试验过程中，须断开与接地点连接的浪涌避雷器。

（2）感应耐压试验：在一个牵引绕组施加试验电压，使原边绕组电压达到 48 kV。油箱和其他绕组的一端接地（原边 N 端接地）。牵引绕组电压为 3 398 V，频率及持续时间分别为 200 Hz、30 s。

（3）短路阻抗测量：各绕组通过额定电流时的短路阻抗电压与设计值（额定电压的 47 %）的差在 ±10% 内。

（4）负载损耗测量：各绕组通过额定电流时的负载损耗，折算到 150 ℃ 时，负载损耗 250×（1+10 %）kW。

7.5.3 牵引/辅助变流器检修

1. 总体要求

1）三级修

（1）底部面板衬垫无破损、异常弯曲和大面积磨损。

（2）中压控制板配线无损伤，接线端子无松动，断路器及继电器无损坏，安装牢固。

（3）吊装件可视部位完好，无松动。

（4）牵引辅助变流器箱体盖板紧固件安装牢固，无松动。

（5）清洁并目视检查电抗器组件。

（6）清洁接地隔离开关 SMT 的主触点和绝缘部件，润滑主触点。

（7）清洁高频变压器 TR1-2。

（8）清洁并检测辅助电容组件。

（9）清洁、检查电缆，损坏时用绝缘材料修复或更新；清洁、检查电阻器和电容器，有液体泄漏时更新，松动时紧固。

（10）清洁、检查并润滑辅助变流器断路器 KAUX，触点安装牢固，接触良好。

（11）箱体表面底漆破损时补漆，出风口密封胶条更新。

2）四级修

（1）箱体外观检查，内外整体清洁，全部箱体密封胶条更新。

（2）辅助电容组件更新。

（3）吊装件和吊装橡胶件更新。

3）五级修

（1）牵引辅助变流器下车分解检修。

（2）箱体吊座涡流探伤检查，无裂纹。

（3）中压检测板和三相电压检测板（TV 380）更新。

（4）KAUX 辅助触点更新。

（5）更新警报盒。

牵引/辅助变流器的检修具体参见二维码内容。

牵引/辅助变流器检修

7.5.4 牵引电机检修

牵引电机三、四、五级修均下车分解检修。

1. 电机总体要求

1）三级修

（1）电源线固定牢固，无碰磨。

（2）接线盒内电缆无松动、变色、污损、烧损、断线，接线盒内接线端子状态良好无烧损，接线端子紧固件紧固良好。

（3）电连接器状态良好，连接器表面及连接插针无弯曲、变形、烧损。

（4）牵引电机表面底漆破损时补漆。

（5）检查电机支架组成、堵板、止挡支架、吊装支架无变形、破损。吊装支架螺纹无损坏。防松标记无错位。缓冲垫无破损、老化及变形。吊装弹簧无损坏。

（6）清洁位于牵引电机两侧裙板内的过滤网和牵引电机底部出风口过滤网及设备仓的灰尘。

（7）清洁电机表面、测速齿轮、轴承盖、外封环。

（8）两侧端盖出现裂纹时修复或更新。端盖表面磕碰伤深度不大于 3 mm。

（9）测量端盖轴承位尺寸：前端盖为 $\phi 160_{-0.033}^{-0.008}$ mm、后端盖为 $\phi 170_{-0.033}^{-0.008}$ mm。

（10）测量封环内径，封环 $\phi 105_{0}^{+0.035}$ mm、封环 $\phi 70_{0}^{+0.03}$ mm。

（11）电机吊装、电机分解时所有拆卸过的紧固件更新。

（12）重新安装后，牵引电机与安装支架之间配合紧密，开口销状态良好，牵引电机上的各紧固件紧固良好。

（13）转子装配到定子内紧固后测量轴承装配间隙，传动端 0.024 ~ 0.108 mm，非传动端 0.012 ~ 0.065 mm。用手转动转子，转动灵活，无卡滞、异响。

2）四/五级修

电机吊装弹簧检测不合格时更新。牵引电机组成吊装橡胶件、垂直方向缓冲垫更新。

2. 电机定子

（1）定子表面、绕组、绕组端部、槽口无影响功能损伤，定子槽楔无松动。

（2）清洁电机定子、冷却风道。

（3）定子绕组绝缘电阻检查：用1 000 V兆欧表测量定子绕组绝缘电阻不小于100 MΩ。

（4）定子绕组冷态直流电阻：电机冷态时，测量并记录每对出线端子UV、VW及UW之间的定子绕组电阻，记录机座温度；计算确定环境（机座）温度为20 ℃时电阻值。

公差1：对于给定的电机，端子间所测得的电阻值的最大偏差不大于平均值的1.0 %。

公差2：不同电机20 ℃时的三相电阻值均为135.0～149.3 MΩ。

（5）定子绝缘耐电压检测：定子施加AC 6 700 V/50 Hz电压，时间1 min，无击穿或闪络。

3. 电机转子

（1）目视检查转子表面及通风孔，无油污；转子表面漆膜脱落时需补漆，补漆后允许表面有少许色差；转子平衡块不许松动，导条、端环不许有松动；转子各螺孔无断丝、乱扣现象。

（2）清洁转子表面和通风孔。

（3）转子轴的轴颈及轴伸出部位，用手检查轴锥表面无高点、划痕；检测锥度环规小端面到转轴小端面距离 H 应在+0.34～+1.18 mm。

（4）轴锥面的接触面积大于85 %。

（5）测量转轴轴承位的尺寸：传动端为 $\phi 110_{+0.013}^{+0.035}$ mm、非传动端为 $\phi 75_{+0.008}^{+0.021}$ mm。

（6）牵引电机转子轴须磁粉探伤。

（7）转子须进行动平衡试验，单边残余不平衡量不大于1.5 g。

4. 电机轴承

1）三级修

（1）注油嘴安装紧固，无破损。

（2）牵引电机轴承更新，重新加注润滑脂。

2）四/五级修

注油嘴更新。

5. 传感器

1）三/四级修

（1）温度传感器检查试验：检查温度传感器（PT 100）的一致性，测量并记录温度传感器各温度传感器（PT 100）的电阻值 R，同时记录环境（机座）的温度。

（2）速度传感器检查试验：在线电压为800～1 200 V，（1 000±5）r/min空载情况下运转电机。

与测速齿轮（43齿）相关联的速度传感器产生两个方波信号（S1&S2）。

用1 A/30 V的恒流源检查速度传感器的工作状态：

输出电压HI（两个信号）＞（电源电压-2.5）V；

输出电压LO（两个信号）＜ 2.5 V；

信号时序：S1→S2；

两个通道高电平工作周期占空比=50%±20%，或418 μs＜电压值工作时间（两个信号输出 HI）＜977 μs；

两个信号上升沿之间的相位差=90°±70°，或78 μs＜相位差（上升沿）＜620 μs

（3）测量速度传感器与测速齿轮的间隙（0.8±0.2）mm。

2）四级修

温度传感器、速度传感器更新。

3）五级修

振动传感器更新。

6. 电气试验

（1）转向检查：电机按 W-V-U 与电源 1、2、3 顺序接线，从传动端看转向为顺时针方向。

（2）空载试验：线电压 AC 800～1 200 V，电机空载运转 10 min。测量线间电压为（1747±2）V，频率为（50±1）Hz 时各相电流和总输入功率，相电流在 84.4～103.2 A，输入功率值最大为 13.947 kW。

（3）堵转试验：设定线电压为 AC（322.7±1）V，电机的堵转电流为 211×（1±5%）A。同时测量记录：功率因数、输入功率。

（4）振动试验：电机安装在弹性支撑上（自由悬置）空载运行；电机在不同转速时，测量并记录横向（电机轴向高度水平）振动速度（r·m·s）值符合表 7.13 和表 7.14 要求。

表 7.13 YJ 87 A/YJ 87 A 1 电机最大振动速度的限值表

振动等级	安装方式	转速/（r/min）	最大振动速度（r·m·s 值）/（mm/s）
A	自由悬置	4 096	4.2
A	自由悬置	3 638	2.8
A	自由悬置	2 500	2.8
A	自由悬置	1 500	2.8

表 7.14 YJ 87 A 2 电机最大振动速度的限值表

振动等级	安装方式	转速/（r/min）	最大振动速度（r·m·s 值）/（mm/s）
A	自由悬置	3 593	2.8
A	自由悬置	2 500	2.8
A	自由悬置	1 500	2.8

（5）磨合试验：电机在 AC800 V～1 200 V，频率为（50±1）Hz 试验电压下空载运转 10 min，运行时轴承须平稳、轻快、无停滞现象，声音均匀无杂音。

（6）转轴对地绝缘测量，用 DC50 V 兆欧表检测绝缘电阻，时间 1 min，绝缘电阻不小于 50 kΩ。

7.5.5 牵引电机冷却风机检修

牵引电机冷却风机三、四、五级修均下车分解检修。

1. 冷却风机检修要求

（1）冷却风机安装牢固，防松标记清晰。
（2）风机表面底漆破损时补漆。
（3）冷却风机壳体、零部件无变形、裂痕、损坏。
（4）电源线固定牢固、无碰磨，接地线无破损，接地螺栓紧固良好。
（5）接线盒内电缆无松动、变色、污损、烧损、断线。
（6）连接器表面及连接插针无弯曲、变形、烧损。
（7）清洁风机壳体和叶片，清洁风道。
（8）风机叶轮旋转无异响。
（9）牵引电机冷却风机轴承更新。

2. 冷却风机电气试验

1）空气动力性能试验

（1）所要求的性能特指以最大速度（对于双速电机）工作的电机风机，并符合表 7.15 要求。

表 7.15 风机的工作点（气流速率及静态压力）

项 目	TLTF 3.6 型风机	TLTF 3.6 B 型风机
气流速率/（m^3/s）	0.5	0.65
静态压力/Pa	1 400	1 400
整体气流速率/（m^3/s）	1	1.3

（2）空气动力性能曲线在工作点附近的曲线斜率须高于 1 500 Pa/(m^3/s)。
（3）每台电机风机以最高速度工作的第二检测点（0.35 m^3/s）下的静态压力不小于 1 250 Pa。

2）噪声试验

参照 ISO 9614 标准用声强度方法测量声功率。依据 ISO 13347-3 标准对风机进行噪声测试。

（1）TLTF 3.6 型风机最大声功率（在最大速度下）90 dB(A)。
（2）TLTF 3.6 B 型风机最大声功率（在最大速度下）97 dB(A)。

3）耐电压试验

施加电压 DC1 500 V，持续 1 min，无击穿或闪络。

4）功能性试验

启动电机风机，工作正常，无异响及异味，振动速度不大于 2.8 mm/s。

5）动平衡试验

（1）TLTF 3.6 型风机前、后端允许残余不平衡量 M（前+后）不大于 0.32 g。

（2）TLTF 3.6 B 型风机前、后端允许残余不平衡量 M（前+后）不大于 0.38 g。

7.6 辅助系统检修

动车组辅助系统包括辅助供电系统、辅助配电系统以及辅助用电装置。其中，辅助供电系统指除牵引动力系统之外，为所有需要用电的负载设备提供电能的系统；辅助配电系统是将供电装置、用电设备以及控制保护设备连成一个完整的电气系统，并将电能予以输送和分配，包括车体配线和电器柜；辅助用电装置包含有列车照明系统、广播系统、电开水炉、空调、烟火报警系统等。本文主要介绍 CRH_5 型动车组辅助系统典型组成的检修。

7.6.1 充电机检修

充电机三级修为状态检修，四、五级修下车分解检修。

1. 三级修

（1）充电机吊装螺栓紧固良好。
（2）充电机箱体表面底漆破损时补漆。
（3）充电机箱可视内部电气元件、内部及外部各连接器外观良好，无松动、损坏。
（4）电缆外皮、绝缘保护套管破损时修复，无法修复时更新。
（5）清洁充电机散热片及充电机箱内部。
（6）充电机冷却风扇运转正常。
（7）更新充电机密封胶条。

2. 四级修

（1）所有端子、插针及连接器无烧损痕迹。
（2）直流接触器、自动开关工作正常，触点接触良好。
（3）风扇更新，更新后的风扇运转正常。
（4）安装紧固件更新。
（5）充电机进行功能试验，包括绝缘耐压试验、介电强度检测、低压测试、IGBT 测试、400 V 交流试验、热测试、TSB 的吸合试验，试验结果符合要求。

3. 五级修

（1）清洁主控板（FENICE 板）、高压传感器板（SAT）、电源板（ALIM）、EMI 滤波器、TSB 组件、EMNIP 板和 EMNIP 1 板、充电机功率模块、散热器温度继电器（T2-T3）。
（2）清洁风扇支撑板。
（3）吊装支座探伤检查，无裂纹。

（4）更新充电机箱体内部及模块的标签。

7.6.2 蓄电池检修

1. 蓄电池箱

1）三级修

（1）蓄电池箱车上状态检修，清洁蓄电池箱体内部，清洁箱门上通风用过滤网。

（2）蓄电池箱安装及挡板紧固件无松动。

（3）蓄电池箱滚动滑轨抽拉功能正常。蓄电池箱滚动滑轨定位销功能正常。

（4）蓄电池箱、箱门、箱门上通风用过滤网及门锁外观良好，功能正常，无破损、开焊。蓄电池箱及蓄电池箱门外表面底漆破损时补漆。

2）四级修

（1）蓄电池箱下车分解检修。

（2）清洁箱内电缆，电缆破损时修复或更新，端子烧损时更新。

（3）蓄电池箱滚动滑轨定位销变形时修复或更新。蓄电池箱滚动滑轨安装用紧固件更新。

（4）密封胶条、锁芯（除碰锁外）、安全吊带、锁座（滑片）、蓄电池箱门折页销轴更新。

（5）箱体吊装用紧固件更新。

（6）蓄电池箱及蓄电池箱门外表面重新喷漆，恢复标记。

3）五级修

（1）蓄电池箱滚动滑轨的滚珠及定位销更新。

（2）损坏的电缆、连接器及其插针更新。

（3）箱门上通风用过滤网更新。

2. 蓄电池组

1）三级修

（1）蓄电池组外观良好，无损坏、泄漏现象。

（2）进水口和出水口液压接头、无塞接头无泄漏，安装牢固。

（3）蓄电池单元电气连接端子、短连片及紧固螺栓牢固，无变色、锈蚀、损坏。

（4）蓄电池单元之间的注水软管连接无损坏。

（5）温度传感器及电缆无损坏，安装紧固。

（6）清洁蓄电池端子盖、蓄电池组表面、蓄电池端子、注水管路进水口与排水口。

（7）蓄电池组接线和内部蓄电池单元连接的端子螺钉需防腐处理。

（8）蓄电池充电完成后整体电压不小于 26 V。蓄电池充电完成后单体开路电压小于等于 0.5 V 或短路时，更新蓄电池单体。

（9）蓄电池充电完成 2 h 后使用蒸馏水或去离子水进行蓄电池注水，不许使用酸性水溶液。

（10）用 500 V 兆欧表测量蓄电池组与箱体之间的绝缘电阻，阻值不小于 10 MΩ。

2) 四/五级修

(1) 检查温度传感器电阻值须正确。

(2) 对蓄电池组进行充放电试验,三放三充,放电时间 4 h,电池容量应高于标称容量的 80%(184 A·h)。对容量不符合要求的蓄电池重新进行充放电试验。蓄电池容量再达不到要求,则更新蓄电池单体。

(3) 蓄电池组充电后,静置 2 h,测量单体电池电压不低于 1.3 V。

(4) 蓄电池壳体横向膨胀的尺寸单侧不大于 4 mm,双侧之和不大于 6 mm。

7.6.3 电气柜检修

电气柜三、四级修为状态检修,五级修下车分解检修。电气柜包括电气综合控制柜(QEL)、网络设备控制柜(QRK)、司机室综合控制柜(QCA)、车载设备控制柜(QRS)、车载设备电源柜(QR5)、厨房设备控制柜(QKC)、乘务员室电气柜(QCE)、机械师室电气柜(QME)(适用 CRH_{5G} 型动车组)、司机室接口箱(BZU)。

1. 柜 体

1) 三/四级修

(1) 清洁机柜外表面、内部以及内部电气元件表面。

(2) 电气柜可视部位紧固件安装牢固,防松标记清晰无错位。

2) 五级修

(1) 清洁机柜外表面、机柜内部空间。箱体密封件、过滤网、通风模块、电源模块、直流变换器更新。箱体表面底漆破损时补漆,柜体存在影响性能的破损时更新柜体。

(2) 门锁、门铰链功能正常。

(3) 电气柜安装紧固件更新

2. 柜内电器气元件

1) 三/四级修

(1) 机柜内电源、断路器、开关、按钮、指示灯、照明装置和接触器等电气元件安装牢固,无损坏,作用良好。

(2) 机柜中中央控制单元(MPU)、网关、远程输入输出模块(RIOM)模块、中继器、轴温报警主机、齿轮箱振动监控主机、远程数据传输装置(WTDS)、车厢视频监控服务器、受电弓视频监控主机及各连接器等电气元件外观检查无破损,安装牢固,功能良好。

2) 五级修

(1) 关键继电器、时间继电器更新,见表 7.16 和表 7.17。

表 7.16 CRH5000-5060A 动车组继电器表

序号	设备点	名称	安装位置	功能	备注
1	-17KAL13	继电器	Tp/Tpb	控制中压接触器	QEL 电气柜
2	-17KAL21	继电器	M2/T2	控制中压接触器	QEL 电气柜
3	-17KAL23	继电器	M2/T2	控制中压接触器	QEL 电气柜
4	-17KAL24	继电器	M2/T2	控制中压接触器	QEL 电气柜
5	-17KAL31	继电器	T2	控制中压接触器	QEL 电气柜
6	-17KAL32	继电器	T2	控制中压接触器	QEL 电气柜
7	-17KAL33	继电器	T2	控制中压接触器	QEL 电气柜
8	-17KAL34	继电器	T2	控制中压接触器	QEL 电气柜
9	-26K15	继电器	Tp/Tpb	控制自动过分相	QEL 电气柜
10	-26K16	继电器	Tp/Tpb	控制自动过分相	QEL 电气柜
11	-26K18	继电器	Tp/Tpb	控制自动过分相	QEL 电气柜
12	-26K19	继电器	Tp/Tpb	控制自动过分相	QEL 电气柜
13	-26K20	继电器	Tp/Tpb	控制自动过分相	QEL 电气柜
14	-27K01	继电器	Tp/Tpb	控制升降弓	QEL 电气柜
15	-27K02	继电器	Tp/Tpb	控制升降弓	QEL 电气柜
16	-27K03	继电器	Tp/Tpb	控制升降弓	QEL 电气柜
17	-27K04	继电器	Tp/Tpb	控制自动过分相	QEL 电气柜
18	-27K05	继电器	Tp/Tpb	控制升降弓	QEL 电气柜
19	-27K06	继电器	Tp/Tpb	控制升降弓	QEL 电气柜
20	-27K08	继电器	Tp/Tpb	控制主断回路	QEL 电气柜
21	-27K09	继电器	Tp/T2/Tpb	控制主断回路	QEL 电气柜
22	-27K10	继电器	Tp/T2/Tpb	控制主断回路	QEL 电气柜
23	-27K11	继电器	Tp/T2/Tpb	控制主断回路	QEL 电气柜
24	-27K13	继电器	T2	控制主断回路	QEL 电气柜
25	-27KA01	继电器	M2/T2	控制主断回路	QEL 电气柜
26	-27KAL1	继电器	Mc1/Mc2	B100 继电器	QEL 电气柜
27	-27KAL2	继电器	Mc1/Mc2/M2s/M2/Mh/Tp/Tpb/T2	B100 继电器	QEL 电气柜
28	-30K01	继电器	Mc1/Mc2	控制紧急制动	QEL 电气柜
29	-30K21	时间继电器	Tp/Tpb	控制辅助压缩机启动	QEL 电气柜
30	-30K22	继电器	Tp/Tpb	控制辅助压缩机启动	QEL 电气柜

续表

序号	设备点	名称	安装位置	功能	备注
31	-30KD03	继电器	Mc1/Mc2	控制备用制动	QEL电气柜
32	-30KV5	继电器	Mc1/Mc2/M2s/M2/Mh/Tp/Tpb/T2	5公里继电器控制	QEL电气柜
33	-32K01	继电器	Tp/Tpb	控制空压机	QEL电气柜
34	27K01	继电器	Mc1/Mc2	头继电器	QCA电气柜
35	27K02	继电器	Mc1/Mc2	头继电器	QCA电气柜
36	27K11	继电器	Mc1/Mc2	头继电器	QCA电气柜
37	27K12	继电器	Mc1/Mc2	头继电器	QCA电气柜
38	27K21	继电器	Mc1/Mc2	头继电器	QCA电气柜
39	27K31	继电器	Mc1/Mc2	换端继电器	QCA电气柜
40	30KTA	时间继电器	Mc1/Mc2	控制乘客报警	QCA电气柜
41	20K01	继电器	Mc1/Mc2	复位继电器	QCA电气柜
42	26KTTCU	继电器	Mc1/Mc2	控制牵引力	QCA电气柜

表7.17 CRH5061A及后续动车组继电器表

序号	设备点	名称	安装位置	功能	备注
1	-17KAL31	继电器	T05	控制中压接触器	QEL电气柜
2	-17KAL32	继电器	T05	控制中压接触器	QEL电气柜
3	-17KAL33	继电器	T05	控制中压接触器	QEL电气柜
3	-17KAL34	继电器	T05	控制中压接触器	QEL电气柜
4	-27K01	继电器	Tp03/Tp06	控制升降弓	QEL电气柜
5	-27K05	继电器	Tp03/Tp06	控制升降弓	QEL电气柜
6	-27KA01	继电器	M04/T05	控制主断回路	QEL电气柜
7	-27KAL1	继电器	Mc01/Mc08	B100继电器	QEL电气柜
8	-27KAL2	继电器	Mc01/Mc08/M02/M04/M07/Tp03/Tp06/T05	B100继电器	QEL电气柜
9	-30K01	继电器	Mc01/Mc08	控制紧急制动	QEL电气柜
10	27K01	继电器	Mc01/Mc08	头继电器	QCA电气柜
11	27K02	继电器	Mc01/Mc08	头继电器	QCA电气柜
12	27K11	继电器	Mc01/Mc08	头继电器	QCA电气柜
13	27K12	继电器	Mc01/Mc08	头继电器	QCA电气柜
14	27K21	继电器	Mc01/Mc08	头继电器	QCA电气柜

续表

序号	设备点	名称	安装位置	功能	备注
15	26KTTCU	继电器	Mc01/Mc08	控制牵引力	QCA 电气柜
16	-27K08	继电器	Tp03/Tp06	控制主断回路	QEL 电气柜
17	-27K09	继电器	Tp03/T05/Tp06	控制主断回路	QEL 电气柜
18	-27K10	继电器	Tp03/T05/Tp06	控制主断回路	QEL 电气柜
19	-27K11	继电器	Tp03/T05/Tp06	控制主断回路	QEL 电气柜

(2) 拆解机柜内部电气元件，对断路器、开关、按钮、接触器、指示灯等电气元件进行性能测试，故障时更新。

(3) QKC 电气柜温度控制器更新。

(4) 机柜内远程数据传输主机(DDU)、板卡、部件自带电源模块部件功能正常。

3. 电气连接

(1) 可见部分的连接器外观无烧损痕迹，安装牢固、无破损。

(2) 接地电缆安装紧固。

(3) 机柜内电源、断路器、开关、指示灯和接触器等可视部位的接线牢固，线缆无脱落现象。

(4) 可见部分的接线端子无过热变色，可见部分的各类配线清洁无破损。

4. 例行试验

(1) 三/四级修

结合整车试验进行功能测试。

(2) 五级修

电气柜检修完成后进行例行试验，功能正常。

7.6.4 中压接触器箱检修

中压接触器箱三、四级修为状态检修，五级修下车分解检修。

1. 箱体

1) 三/四级修

(1) 箱体表面底漆破损时补漆。

(2) 中压接触器箱安装螺栓牢固。

(3) 清洁中压接触器箱内部。清除箱体内外油、润滑脂等污渍。

2) 五级修

(1) 清洁中压接触器箱。箱体的密封胶条、密封件更新。箱体破损时更新箱体。

（2）中压箱安装螺栓更新。

2. SMT 400 接地开关

1）三/四级修

（1）外观检查表面无变色、烧损。

（2）清洁并检查，各紧固部位无松动。

2）五级修

（1）润滑主触点。

（2）SMT 400 辅助触点更新。

3. 电气元件及连接

1）三/四级修

（1）接地电缆的安装螺栓以及接地端子安装牢固，无丢失和损坏。

（2）接地电缆和电源电缆固定牢靠。电缆表面有刮伤破损时修复或更新。

（3）接触器、开关和控制线的安装及电气连接无松动、损坏，作用良好。

（4）中压箱后侧电缆进口无损坏。

2）五级修

（1）检查接触器、继电器的电磁铁组件，存在变形、磨损、镀层脱落、划伤、功能失效等现象时更新相关零部件。

（2）检查接触器、继电器的接触机构，存在变形、磨损、烧蚀、烧损、卡阻等现象时更新相关零部件。

（3）检查接触器、继电器的灭弧罩，存在烧蚀、烧损、破损、腐蚀、沉淀碳化物等现象时更新相关零部件。

（4）对箱内中压主电路配线进行清洁及检查，破损、断裂或切口时更新。控制回路电缆更新，并进行出厂前的例行试验。

7.6.5　车体配线检修

（1）可见部位电缆绝缘层龟裂、油浸、变质、热损时更新，局部硬伤不损伤线芯时可修复，带屏蔽层的电缆（除通信电缆外）不损伤屏蔽层时可修复。

（2）接地线断线超过 10%时更新。

（3）车顶线卡安装牢固，滑块无裂纹。

（4）车顶、车上、车下扎线板紧固件安装牢固。

（5）车顶、车上、车下线缆保护良好。

7.6.6 司机室设备检修

1. 司机室座椅

1) 三/四级修

（1）清洁靠背、坐垫、扶手及其他配件上的污渍。

（2）扶手、靠背和坐垫损坏时修复。

（3）座椅功能正常。

2) 五级修

（1）司机室座椅下车分解检修。

（2）更新司机室座椅蒙皮、头枕、靠背垫、扶手、坐垫及靠背连接件。

（3）座椅骨架表面重新喷漆。

（4）组装后，座椅功能正常。

2. 司机操纵台及设备

1) 司机操纵台

（1）三级修。

① 清洁、检查司机台各功能区面板，安装牢固。

② 各功能区面板上按钮、指示灯、旋转开关等组件及电气连接功能正常、无损坏。

③ 司控器操作灵活，无损坏。

④ 对司控器进行角度值测试，符合要求。

（2）四级修。

① 司控器分解检修，清尘除垢。

② 各组件无损坏，润滑司控器传动装置。

③ 更新编码器。

④ 司控器操作正常。

（3）五级修。

① 司机操纵台下车分解检修，划痕修复。

② 司机台设备下车分解检修，各功能区面板上按钮、指示灯、背景灯、旋转开关等组件及电气连接功能正常。更新微动开关、调光旋钮、电路板。

③ 更新微动开关；更新牵引制动手柄杆及紧固螺栓；更新缓速器；更新牵引制动手柄定位片。

2) 警报灯面板

（1）三/四级修。

① 清洁警报灯面板。

② 警报灯各指示灯功能正常。

（2）五级修。

① 警报灯面板分解检修，清洁警报灯面板。

② 面板覆膜损坏时修复。

③ 电气接头无松动。

3）司机台制动设备

（1）单针和双针压力表。

单针和双针压力表（U11、D06、D13、B11）照明装置良好，表体、刻度板安装紧固，压力表须按相关规定检定，合格后须贴检定标签。损坏或不合格的压力表更新。

（2）司机制动阀（D02）。

① 三级修。

备用制动手柄（D02）、撒砂按钮等状态良好，无损坏。

② 四/五级修

a. 司机制动阀分解检修，阀体及内部零件分解、清洁。

b. 更新制动阀内部的所有橡胶密封件。

c. 制动阀组成中的零部件发生损伤且导致制动阀无法满足功能测试要求时，须更新损伤零部件。

d. 检修组装完成后，进行气密性试验及功能试验。

（3）紧急阀（N03）。

① 三级修。

紧急制动按钮（N 03）状态良好，无损坏。电触点开关外观无损坏、腐蚀、变形等现象，电触点接线无松动、变色、污损、烧损、断线等现象。

② 四/五级修。

a. 紧急阀分解检修，阀体及内部零件分解、清洁。

b. 零部件存在裂纹、变形、腐蚀或螺纹变形等缺陷时更新。

c. 更新触点开关。

d. 检修组装完成后，进行气密性试验及功能试验。

（4）风笛。

测试风笛（P01、P02），高、低音区分清晰。

4）警惕装置踏板

（1）警惕装置踏板下车分解检修。

（2）清洁、检查警惕装置踏板，基座平整、安装牢固。

（3）更新警惕装置踏板弹簧、微动开关及螺钉轴。

（4）踏板动作机构作用良好。

5）制动试验

进行备用制动和紧急制动试验，各压力表、球阀、减压阀、测试接口压力和电气监控装置显示工作正常。

3. 司机室内装

1）三/四级修

（1）顶板锁锁闭功能正常。
（2）格栅安装牢固，无缺失、断裂，变形时调修。
（3）顶板、侧墙板安装牢固，无松动。
（4）衣帽钩安装牢固、功能正常。
（5）遮阳帘无破损，功能正常。
（6）垃圾箱安装牢固，功能正常。

2）五级修

（1）各处顶板、侧墙板重新喷漆。
（2）清理垃圾箱表面的污渍、锈迹。
（3）垃圾箱配件及紧固件齐全、面板铆接、密封良好。
（4）垃圾箱变形破损时修复。

7.6.7 烟火报警系统检修

1. 三级修

（1）火灾报警控制板外观检查，无破损，连接器连接无松动。
（2）火灾报警控制板故障灯（黄色）、报警灯（红色）和启用灯（绿色）功能良好，无损坏。
（3）使用烟火发生器对火灾报警系统逐个进行功能测试（仅在环境温度下进行），功能须正常。
（4）清洁火灾报警传感器表面。

2. 四/五级修

（1）烟火报警系统下车分解检修。
（2）清洁并重新标定火灾报警传感器探头。

7.6.8 旅客信息系统

1. 三/四级修

（1）清洁内外部显示器、液晶电视、座席接收器、音频控制和放大单元、音视频单元、功能控制单元、旅客信息系统控制单元。
（2）内外部显示器、液晶电视无影响影像显示的放射状裂纹，非放射状裂纹长度不大于

30 mm，外框损坏时修复。

（3）音量旋钮功能正常。

（4）广播系统功能正常，各音频控制和放大单元、扬声器功能正常。

（5）影视系统功能正常，旅客信息系统控制单元（PMU）、音视频单元、功能控制单元 FCU、座席接收器、音频分配器、电视及翻转机构功能正常。

（6）自动播报功能正常，旅客信息系统控制单元、全球定位系统（GPS）天线功能正常，连接线无松动。

（7）信息显示功能正常，音频控制和放大单元、内部显示器、外部显示器、旅客信息系统控制单元功能正常。

（8）服务呼叫功能正常，司机室电话和列车长电话功能正常。

（9）车厢视频监控系统功能正常，服务器、摄像头功能正常。

（10）紧急求救信号（SOS）报警指示灯及蜂鸣器功能正常，复位功能正常。紧急求救信号（SOS）报警系统，紧急求救信号（SOS）报警按钮动作灵活，无破损。

（11）旅客信息系统可视部位电线电缆无变色、破损、断线，线号清晰；连接器安装牢固，外壳无破损，功能正常；各功能按键状况良好，动作灵活。

2．五级修

（1）内外部显示器、液晶电视、音频控制和放大单元、音视频单元、功能控制单元、旅客信息系统控制单元下车分解检修。

（2）更新外部显示器和内部显示器的电源板；更新 PIS 管理单元（PMU）电源板和液晶屏；更新音视频读取单元 AVRU 电源板；更新干线放大器电源板；更新座席接收器；更新电视电源板。

7.7 空调系统检修

空调系统检修总体要求如下。

7.7.1 三级修

（1）空调机组外观完整，无变形；紧固件安装牢固，无缺失；空调机组电气插头安装牢固，插头外表面无烧损痕迹；可视范围内检查机组冷凝排水管路连接完整、通畅，安装牢固。

（2）编织电缆接地线断线超过 10% 时更新。

（3）清洁空调机组新风风门连杆。

（4）清洁回风口及回风口处温度传感器表面灰尘。

（5）空调机组制冷剂不足时检查漏点并处理，补充制冷剂。

（6）空气过滤网更新。

（7）空调单元与控制板配套试验，功能正常，无异响和异常振动。

（8）清洁压力保护装置取压管，取压管路通气正常。

（9）座椅上方风道口无异响。

（10）气路干燥过滤器（配备时）更新滤芯。

7.7.2 四级修

（1）客室空调机组、司机室空调机组须分解检修、清洗。外壳裂损时须焊修、磨平、抛光或更新，冷凝风机罩损伤、变形时调修。

（2）干燥过滤器状态良好，除湿效果不良时更新。

（3）制冷系统有泄漏时，释放制冷剂，用高压氮气清洁管路，检查系统泄漏、抽真空，重新充注制冷剂。

（4）检查制冷剂管路视液镜，制冷剂水分过多时须更换制冷剂或过滤器。

（5）清洁空调机组空气预热器，表面无油渍、鼓包、变形及损伤，端子无烧损、变色；焊接部位无脱焊、开裂现象；通电试验功能正常。

（6）各配线可视部分无损伤，接线牢固，检查连接器状态完好。

（7）气缸、风门导向杆等功能正常，无损伤，紧固件无松动。风管外观良好。

（8）空调机组橡胶件更新。

7.7.3 五级修

（1）排水管内橡胶件更新，检查排水管与车体间密封完好。

（2）气管更新。

（3）机组内隔热层更新。

（4）制冷剂更新。

空调系统主要组成部件的检修工艺参见二维码内容。

空调系统主要组成部件检修工艺

7.8 给排水及卫生系统检修

7.8.1 给水系统

1. 净水箱

1）三级修

（1）净水箱注水口喉箍和紧急排水堵无松动、损坏。

（2）净水箱上法兰和密封垫圈之间安装牢固、无泄漏。

（3）目视检查净水箱支座无裂纹，吊装螺栓无松动。

（4）净水箱液位指示器功能不良时修复或更新。

（5）净水箱清洗口盖无损坏。

（6）排空净水箱，清除箱内固体杂质，并用清水冲洗箱内。

（7）远程排水阀无损坏，功能正常。

2）四级修

（1）净水箱下车分解检修。

（2）净水箱表面清洁。外表面破损时修复，紧固件无丢失、松动。紧急排水堵损坏者更新。各检查门密封良好，远程排水阀盖开闭功能正常。

（3）清洁、检查液位转换模块、中间继电器、接插件，功能不良或损坏者更新。

（4）净水箱吊装支座探伤检查，无裂纹。

（5）各连接管路外包表面破损露出管路时局部修复，管路无泄漏。

（6）净水箱各检查口密封垫更新。

（7）净水箱内电热毯、温度控制器、液位传感器功能不良时修复或更新；净水箱防寒材安装良好。

（8）净水箱例行试验。

① 绝缘电阻试验：绝缘电阻值不小于 100 MΩ。

② 电加热试验：功能良好。

③ 液位功能试验：液位指示器实时显示正常。

④ 水压试验：注满水，加压 20 kPa，保压 30 min，无泄漏。

（9）外表面重新喷漆，恢复标记。

（10）全部吊装紧固件更新。

3）五级修

（1）分解检修注水管路、排水管路上所有管路防护罩，不良时修复或更新。

（2）所有紧固件更新。

（3）液位指示器更新。

（4）净水箱内电热毯更新；净水箱防寒材料更新。

（5）各连接管路全部防寒材料更新。

2. 供水盘（包括餐车供水盘）

1）四级修

（1）水泵、限位开关功能不良时修复或更新。

（2）管路无泄漏。有龟裂时更新。

（3）清洗过滤器，更新过滤器滤芯。

（4）检查压力罐的密封性，功能不良时修复或更新。压力罐内标准压力值为 75 kPa。

2）五级修

（1）供水盘下车分解检修。

（2）所有软管更新。

3. 中间水箱

1）四级修

液位传感器功能不良时修复或更新。

2）五级修

（1）中间水箱下车分解检修。

（2）清洁、检查排气阀，功能不良或损坏者更新。

（3）焊缝无缺陷。水压试验：注满水，加压 20 kPa，保压 30 min，无泄漏。

（4）液位传感器更新。

4. 温水器

1）三级修

温水器功能正常，无泄漏。

2）四级修

（1）温度控制器、加热管功能不良时修复或更新。

（2）排气阀功能不良时更新。

3）五级修

（1）温水器下车分解检修。

（2）温度控制器、加热管更新，检查电气连接插头及插针，功能不良时更新。

（3）排气阀测试，功能不良时更新。

（4）接线盒补漆。

（5）外包防寒材更新。

（6）水压试验：注满水，加压 250 kPa，保压 10 min，无泄漏。

5. 混合单元

1）四级修

（1）清洁混合单元。

（2）电磁阀、气控阀功能不良时修复或更新。

2）五级修

（1）混合单元下车分解检修。

（2）清洁混合单元管路。

（3）混合单元无泄漏。

（4）连接气管更新，检查电磁阀电气连接器功能不良时更新。

6. 控制盘（包括酒吧车控制盘）

1）四级修

（1）控制盘下车分解检修。

（2）检查 DTC，功能不良时更新。

（3）检查继电器，功能不良时更新。

（4）空气过滤单元滤芯更新。

2）五级修

（1）检查空气过滤单元，功能不良时更新。

（2）单相过滤器、熔断器、压力开关，功能不良时更新。

（3）检查断路器、保险，功能不良时修复或更新。

（4）控制盘功能测试正常。

7.8.2 电茶炉

1. 电茶炉装置

1）三级修

（1）清除电茶炉表面灰尘、污垢。

（2）电热管、烧水箱密封垫更新。清除烧水箱及废水箱内壁、进水管和排水管的水垢，并冲洗干净。

（3）清除水龙头上的污垢。

（4）清除排水球阀阀体内壁上的水垢，疏通各排水管。

（5）清洗过滤器上的过滤网。

（6）电控箱中固定螺钉牢固，接线无脱焊、虚焊。

（7）各管接头紧固良好、无漏水。

2）四级修

（1）电茶炉下车分解检修。电控箱指示灯须完好、工作正常；检查面板、废水箱指示灯有损坏时更新；检查面板指示灯装饰条，字迹不清或有缺陷时更新。

（2）清除储水箱水垢并清洗干净，损坏时更新。

（3）电控箱指示灯须完好、工作正常；检查面板、废水箱指示灯有损坏时更新；检查面板指示灯装饰条，字迹不清或有缺陷时更新。

（4）清除烧水箱和附水箱之间管路中的水垢，检修球阀，动作不良或有泄漏者更新。

（5）电控箱各电气元件功能正常，无锈蚀。

（6）各管路紧固良好，管路和箱体无漏水。

（7）清洗废水箱内部，清洗后用清水清洁废水箱，疏通废水箱下部手动排水、自动排水管路，完毕后放净存水。

（8）清洗面板接水盘，接水盘排水管、排污电磁阀更新，排水管排水须流畅。

（9）纸杯分配器配件齐全，安装牢固。

（10）过滤器上的过滤网更新。

（11）储水箱、附水箱、废水箱检查口等处的密封垫更新；烧水箱喷水管与储水箱喷水管护套之间的隔环密封垫更新。

（12）附水箱、储水箱、废水箱内水位传感器及密封垫更新；单向阀、水泵隔膜更新；水泵动作不良或异响较大者更新；检修强排开关，动作不良者更新。

（13）其他电磁阀动作不良者更新。

3）五级修

（1）检查水泵组件（FL-44/34）功能不良时更新，水泵运转方向正确。

（2）面板指示灯装饰条更新。

（3）管路中 G1/2、G3/4 密封垫更新，清洁水泵前铜质过滤器，清洁后各金属软管、管接头无锈蚀、破损，排水通畅。止回阀有锈蚀、转动不灵活时更换，完成后保证止回阀阀瓣能灵活打开、关闭；金属软管有破损时更新。

（4）烧水箱喷水管与储水箱喷水管护套之间保护套（大螺母结构只需更新 50×3.5 O 形密封圈）更新，正常工作时无渗漏水。

2. 电茶炉试验

1）三级修

电茶炉功能试验正常。

2）四/五级修

（1）电茶炉检修后须进行绝缘阻值、耐电压、缺水保护、满水保护、漏电值等测试，各项性能良好，参数符合表 7.18 要求。

表 7.18　电茶炉检修后测试参数

序号	测试内容	测试指标
1	整机绝缘阻值	冷态不小于 5 MΩ，热态不小于 2 MΩ
2	耐电压	AC 1500 V/50 Hz，历时 1 min 无击穿或闪络
3	缺水保护	加热腔内水位低于控制水位时，缺水自动报警保护装置须自动报警并切断加热电源
4	满水保护	储水腔内开水达到满水水位，自动切断加热电源
5	漏电值	不大于 0.5 mA/kW
6	防干烧保护	开水器缺水并使缺水自动报警保护功能失效，输入模拟信号，检验防干烧保护装置是否在 3 s 内动作、自动切断加热电源，并不可恢复

（2）电茶炉安装牢固，接地良好，各项功能正常。

7.8.3 卫生系统

1. 蹲便器

1）三级修

（1）拆除真空泵，用清洗剂清洗泵体，并用清水冲洗干净。
（2）清洁便器冲水口的喷头和喷管。
（3）用清洗剂浸泡并清洗排污管路。
（4）清洁、检查 B3 水位传感器、B2 高液位传感器和 B4 压力传感器，无损坏，功能正常。
（5）卫生间检查门后部管路接头无泄漏。
（6）卫生间防冻排水阀无损坏，功能正常。
（7）在卫生间控制板的测试接口上安装压力计，按压冲洗按钮，冲洗过程正常且不大于 35 s，抽真空时的压力值为 –70 ~ –30 kPa，排污时的压力值为 +40 ~ +90 kPa。

2）四级修

（1）外观检查，便斗表面无破损。
（2）拆卸便器冲水口的喷头和喷管，清洁、检查，功能正常无锈蚀。
（3）疏通、清洗排气三通，损坏时更新。
（4）检查中转箱和冲便器水箱，无损坏，功能正常。
（5）检查气动连接、电气连接和水管接头，无损坏，功能正常。管路无泄漏，龟裂时更新。
（6）检查厕所控制器（stc），功能不良时更新。
（7）拆卸蹲便器基本单元。安装蹲便器基本单元，牢固无松动。
（8）滑阀、真空泵更新，检查电磁阀、压力开关、快速排气阀功能不良时修复或更新。

3）五级修

（1）蹲便器下车分解检修。
（2）清洗蹲便器表面。
（3）便斗表面划痕深度大于 0.3 mm 时进行补焊打磨处理。
（4）所有软管更新。
（5）压力开关 Y6 电磁阀更新。

2. 坐便器

1）三级修

（1）拆除真空泵，用清洗剂清洗泵体，并用清水冲洗干净。
（2）坐便器罩板损坏时修复或更新。
（3）清洁便器冲水口的喷头和喷管。
（4）用清洗剂浸泡并清洗排污管路。
（5）清洁、检查 B3 水位传感器、B2 高液位传感器和 B4 压力传感器，无损坏，功能正常。
（6）卫生间检查门后部管路接头无泄漏。
（7）卫生间防冻排水阀无损坏，功能正常。

（8）在卫生间控制板的测试接口上安装压力计，按压冲洗按钮，冲洗过程正常且不大于35 s，抽真空时的压力值为 $-70 \sim -30$ kPa，排污时的压力值为 $+40 \sim +90$ kPa。

（9）垃圾箱安装牢固，功能正常。清理垃圾箱表面的污渍、锈迹。垃圾箱配件及紧固件齐全、面板铆接、密封良好。变形破损时修复。

2）四级修

（1）清洗坐便器表面污物。

（2）外观检查，便斗表面无破损。

（3）拆卸便器冲水口的喷头和喷管，清洁、检查，功能正常无锈蚀。

（4）用清洗剂清洁便器。清洗便器管路。疏通、清洗排污管。

（5）检查坐便器的座盖及铰链，无损坏，功能正常。

（6）检查中转箱和冲便器水箱，无损坏，功能正常。

（7）检查气动连接、电气连接和水管接头，无损坏，功能正常。管路无泄漏，龟裂时更新。

（8）检查 stc 控制器，功能不良时更新。

（9）疏通、清洗排气三通，损坏时更新。

（10）滑阀、真空泵更新，检查电磁阀、压力开关、快速排气阀，功能不良时修复或更新。

3）五级修

（1）坐便器下车分解检修。

（2）检查冲水口的喷头和喷管，功能不良时更新。

（3）便斗表面划痕深度大于 0.3 mm 时进行补焊打磨处理。

（4）所有软管更新。

（5）Y6 电磁阀更新。

（6）安装坐便器罩板，牢固无松动。

3. 卫生间模块

1）三/四级修

（1）金属软管无破损、断裂。

（2）卫生间模块元件安装牢固。

（3）卫生间防火板表面破损长度大于 200 mm 时修复或更新。门锁功能正常。

（4）冲洗按钮、水龙头及传感器、干手器、照明灯、插座、镜子、衣帽钩、扶手、检查门铰链、纸巾盒、温水器、紧急求救信号(SOS)按钮、婴儿护理台功能正常。

（5）无障碍卫生间门机构功能正常。

（6）蹲式卫生间便器防护箱处的防寒材料及法兰连接处密封胶圈更新。

（7）门框装饰条安装良好。

（8）皂液器无漏液。

2）五级修

（1）卫生间模块下车分解检修。

（2）卫生间检查门区域以外的供水软管更新。

7.8.4 排水系统

1. 灰水单元

1）四级修

（1）向箱内注入清洗剂，直至注满，清洗后用清水清洁。
（2）检查液位传感器，功能不良时修复或更新。

2）五级修

（1）灰水单元下车分解检修。
（2）分解后向箱内注入清洗剂，直至注满，清洗后用清水清洁。
（3）分解后检查液位传感器，功能不良时修复或更新。

2. 污物箱

1）三级修

（1）污物箱排污口喉箍和紧急排水堵无松动、损坏。
（2）污物箱法兰和密封垫圈之间安装牢固，无泄漏。
（3）目视检查污物箱支座无裂纹，吊装螺栓无松动。
（4）清洁污物箱内部及液位传感器。
（5）污物箱液位指示器功能正常。

2）四级修

（1）污物箱下车分解检修。
（2）各连接管路外包表面破损露出管路时局部修复，管路无泄漏。
（3）污物箱表面清洁、外观检查。外表面破损时修复处理，紧固件状态完好。
（4）排空污物箱，向箱内注入清洗剂，直至注满整个排污管，清洗后用清水清洁。
（5）污物箱内电热毯、温度控制器、液位传感器功能不良时修复或更新；污物箱防寒材安装良好。
（6）清洁、检查中间继电器、接插件，功能不良或损坏者更新。
（7）排污阀开闭功能正常，无卡滞、泄漏。
（8）污物箱吊装支座探伤检查，无裂纹。
（9）污物箱各检查口密封垫更新。
（10）污物箱例行试验。
① 绝缘电阻试验：绝缘电阻值不小于 100 MΩ。
② 电加热试验：功能良好。
③ 液位功能试验：液位指示器实时显示正常。
④ 水压试验：注满水，加压 20 kPa，保压 30 min，无泄漏。

（11）外表面重新喷漆，恢复标记。
（12）全部吊装紧固件更新。

3）五级修

（1）所有紧固件更新。
（2）液位指示器更新。
（3）污物箱内电热毯、液位传感器更新；污物箱防寒材料更新。
（4）排污阀组件胶垫、紧固件更新。
（5）各连接管路防寒材料全部更新。

7.8.5 伴　热

1. 三级修

卫生间和给排水管路的伴热功能正常，熔断器更新，蹲式卫生间便器防护箱内伴热线更新。

2. 四级修

（1）车下伴热接线盒开盖检查，接线牢固，线缆无烧损、锈蚀。
（2）防护箱内电热毯和包缠管路的伴热线更新（CRH_{5G}型动车组和经过五级修的CRH_{5A}型动车组地板夹层管路，检测伴热线功能正常）；卫生间和给排水管路的伴热线（除排污管路至中转箱管路伴热线外）更新。

3. 五级修

所有供排水管路、排气管路、卫生间内排污管路、防护箱内冲洗管路的伴热线及电热毯伴热线（包括主伴热线及备用伴热线）更新。

7.9　网络控制及信息系统检修

7.9.1　指令及控制设备

1. SUT 盒

1）三/四级修

（1）分线箱电气连接及连接电缆无破损、断裂和切口。
（2）盖板安装牢固，重新紧固时螺栓力矩值为 7.2 N·m。
（3）分线箱安装螺栓牢固。
（4）电气接头安装牢固。

2）五级修

五级修时取消 SUT 盒，更换为其他设备。

2. 热轴主机

1) 三/四级修

（1）热轴主机电气连接及连接电缆无破损、断裂和切口。
（2）机械连接安装牢固。

2) 五级修

（1）热轴主机下车分解检修。
（2）更新热轴主机电源板、存储芯片、电解电容、温度传感器。
（3）清洁热轴主机各板卡。
（4）测试热轴主机各板卡，功能正常。
（5）连接器状态完好，无破损。
（6）热轴主机进行出厂例行试验检测，功能正常。

3. 司机室输入输出（I/O）箱

1) 三/四级修

（1）输入输出（I/O）箱电气连接及连接电缆无破损、断裂和切口。
（2）机械连接安装牢固。

2) 五级修

五级修时取消，更换为集成设备。

4. 远程输入输出模块（RIOM）

1) 三/四级修

远程输入输出模块（RIOM）模块进行清洁和外观检查，连接器及连接电缆安装牢固，无破损，功能良好。

2) 五级修

（1）远程输入输出模块（RIOM）模块下车分解检修。
（2）更新 50 W 电源模块滤波板、50 W 电源模块电源板、继电器输出板、4 路温度传感器（PT100）采集板的电源板、脉宽调制（PWM）输出板。
（3）清洁远程输入输出模块（RIOM）模块各板卡。
（4）测试远程输入输出模块（RIOM）板卡，功能正常。
（5）远程输入输出模块（RIOM）模块进行出厂例行试验检测，功能正常。

5. 主处理单元模块（MPU）

1) 三/四级修

MPU 外观清洁和检查，连接器及连接电缆安装牢固，无破损，功能良好。

2) 五级修

（1）MPU 下车分解检修。

（2）更新 MPU 电源模块、滤波板、中央处理器（CPU）板、多功能车辆总线（MVB）模块。

（3）清洁 MPU 模块各板卡。

（4）测试 MPU 板卡，功能正常。

（5）MPU 模块进行出厂例行试验检测，功能正常。

6. 网关模块

1）三/四级修

网关模块外观清洁和检查，连接器及连接电缆安装牢固，无破损，功能良好。

2）五级修

（1）网关下车分解检修。

（2）更新电源板电解电容。

（3）清洁网关及各板卡。

（4）测试网关板卡，功能正常。

（5）网关模块进行出厂例行试验检测，功能正常。

7. 中继器模块

1）三/四级修

中继器外观清洁和检查，连接器及连接电缆安装牢固，无破损，功能良好。

2）五级修

（1）中继器下车分解检修。

（2）更新电解电容。

（3）清洁中继器模块各板卡。

（4）测试中继器板卡，功能正常。

（5）中继器模块进行出厂例行试验检测，功能正常。

7.9.2 列车网络控制系统（TCMS）主监视器

1. 三/四级修

（1）清洁列车网络控制系统主监视器。

（2）电气接头无松动。

（3）列车网络控制系统主监视器外观无破损。

2. 五级修

（1）TCMS 主监视器分解检修。

（2）更新监控屏布线、电源板和中央处理器（CPU）板的电解电容、按键、显示器。

（3）电气接头无松动。

（4）司机台诊断监视器（TD）屏、司机台仪表监视器（TS）屏、机械师监视器（LT）屏功能正常。

7.9.3 自动过分相系统

自动过分相系统的三/四级修内容如下：

（1）分解分相器设备，分相器设备支座脱漆、整体磁粉探伤，不合格者修复或更新，合格者重新喷漆。

（2）更新过分相装置保护罩、自动过分相装置安装紧固件、分相器设备支座安装紧固件。

自动过分相系统的五级修内容为分相器设备支座更新。

1. 信号处理器检修

1）三级修

（1）各指示灯及开关状态良好、无损坏。

（2）20 芯航空插头插针无折损、熔损。

（3）电路板印刷电路清晰，无过热变质；金属箔无脱起现象；各元器件接线正确，无过热变色，电容无鼓包；元件焊点牢固、光洁，无虚焊、开焊及短路。用酒精清洁电路板接口。

（4）更新 GFX-3A 型信号处理器的可编程逻辑控制器(PLC)模块；清洁 GFX-3AS 型信号处理器的可编程逻辑控制器(PLC)模块，安装牢固。

（5）重新组装后测试信号动作值（15～35 ms）、信号脉宽（900～1 100 ms）、门槛值（低门槛值 2.0～2.4 V，高门槛值 4.6～4.9 V）符合要求，绝缘电阻值不小于 10 MΩ。

2）四级修

（1）电路板更新。

（2）GFX-3AS 型信号处理器的可编程逻辑控制器(PLC)更新。

3）五级修

更新"工作"指示灯。

2. 感应接收器检修

1）三/四级修

（1）外壳无影响功能性破损。

（2）连接电缆尼龙软管无破裂。

（3）连接电缆弹簧护套无松弛、变形。

（4）末端 3 芯航空插头、插座连接状态良好。

（5）安装紧固、无松动。

（6）感应接收器限度符合要求。

（7）进行系统综合性能试验。

2）五级修

（1）测量各车载感应器插孔 1 和 2 的内阻，正常阻值为 550~651 Ω。

（2）测量绝缘电阻值不小于 2 MΩ。

7.9.4 受电弓视频监控系统

1. 三/四级修

（1）摄像机安装牢固，外壳无裂纹、锈蚀，玻璃表面清洁、无裂纹。

（2）监控服务器各电缆、连接器外观无破损，连接状态良好，标识齐全。

（3）受电弓视频监控装置功能正常，图像清晰。

2. 五级修

（1）受电弓视频监控系统下车检修。

（2）清洁摄像头、受电弓视频监控主机各板卡、监视器板卡。

（3）更新 LED 主光灯、监视器液晶屏、监控服务器硬盘。

（4）受电弓视频监控系统进行出厂例行试验，功能正常。

7.9.5 车厢视频监控系统

（1）摄像头安装牢固，外部清洁、无破损。

（2）服务器各电缆、连接器外观无破损，连接状态良好，标识齐全。

（3）视频监控装置功能正常，图像清晰。

复习思考题

1. 简述 CRH_5 型动车组车门的门板出现划痕、胶条出现龟裂以及车窗出现划痕时的检修。
2. 简述 CRH_5 型动车组动力转向架三级检修工艺流程。
3. 简述 CRH_5 型动车组转向架分解步骤。
4. 试述 CRH_5 型动车组动力车轴三/四级检修工艺。
5. 简述 CRH_5 型动车组非动力转向架轮对组装工艺。
6. 试述 CRH_5 型动车组一系垂向减振器、空气弹簧装置、齿轮箱的检修要求。
7. 动车组转向架组装后需要进行哪些试验？
8. 简述 CRH_5 型动车组主压缩机三级检修流程。
9. 综述 CRH_{5A} 型动车组自动车钩缓冲器四级检修工艺及其缓冲器的高级检修内容。
10. 简述 CRH_5 型动车组半永久性车钩三/四级检修内容。
11. 简述动车组统型过渡车钩模块类型及三级检修工艺。
12. 试述 CRH_5 型动车组牵引变压器试验以及五级检修工艺。
13. 简述 CRH_5 型动车组牵引变流器高级检修电气试验。
14. 试述 CRH_5 型动车组牵引电机及其冷却风机的电气试验。

15. 简述 CRH$_5$ 型动车组充电机三级检修要求。
16. 简述 CRH$_5$ 型动车组蓄电池组高级检修工艺。
17. 试述 CRH$_5$ 型动车组司机操纵台高级检修内容。
18. 简述 CRH$_5$ 型动车组空调系统四级修总体要求。
19. 简述 CRH$_5$ 型动车组开水炉四级检修工艺及试验。
20. 简述 CRH$_5$ 型动车组列车网络控制系统主监视器高级检修工艺。

附录

CRH$_{5A/5G}$型动车组转向架
静载荷试验技术要求

CRH$_{5A/5G}$型动车组转向架关键
部位紧固件连接要求

参考文献

[1] 王先逵. 机械制造工艺学[M]. 3 版. 北京：机械工业出版社，2017.

[2] 宋永增. 动车组制造工艺 [M]. 北京：中国铁道出版社，2018.

[3] 吴丹. 动车组概论[M]. 北京：北京交通大学出版社，2019.

[4] 李海军，曹振国. 铁道概论[M]. 成都：西南交通大学出版社，2018.

[5] 中国铁路总公司劳动和卫生部，中国铁路总公司运输局. CRH_{3C} CRH_{380B}（L）CRH_{380CL}型动车组机械师[M]. 北京：中国铁道出版社，2015.

[6] 王文静. 动车组转向架[M]. 北京：北京交通大学出版社，2012.

[7] 焦风川，王斌杰. 动车组运用与维修[M]. 北京：北京交通大学出版社，2012.

[8] 张曙光. CRH_2型动车组[M]. 北京：中国铁道出版社，2008.

[9] 吴作伟，丁莉芬. 动车组车体结构与车内设备[M]. 北京:北京交通大学出版社，2012.

[10] 陈世和. 车辆修造工艺与装备[M]. 北京：中国铁道出版社，1999.

[11] 冯孝忠，杨艳群，聂丽丽，等. 高速动车组车体关键制造技术[J]. 设计制造，2013，51（003）：10-12.

[12] 董世康，唐衡郴，冯孝忠，等. 动车组铝合金车体制造技术[J]. 热加工工艺，2012，41（3）：183-186.

二维码资源清单

序号	二维码名称	资源类型	页码
1	零件的技术要求	文档	1
2	零件的加工方法	文档	2
3	零件机械加工工艺规程	文档	2
4	焊接结构和焊接变形	文档	8
5	装配工艺	文档	8
6	典型动车组车体结构	文档	10
7	轮对组装质量评价	文档	49
8	CRH_{5A}型动车组轮对轴箱组装工艺过程	文档	64
9	CRH_{5A}型动车组转向架构架预组装工艺过程	文档	64
10	CRH_{5A}型动车组转向架二系悬挂组成组装工艺过程	文档	64
11	CRH_{5A}型动车组转向架落成工艺过程	文档	64
12	空气弹簧充风时的检测	文档	71
13	车内滑块布置安装工艺	文档	75
14	变压器及其冷却单元安装过程	文档	76
15	辅助变流器安装	文档	76
16	内装部位组装	文档	79
17	车内设备件组装工艺	文档	79
18	空气调节系统和卫生间安装	文档	80
19	车顶设备组装	文档	83
20	动车组调试	文档	89
21	动车组调试与试验	文档	96

续表

序号	二维码名称	资源类型	页码
22	常用故障诊断技术	文档	102
23	动车组维修周期的确定	文档	111
24	CRH系列动车组检修限度	文档	113
25	损伤的形成	文档	130
26	焊修法	文档	139
27	车体附件检修	文档	152
28	附属装置检修	文档	179
29	牵引/辅助变流器检修	文档	207
30	空调系统主要组成部件检修工艺	文档	222
31	$CRH_{5A/5G}$型动车组转向架静载荷试验技术要求	文档	236
32	$CRH_{5A/5G}$型动车组转向架关键部位紧固件连接要求	文档	236